세계 경제 패권을 향한

환율전쟁

汇率战争
作者：王旸

최신
개정판

세계 경제 패권을 향한

환율 전쟁

왕양 지음 | 김태일 옮김

평단

환율을 언급할 때 사람들은 요즘 중국과 미국이 환율문제로 시끄럽다는 사실을 떠올린다. G2로 불리는 글로벌 강대국들이 환율문제를 둘러싸고 끊임없이 언쟁하는 것을 지켜보면서 우리는 환율의 중요성을 미루어 짐작할 수 있다. 그럼, 환율이 그렇게 중요한 이유는 무엇일까?

사실 환율을 이해하지 못하는 사람들이 다양한 주장을 내놓는 것을 막을 수는 없다. 지금도 미국에서는 소위 전문가를 자칭하는 많은 사람이 방송에 나와 미국 소비자는 이번 경제위기의 피해자일 뿐이고 진정한 주범은 미국에 값싼 위안화를 한가득 제공해 준 중국이라고 떠든다. 또한 중국 정부가 고의로 위안화를 절하해 미국으로부터 대량의 일자리와 부를 빼앗았다고 주장한다.

이에 중국은 미국은 돈을 낭비할 줄만 안다고 맞서 대응한다. 그리고 다른 나라가 고생해서 돈을 벌면 미국은 어떻게 하면 그

나라를 무너뜨려 그들의 재산을 강탈할 수 있을까를 고민한다고 생각한다. 또한 미국은 환율을 무기로 이용하길 즐기는데, 환율을 휘둘러 일본을 무너뜨린 것이 바로 그 사례라고 주장한다.

그럼, 이번 환율전쟁에서 도대체 누가 옳고 누가 그른 것일까? 한 걸음 더 나아가 누가 최후의 승자가 될 것인가? 이 질문에 대답하기 위해 우리는 환율이 무엇인지를 이해하고 환율에 대한 기본 지식을 쌓을 필요가 있다. 그런 다음 5,000년의 역사를 훑어보면서 환율의 기원을 살펴봐야 한다. 이어서 환율에 대한 이해를 기초로 역사상 유명한 환율전쟁들을 살펴보고 그것이 현재의 환율문제에 어떤 시사점을 던져주는지 탐색해 본다. 끝으로 이런 지식을 토대로 환율이 우리의 일상생활에 미치는 영향을 분석하고, 중국과 미국의 환율전쟁이 왜 일어났는지 살펴본다. 나아가 미래에는 어떤 일들이 발생할지 고민해 볼 것이다.

2장

고대 환율전쟁사: 환율의 위력

3장

환율전쟁 근대사: 아킬레스건 공략

에필로그

말할 수 있는 도는 일반적인 도가 아니다(道可道, 非常道) · 389

1장

환율이란
무엇인가?

현대사회의 기원부터 지금까지 환율은 줄곧 인류 역사상 가장 중요한 잠재된 흐름이었다. 이제 환율에 대한 이해도를 높이기 위해 먼저 거시적 각도에서 환율의 본질과 환율에 영향을 주는 요인들을 살펴본다.

1. 화폐의 과거와 현재

    돈이 인생의 전부는 아니지만 우리는 돈 없는 세상을 상상할 수 없다. 그래서 인류는 유한한 자원으로 인간의 끝없는 욕망을 실현할 수 있는 방법을 모색했으며, 그 과정이 체계화되어 하나의 주요한 학문으로 발돋움했다. 인류의 역사에서 돈, 즉 화폐는 인류가 가진 능력을 최대한 끌어올리고 우리가 필요로 하는 모든 것을 만들어 내는 묘약과도 같은 존재다.

    화폐의 명칭과 그 가치는 나라마다 달라 사람들은 한 화폐를 다른 화폐로 교환할 때 그 교환비율을 알아야 할 필요성을 느꼈다. 바로 이러한 화폐 간의 교환비율을 환율이라 한다. 다시 말해, 환율이란 한 통화를 다른 통화의 가격으로 표시한 것을 일컫는다. 환율은 화폐를 전제로 한 개념이므로 환율을 이해하려면 우선 화폐가 무엇인지 알아야 한다.

오늘날의 화폐를 살펴보면, 중국에서 사용하는 위안화(元)도 화폐이고, 서양의 달러 및 유로화도 모두 화폐다. 그러나 본질적으로 봤을 때 이 모두는 종이에 불과하다. 그런데도 우리는 그것을 가지고 금과 은으로 교환할 수 있다. 왜 그럴까?

지폐는 보고 만질 수 있으며, 적어도 형태가 있다. 그러나 기술력이 고도로 발달한 현대사회에서 화폐는 이미 가상의 영역으로 접어들어, 상점에서 쇼핑을 할 때 우리는 현금이 없어도 카드 하나만 있으면 무엇이든 살 수 있다. 또 멀리 떨어져 있는 사람에게 돈을 보낼 때도 계좌에서 계좌로 원하는 금액을 적고 사인만 하면 상대방의 계좌에 돈이 자동으로 이체된다. 즉, 숫자를 쓰기만 하면 돈이 상대방에게 도착하는 것이다. 숫자 하나로 생필품과 소비재를 구입할 수 있을 뿐만 아니라, 심지어 귀중품을 구입할 수도 있는 것이다. 평생 당신이 쌓아올린 부(富)도 바로 숫자로 표시된다.

도대체 어떤 마법을 부렸기에 사람들은 노동으로 애써 얻은 결과물을 무형의 숫자와 기꺼이 교환하려고 하는 것일까?

화폐가 인류에게 가져다준 선물

화폐의 본질을 이해하기에 앞서 화폐의 존재 이유를 살펴보

자. 인류 역사에서 초기단계에는 화폐가 필요하지 않았다. 당시에는 대부분 자급자족을 했기 때문에 상호 교역이 필요 없었다. 사람들은 배불리 먹는 것을 최대의 행복으로 여기고 다른 사람들로부터 무엇인가를 얻을 필요성을 느끼지 않았다. 그러나 인간의 욕망은 끝이 없기에 기본적인 생존욕구가 만족되자 더 안락한 삶을 원했다. 곡물이 있는 사람은 고기를 원했고, 고기가 있는 사람은 곡물을 찾았다. 그런데 다른 사람들의 물건을 얻을 수 있는 가장 좋은 방법은 교환이었다. 그래서 상호 교역이 이루어지기 시작했다.

교역의 원시형태는 물물교환이다. 사람들은 자신이 포획한 고기와 가죽을 들고 원하는 곡물을 직접 교환했으며, 쌍방이 만족을 표시하면 거래가 성사되었다. 그러나 시간이 흐름에 따라 사람들은 물물교환이 효율적이지 않다는 사실을 깨달았다. 서로 원하는 물건을 보유했을 때만 교환이 가능했고 그렇지 않다면 거래는 대개 실패로 끝났기 때문이다. 왕이(王二)는 곡식, 장삼(張三)은 가죽, 이사(李四)는 보석을 가지고 있다고 가정해 보자. 여기서 왕이는 이사의 보석을 원하는데 이사는 가죽을 원한다면 서로 원하는 물건이 달라 물물교환은 성립되지 않는다. 교환이 이루어지려면 가죽을 가지고 있으면서 곡식을 원하는 장삼이라는 존재가 필요하다. 만약 장삼과 같은 상대를 찾지 못하거나 원하는 물건을 얻기 위해 여러 단계를 거쳐야 한다면 거래는 성사되지 못한다.

한편 장삼이라는 존재가 있어도 거래가 성공한다는 보장은 없다. 상품에 대한 가치 평가가 서로 다를 수 있기 때문이다. 우선 가죽이 아닌 보석을 원하는 왕이는 가죽과 보석이 교환될 수 있다는 사실을 몰라 자신이 가지고 있는 곡물을 가죽으로 교환하고 싶어 하지 않을 것이다. 설령 이사가 가죽을 원한다는 사실을 왕이가 알지라도 이사가 장삼의 가죽을 원할지는 확실하지 않다. 가죽에 문제가 있다면 이사는 분명 이 거래를 거절할 것이다.

이런 복잡한 교환과정 때문에 물물교환은 상당히 불편할 수밖에 없다. 그래서 사람들은 어떤 도구를 사용해 물품의 가치를 대표할 수 있다면 훨씬 편리하게 거래를 할 수 있을 거라 생각했다. 이로써 탄생한 매개체가 바로 우리가 요즘 말하는 '화폐'다. 화폐의 등장으로 상호 거래는 그 이전보다 더욱 간편해졌다. 이에 대해 18세기 영국의 철학자 데이비드 흄(David Hume)은 다음과 같이 말했다. "엄격히 말해, 화폐는 결코 거래를 위한 것이 아니라 인간의 공통된 약속으로 상품교환을 편리하게 하기 위한 일종의 도구일 따름이다. 화폐는 무역이라는 메커니즘을 움직이는 톱니바퀴가 아니라 톱니바퀴가 자유자재로 매끄럽게 돌아가게 하는 일종의 윤활유라 할 수 있다."(데이비드 흄, 《화폐론》, 1752년)

현대사회는 화폐가 생기고 나서야 비로소 등장할 수 있었다. 인류는 자신이 필요로 하는 모든 것을 직접 생산할 필요가 없어짐으로써 각자 자신의 분야에 전념하고 그것을 통해 필요한 것을 교환할 수 있었기 때문이다. 화폐사회가 출현하지 않았다면 구양수(歐陽修)와 같은 대문호도 나오지 못했을 것이며, 또 그가 《신오대사(新五代史)》의 편찬에 전력을 기울이지도 못했을 것이다. 만약 송나라가 화폐사회로 접어들지 못했다면 천하의 구양수라도 몇 페이지를 완성할 때마다 그 원고를 들고 가서 일용품과 맞바꾸어야 했을 테니 말이다. 이런 환경이라면 학문을 한다는 것은 꿈도 꾸기 어렵다. 다시 말해, 구양수가 만약 상고(上古)시대에 태어났더라면, 농사를 짓고 사냥하기에 바빠 한가롭게 학문을 할 시간은 없었을 것이다.

화폐가 되기 위한 자격 조건

화폐는 상품의 가치를 상징하기 때문에 그 재료는 그다지 중요시되지 않았다. 초기에는 소와 양, 고래 이빨, 손톱, 낚싯바늘, 코끼리 꼬리, 보석 등이 화폐로 유통되었다. 인류 역사상 가장 독특한 화폐를 사용한 사람들은 미크로네시아(Micronesia, 태평양 중서부에 위치한 섬나라)의 야프(Yap)군도 사람들이었다. 야프인은 거대한 돌(이하 거석)을 화폐로 삼았는데, 가장 큰 것은 지름이 4미터에 달했다고 한다. 그렇다고 야프인이 거석을 들고 다니면서 원하는 물건과 거석을 직접 교환한 것은 아니다. 마치 토지처럼 거석에도 그것을 소유하는 주인이 있었다. 야프인들은 거래를 할 때 상대방에게 "이제부터 이 거석은 당신의 것입니다"라고 말해 거석의 소유권을 상대방에게 양도했는데, 이것이 거래대금을 지불하는 방식이었다. 즉, 거석에 대한 점유권을 주는 것으로 화폐 지불을 대신한 셈이다.

그렇다고 어떤 것이든지 화폐가 될 수 있는 것은 아니다. 하늘의 별을 화폐로 삼는다면, 오래지 않아 사라져 버리고 거래자들은 혼돈에 빠질 것이다. 이상의 내용을 토대로 우리는 화폐의 기본적인 특징을 네 가지로 정리할 수 있다.

첫째, 교환의 매개체가 될 수 있어야 한다. 즉, 직접 교환할 수 있는 것은 물론 휴대하기가 편리해야 한다. 야프군도는 지리적인 범위가 매우 협소했기에 거석을 화폐로 사용할 수 있었다. 만약 다른 나라들이 야프군도처럼 거석을 화폐로 삼았다면 큰 혼란이 초래되었을 것이다. 예를 들면, 상하이(上海)에서 거래를 한 뒤 쓰촨(四川)의 거석으로 대금을 지불한다고 해보자. 이는 고대는 물론이거니와 현대에도 실현되기 어려운 일이다. 현대적 교통수단이 없던 시대에는 거석을 보기 위해 먼 거리를 여행하느라 지쳤을 것이고, 현대라 해도 번번이 거석을 운송하기는 거의 불가능에 가깝기 때문이다.

둘째, 가치를 측정할 수 있어야 한다. 기술이 발달하지 못한 시대라면 계산하기 쉬워야 한다는 것을 의미한다. 당시에는 저울이 없었기 때문에 중량보다는 수량을 단위로 삼는 것이 편리했다. 즉, 거석의 개수를 세는 것이 훨씬 일목요연했다. 그 후 문명이 발전함에 따라 중량도 단위로 사용되었다. 지금은 중량을 측정하고 수량을 헤아릴 필요가 없다. 화폐 용지를 인쇄기에 넣고 숫자를 찍으면 그 숫자가 우리에게 가치를 말해 주기 때문이다.

셋째, 가치를 보전하고 부를 축적하는 데 유리해야 한다. 달리 말해, 화폐는 일정 기간 보존될 수 있어야 우리가 부를 쌓고 필요할 때 사용할 수 있다. 만약 생화를 화폐로 삼았다면 어떤 일이 벌어졌을까? 꽃이 시들기 전에 서둘러 소비해야 하므로 '시간이 곧 돈'이라는 말이 실감 날 것이다. 그러나 이것은 매우 비실용적이다.

마지막으로 화폐는 유통될 수 있어야 한다. 화폐는 본질적으로 상품을 교환하기 위해 태어났는데, 화폐가 유통되는 상황은 크게 두 가지로 구분해 볼 수 있다. 한 가지 상황은 야프인들이 거석을 화폐로 받아들였던 것처럼 모두가 화폐를 거래도구로 인정할 때다. 다른 한 가지는 화폐로 삼은 대상 그 자체가 실용적 가치를 가질 때다. 모든 사람이 거래의 수단으로 인정하지 않더라도 그것의 실용가치를 인정할 때를 말한다. 고대에 동(銅)이 화폐가 될 수 있었던 것은 무기의 재료로서 동이 가진 본연의 가치 때문이다. 또한 감옥에서는 각종 물건을 구매할 때 담배를 화폐 대용으로 삼기도 한다. 담배가 화폐는 아니지만 흡연자들에게는 가치가 있는 물건이므로 화폐를 대신한다.

그러므로 교환의 매개체, 가치 척도, 가치 보전, 부의 축적과 유통의 수단으로서 역할을 수행할 수 있다면 어떤 것이든지 화폐가 될 수 있다.

물론 양질(良質)의 화폐는 이상의 네 가지 특징 이외에 몇 가지 특징을 더 갖고 있다. 예를 들면, 다양한 화폐단위를 보유하고 있다. 만약 중국에 100위안만 존재한다면 대중교통비는 엄청나게 높게 책정되었을 것이다. 또 야프군도의 거석과 같은 고액권을 최소 화폐단위로 삼는다면 심각한 인플레이션이 야기될 수 있다. 그래서 현명한 야프인들은 다른 섬에 가서 작은 돌을 가져옴으로써 이 문제를 해결했다. 참고로 가장 작은 돌은 지름이 3.5센티미터에 불과한데, 그들은 그것을 푼돈으로 사용했다.

또한 화폐는 충분히 검증될 수 있어야 한다. 위조 화폐가 유통된다면 '그레셤의 법칙(Gresham's Law)'에서 묘사한 현상들이 발생할 것이다. 16세기 당시 영국의 조폐국장을 지낸 그레셤은 "악화가 양화를 구축한다(Bad Money drives out good money)"라는 말을 남겼다.[*] 위와 비슷한 사례가 고대 중국에서도 발견된다. 당시 중국에서는 관리가 제대로 되지 않아서 정부와 개인이 주조한 구리동전들이 뒤섞여 시장에서 함께 유통되었는데, 사전(私錢, 개인이 주조한 동전)은 대부분 함량 미달이었다. 만약 두 종류의 동전을 모두 사용할 수 있다면, 당신은 어떤 동전을 사용하겠는가? 아마 정부에서 주조한 동전인 통보(通寶)는 가치가 더 높아 보관하고, 사전(私錢)을 쓸 것이다. 이때 관리가 이루어지지 않으면 통보는 시장에서 순식간에 사라지고 사전만 넘쳐

[*] 이 말은 그가 엘리자베스 여왕에게 보낸 편지 첫머리를 장식하는 글귀로, 소재가치가 큰 화폐(예를 들면 금화)와 소재가치가 작은 화폐(예를 들면 은화)가 같은 화폐 가치를 지니고 시중에 유통되는 경우, 소재가치가 높은 화폐(Good Money)는 사람들이 부의 축적을 위해 보유하거나 내놓지 않아서 시장에서 사라지고 재료가치가 낮은 화폐(Bad Money)만 남게 된다는 의미다.

나 화폐는 그 가치를 상실하게 된다. 고대 중국에서도 그러한 현상이 일어났던 것이다.

현대에 이르러 각국 정부는 화폐정책으로 경제를 조절하고자 한다. 그래서 정부는 화폐를 대규모로 발행해 사회 곳곳에 화폐가 스며들게 한다. 이것은 현대사회에서 거석이 화폐가 될 수 없는 이유이기도 하다. 거석은 대량으로 생산할 수도 없고 또한 곳곳에 세워 두기도 불가능하다. 야프군도 주민들이 이웃 섬에서 작은 돌을 가져오기는 했지만, 수량이 매우 제한적이고, 그 과정이 상당히 번거롭다. 그래서 이것은 거시적 조절 수단이 될 수 없다. 그러나 현대 각국의 경제는 매우 방대하기 때문에 정부는 낮은 비용으로 대량 생산할 수 있는 지폐를 화폐로 삼았다.

한편 길거리에 널려 있는 것은 화폐가 될 수 없다. 만약 돌을 화폐로 삼는다면 정부는 경제를 조절할 수 없을 것이다. 그 이유는 사람들이 곳곳에 널려 있는 돌을 주워 쓰면 그만이기 때문이다. 손쉽게 얻을 수 있는 돌을 화폐로 삼는다면, 화폐 가치는 떨어지고 물가는 하늘 높이 치솟게 된다. 따라서 화폐는 일정한 진입장벽과 희소성을 갖추고 있어야 한다. 이렇게 해야만 물가를 안정시키고 화폐의 가치 절하를 막을 수 있다. 과거 금, 은과 같은 귀금속으로 화폐를 주조했던 것도 이러한 이유 때문이다. 즉, 희소성으로 가치를 보장한 것이다.

야프군도의 거석도 이와 마찬가지다. 야프인들이 다른 지역의 돌을 가져오려면 반드시 아주 먼 섬까지 나가야 했는데, 그곳에는 돌로 집의 정원을 보호하고 외부로 돌이 유출되는 것을 금지하는 원주민들이 살고 있다. 돌을 획득하기가 이렇게 쉽지 않기 때문에 야프군도에서 돌은 희귀한 자원이다.

희소성 이외에 정부는 화폐를 독점적으로 발행함으로써 인위적으로 희소성을 조성했다. 고대에는 개인이 화폐를 주조할 경우 사형에 처했으며, 현재도 위조 화폐를 유통시키는 행위는 중죄로 다스린다.[*]

이상의 내용에서 정부에서 발행한 지폐가 가장 효율적인 화폐라는 사실을 알 수 있다. 역사적으로 지폐의 가치를 가장 먼저 깨달은 사람들은 당·송(唐·宋) 시대 중국인으로, 이들은 대량의 지폐를 유통했다. 다른 나라들도 이 점을 인식하고 잇달아 지폐를 발행했으며, 현재는 거의 모든 지역에서 지폐가 유통되고 있다.

화폐는 왜 가치를 가지는가?

하지만 지폐의 출현이 환율의 필요조건은 아니다. 지폐가 유통되기 이전부터 거래를 할 때 서로 다른 귀금속(금, 은, 동)이 사용되거나 혹은 각 지역 간의 가격차이로 사람들은 다양한 환율을 적용했다. 그러므로 화폐가 어떠한 형태이든 간에 서로 다른 가치의 화폐가 존재하는 한 환율은 발생하게 된다. 설령 상대방이 사용하는 화

[*] 중국은 위조지폐범에게 최고 사형까지 선고한다.

폐가 거석이라 해도 우리가 필요하다면 환율을 적용하여 거래를 한다는 말이다.

아마 대다수 사람은 거석을 화폐로 삼은 야프인의 풍속을 비웃을 것이다. 누군가 거석을 공짜로 준다고 해도 그 먼 곳까지 가서 받고 싶은 마음이 도저히 들지 않을 것이다. 그러나 야프군도에 다이아몬드가 널려 있고, 거석 한 덩어리로 다이아몬드를 구입할 수 있다면, 사람들의 생각은 완전히 달라질 것이다. 더욱이 야프인이 시세보다 훨씬 낮게 거석과 위안화를 교환하길 원한다면, 모든 중국인이 위안화를 들고 야프군도로 달려가 다이아몬드를 사재기할 것은 어렵지 않게 짐작할 수 있다.

이것은 '모든 화폐는 가치를 가지며, 그 가치는 화폐 자체가 아니라 화폐가 대표하는 것을 따른다'는 사실을 설명해 준다. 교환된 물건이 생선 2마리인지 또는 다이아몬드 500그램인지에 따라 같은 거석이라도 가치가 달라진다.

이러한 관점에서 보면, 사실 황금과 거석 모두 내재가치는 없다. 황금을 부의 척도로 삼는 이들에게는 이 말이 이상하게 들릴 것이다. 사람들은 일반적으로 국내외 상황에 따라 지폐의 가치는 변하지만 황금의 가치는 영원불멸하다고 생각한다. 하지만 곰곰이 생각해 보면 황금과 거석 모두 내재가치가 없다는 주장이 전혀 틀린 말은 아니다. 사실 황금은 장식적 용도를 제외하고는 실용적 가치가 떨어진다. 이런 관점을 미다스의 신화는 비극적 결말로 잘 설명해 주고 있다.

미다스는 고대 그리스의 왕으로 술의 신인 디오니소스의 은총을 받았다. 디오니소스는 자신의 손이 닿는 것이면 무엇이든 황금으로 변하게 해 달라는 미다스의 부탁을 들어주었다. 미다스는 새로운 능력에 매우 만족하며 그 효력을 시험해 보기로 했다. 참나무 가지를 꺾는 순간 그 가지는 황금으로 변했고, 돌을 만지자 곧바로 황금이 되었다. 하지만 욕심이 지나친 미다스에게 하늘은 벌을 내렸다. 하루는 그가 실수로 자신의 딸을 만졌다. 그 순간 딸은 딱딱한 황금 조각상으로 변하고 말았다. 그의 불행은 여기에서 끝나지 않았다. 빵을 만지면 금으로 변했으며, 포도주를 들면 녹은 황금덩어리처럼 흘러내려 먹을 수도 마실 수도 없었다. 미다스는 절망에 빠진 나머지 결국 디오니소스 신을 찾아가 예전의 모습으로 되돌려 달라고 애원했고, 디오니소스는 그를 원래대로 돌려놓았다.

토머스 모어(Thomas More)는 《유토피아》에서 '사물의 가치는 희소성이 아니라 그 사물의 진실한 성질에 있다. 금은이 보유한 실제가치는 철에 미치지 못한다'고 적었다. 그래서 토머스 모어가 묘사한 유토피아의 세계에서는 사람들이 금은을 하찮게 여겨 음식은 도자기와 유리그릇에 담기고 변기통은 금은으로 만들어졌다. 또한 노비를 구속하는 족쇄도 금은으로 제조되었고, 범죄자는 황금 왕관을 쓰고 황금으로 만든 귀걸이, 반지, 목걸이를 차고 있다. 황금에 대한 토머스 모어의 관점은 "창공을 밝게 비추는 별과 태양이 존재하는데 어찌 조그만 보석의 반짝임에 현혹

될 수 있는가?"라는 문구에 집약되어 있다.

이러한 사상이 세상을 지배한다면, 황금은 가치를 상실하고 사람들은 황금을 흙처럼 생각할 것이다. 그러나 현실에서는 대체로 물건의 가치가 필요성이 아닌 희소성으로 결정된다. 공기는 인간이 살아가는 데 반드시 필요하지만, 공짜이고 어디에나 존재하기 때문에 희소성이 없다. 같은 물건도 희소성을 잃게 되면 그 가치는 폭락하고 만다. 황금도 이와 같은 법칙에서 예외가 아니다. 만약 저 넓은 황무지에서 자라는 것이 잡초가 아닌 다이아몬드라면 그 값이 지금처럼 비싸지는 않을 것이다.

그러므로 본질적으로 황금, 다이아몬드, 돌 모두 내재가치가 없다. 황금 혹은 거석 모두 다른 물건과 교환할 수 있을 때만 가치를 가진다. 다시 말해, 황금이나 거석의 가치는 그 자체가 아니라 그것들과 교환되는 물건의 가치로부터 나온다. 화폐도 이와 마찬가지로 그 자체는 가치가 없다.

공급량과 가치의 상관관계

화폐 자체는 가치를 가지고 있지 않기 때문에 돈(화폐)과 부(재산)는 엄연히 다르다. 돈은 부를 측정하는 단위에 불과하고, 그 단위도 각양각색이다. 그래서 동일한 부를 다양한 화폐로 측정할 수 있다. 예를 들면, 노트북의 가격은 금 18.75그램, 500달러 또는 3,000위안(元)으로 매길 수 있다. 이렇게 다양한 단위로 말한다고 해서 노트북의 가격이 달라지는 것은 아니다. 사람의 체중을 90근(斤) 혹은 119파운드라고 달리 말하는 것처럼 단지 측정단위만 바꿔 표기하는 것일 뿐이다.

화폐는 부 자체가 아니기 때문에 돈의 단위는 언제든지 변경될 수 있다. 중국인은 오래전부터 화폐의 가치가 변한다는 사실을 인식했다. 전국시대 저서 《관자(管子)》에는 "화폐가 중하면 만물이 가볍고, 화폐가 가벼우면 만물이 무겁다"라는 문구가 있다. 이 말은 돈의 가치가 높으면 상대적으로 상품의 가치는 낮아지고, 반대로 돈의 가치가 떨어지면 상품의 가치가 높아진다는 의미다. 결론적으로 화폐 가치는 화폐 공급량에 좌우된다. 쉽게 말해, 시중에 돈이 얼마나 유통되는지에 따라 화폐 가치가 결정되는 것이다.

이러한 사실은 제2차 세계대전 당시 포로수용소에서의 상황으로 분명하게 알 수 있다. 당시 포로수용소에서는 담배가 화폐를 대신했다. 그래서 포로들은 담배를 기준으로 삼아 비누, 잡지 등 생필품과 필요한 물품을 교환했다. 포로들이 가지고 있던 담배보유량이 감소함에 따라 담배가치는 높아지고 물품의 가치는 하락했다. 때로는 담배 한 개비에 비누 한 개가 거래되기도 했다. 한편 적십자에서 포로들에게 담배를 공급할 때는 담배보유량이 늘어 물품과의 교환물가는 정반대로 바뀌었다. 담배 공급량의 확대로 담배 가치가 떨어진 것이다. 이때는 담배 10개비를 줘야 겨우 비누 한 개를 얻을 수 있었다.

마찬가지로 상품가격의 움직임도 공급과 수요에 따라 결정된
다. 화폐량이 일정하다면 상품공급이 늘어날수록 상품의 가격
은 하락한다. 담배 수량이 변하지 않는 조건에서 적십자가 담배
가 아닌 비누를 공급했다면, 비누의 가격은 분명 떨어졌을 것이
다. 화폐공급이 화폐 실질수요보다 크다면, 즉 구매력(화폐)이 생
산물 공급(상품)을 웃돈다면 화폐 가치는 절하된다. 이런 현상을
인플레이션(inflation)이라고 한다. 반대로 유통되는 화폐가 감소한
다면 물가는 떨어지는데(상품이 화폐보다 많음), 이런 경우를 디플레이
션(deflation)이라고 한다.

그러므로 화폐의 실질가치는 그것이 대표하는 구매력으로 결
정된다. 교환상품의 수량이 많을수록 화폐 가치는 상승한다. 포
로수용소에서 담배 공급을 대폭 축소한다면 비누 10개를 줘야
담배 한 개비를 얻을 정도로 담배의 가치가 치솟을 것이다. 이와
반대로 교환상품 수량이 적을수록 화폐는 가치가 하락한다. 그
결과 담배 10개비를 줘야 겨우 비누 한 개를 얻을 수 있다. 《관
자》에서는 "생필품이 부족하면 아무리 금과 옥이 많아도 그 나라
는 빈국이다"라고 말한다. 한 국가에 사과 한 개와 황금 10만 냥
(兩)이 있다면, 사과가격은 황금 10만 냥이 된다. 《관자》에서 말
하는 이치는 다음과 같다. '현물이 없다면 금은보화가 태산보다
높게 쌓여 있어도 결국에는
빈털터리나 마찬가지다. 왜
냐하면 결국 그 나라의 가

• 1냥은 37.5그램으로 10만 냥은 3.75톤에 해당
한다.

치는 사과 한 개에 불과하기 때문이다.'

화폐의 가치를 결정하는 절대적 요소

위의 내용에서 알 수 있듯이, 한 나라의 화폐는 그 나라의 부를
측정하는 수단에 불과하다. 그러므로 한 나라의 화폐 가치가 어
느 정도인지 알려면 우선 그 국가가 보유한 부의 크기를 계산해
야 한다. 하지만 아쉽게도 대부분의 경우 우리는 한 국가가 보유
한 화폐 수량과 그 가치, 교환상품의 규모를 정확히 알지 못한다.
야프군도와 같은 협소한 곳에서는 화폐와 부에 관해 통계를 내
기가 상대적으로 쉽다. 야프군도의 면적은 베이징 퉁저우(通州)의
십분의 일에 불과할 정도로 넓지 않기 때문이다. 이 지역에 흩어
져 있는 거석의 수와 부의 크기를 산출해서 그것을 토대로 거석
의 가치를 평가할 수 있다. 정확한 값을 얻기는 어렵겠지만 대략
의 수치는 산출할 수 있는데, 사실 이것만으로도 대단한 일이다.

그래서 화폐를 추산할 때 일반적으로 화폐 뒤에 숨어 있는
자산의 규모와 교환상품의 크기를 알지 못한다. 과거 미국에서는
1달러를 가지고 은행에 가
면 그에 상응하는 금으로
교환해 주었다. 그래서 미
화(美貨)를 미금(美金)이라고
도 불렀다.●

● 브레턴우즈체제로 달러에 대한 금환본위제가 실시
되었다. 금 1온스를 35달러에 고정해서 35달러를
지불하면 언제든지 금으로 교환할 수 있었다. 당시
중국인들은 달러를 금과 같다고 생각했으며 오늘날
에도 달러를 미금이라고 부르고 있다.

달러를 보유한 것이 곧 금을 소지한 것과 같았는데, 이는 당시 사람들이 달러의 배후에 그 가치에 상응하는 금이 존재한다고 믿었기 때문이다.

그렇다면 황금의 배후에는 무엇이 존재할까? 일례로 미국에 사과 1개와 황금 10만 냥이 있다면 그 사과의 가격은 황금 10만 냥이 된다. 만약 사과가 2개라면 그 가격은 절반으로 떨어질 것이다. 그러나 우리는 미국에 사과가 몇 개나 있는지 알지 못하기에 황금과 교환할 수 있는 사과의 수량을 계산할 수 없다. 그럼에도 우리는 달러와 황금을 가지고 대량의 좋은 물건들을 교환할 수 있다고 믿기 때문에 그것의 가치를 인정하는 것이다. 이런 점에서 한 화폐의 배후에서 그것을 지탱하는 것은 실제로는 '신뢰'뿐이라는 사실을 알 수 있다.

결론적으로 믿으면 존재하고 믿지 않으면 사라지는 것이 화폐의 가치다. 달러든, 황금이든 또는 거석이든 상관없이 사람들이 화폐와 상품이 교환될 수 있다고 신뢰할 때만 그 화폐는 가치를 가진다.

사람들은 세상이 혼란스러울 때 대부분 황금을 떠올리는데, 이것은 어떤 상황이 닥쳐도 황금을 주고 상품을 구매할 수 있다고 믿기 때문이다. 한때 황금으로 태환이 가능했던 달러도 같은 맥락으로 이해할 수 있다. 세상 사람들은 달러를 신뢰하는 것이 아니라 달러의 배후에 있는 세계 최대의 경제대국인 미국을 신뢰하는 것이다. 그러한 미국의 중앙은행이 달러상에 "이 지폐는 법정통화로 모든 대중과 개인의 채무에 대한 지불수단이 된다"
라는 문구를 기입했기 때문에 세계 각국의 사람들이 이 종이(달러)
를 들고 미국에서 상품을 구매할 수 있는 것이다.*

　만약 이러한 신뢰가 없다면 황금과 달러 모두 가치가 전혀 없
다. 오늘날 대다수 투자자는 달러를 가장 신뢰한다. 그런데 흥미
로운 사실은 19세기 대부분의 시기에 미국 정부는 자신들이 발
행한 지폐를 인정하지 않았다는 것이다. 미국 정부는 부채를 상
환하거나 세금을 낼 때도 반드시 황금으로 지불할 것을 요구했
다. 오늘날 달러의 가치는 미국의 국력에 기인한 측면도 있지만,
그것보다는 미국에 대한 신뢰에 더 깊이 뿌리를 두고 있다고 봐
야 한다.

　모든 화폐의 가치는 두 가지 요소로 결정된다. 바로 교환대상
의 가치와 대중의 화폐에 대한 신뢰 정도이다. 한 국가가 많은
상품을 보유하고 있고 신뢰할 만하다면, 그 국가의 화폐 가치는
높아진다. 반대로 보유하고 있는 상품이 매우 적거나 신뢰할 수
없다면 그 국가의 화폐 가치는 낮아진다. 이렇게 보면, 환율은
개별 화폐로 교환할 수 있는 상품 및 신뢰도의 크기를 상호 비교
한 것이다.

* 달러 앞면 미국 정부 휘장 아랫부분을 살펴보
면 "This Note is legal tender for all debts,
public and private(이 지폐는 법정통화로 모든 대중
과 개인의 채무에 대한 지불수단이 된다)"라는 문구를 발
견할 수 있다.

2. 환율 배후에 숨어 있는 진정한 의미

　우리는 이제 환율이 이종화폐 간의 교환비율이며, 화폐가 상징하는 것이 교환할 수 있는 상품 및 신뢰도의 크기라는 사실을 알게 되었다. 거석은 야프군도 이외의 지역에서는 화폐로서의 가치가 높지 않다. 그 이유는 야프군도에 살고 있는 사람은 고작 6,300명에 불과하고, 이 지역에는 다이아몬드, 금, 은 등과 같은 귀금속도 없기 때문이다. 또한 경제적 관점에서 보면, 지름이 4미터에 달하는 돌을 들고 다녀야 한다는 문제 이외에 경제규모가 작아 세계적으로 유통될 수 없다.

　우리가 외화를 보유하는 목적은 두 가지다. 하나는 부를 획득하기 위해서이고, 다른 하나는 안전성을 확보하기 위해서다. 부(富)는 무역과 투자로 쌓을 수 있다. 거석을 지불하고 싼값에 다이아몬드를 살 수 있다면, 중국인은 위안화를 거석으로 환전할 것이다. 위안화, 거석 그리고 다이아몬드 사이에 연결고리가 형성된 셈이다. 그리고 야프인이 위안화를 대금으로 받는 이유는 그들도 중국산 제품을 구매하기 위해서다. 이종통화(위안화와 거석) 간의 교환으로 야프군도와 중국 간의 무역이 촉진되고 양국은 서로 필요한 상품을 얻을 수 있다. 부를 쌓을 수 있는 또 다른 방법으로는 투자가 있다. 마이크로소프트 본사가 야프군도에 있고 마이크로소프트의 성장 가능성이 높다고 가정해 보자. 직원 임금 등을 포함해 마이크로소프트의 모든 운영비는 거석으로 지불된다. 마이크로소프트의 지분을 인수하기 위해서 우리는 우선 위안화를 거석으로 환전해야 하며, 그런 다음 거석으로 마이크로소프트에 투자할 수 있다. 지분을 확보했다면 이제 마이크로소프트 주가가 빠르게 상승하기를 기다리면 된다. 그리고 마이크로소프트가 막대한 수익을 실현할 때 지분을 매도하여 자본이익을 현금화하자. 남은 절차는 거석을 위안화로 환전하여 우리는 남은 인생을 즐기면 된다.

부의 축적보다는 안전성을 확보하기 위해 외화를 보유하려고 하는 사람들도 있다. 많은 국가가 전란 등의 이유로 화폐 가치가 일순간 폭락하는 위험에 노출되어 있다. 인플레이션은 부자와 가난한 사람을 가리지 않으며, 권력도 인플레이션 앞에서는 위력을 발휘하지 못한다. 인플레이션으로 국가가 보유한 화폐 자산이 한순간에 휴지 조각으로 변할 수 있다. 그래서 많은 부자가 보유하고 있는 부를 비교적 안정적이고 가치를 보전할 수 있는 외국화폐로 전환해 놓는다. 이로써 긴급 상황이 발생했을 때 자신은 손실을 입지 않을 수 있기 때문이다. 이것이 바로 부자들이 자신의 부를 황금 또는 달러로 바꾸어 스위스 은행에 보관하는 이유다.

사람들이 외화로 환전하는 목적은 상술한 몇 가지 이유를 벗어나지 않지만, 개인들의 처지가 모두 같은 것은 아니다. 외화가 당장 필요하지 않은 사람이 있는가 하면 긴급히 필요한 사람도 있다. 자국민이 국산품만을 이용한다면 외화에 대한 수요는 감소할 것이고, 반대로 외국산을 애용한다면 그 수요는 크게 늘어날 것이다. 투자 측면에서도 높은 수익을 좇아 위험을 감수하는 위험선호자(risk seeker)가 있는 반면, 위험을 극도로 싫어하는 위험회피자(risk averter)도 존재한다. 각자가 추구하는 것이 다르므로 화폐별로 지불하고자 하는 가격 역시 다르다. 그럼, 이종통화 사이의 환율은 어떻게 형성될까?

환율은 무엇으로 결정되는가?

셰익스피어는 《베니스의 상인》에서 "입 벌린 새끼돼지를 보기 싫어하는 사람도 있고, 고양이를 보면 버럭 화를 내는 사람도 있다. 어떤 이는 백파이프 소리를 들으면 소변을 참지 못한다. 이는 사랑과 증오, 기쁨과 노여움, 격정을 주재하는 무엇인가가 그의 의지와 취향을 좌우하기 때문이다. 전부 개인의 좋고 싫음에 달려 있다"라고 말했다. 사람마다 좋아하는 것과 싫어하는 것이 다르더라도 우리는 이를 가늠하는 방법을 알고 있다. 한 물건에 대한 좋고 싫음이 어느 정도인지를 파악하면 된다. 또한 이러한 방법으로 사물의 가치를 판단할 수 있다.

근대 경제학의 창시자인 애덤 스미스는 《국부론》에서 "모든 사물의 진정한 가격은 그것을 구매하길 원하는 사람이 말한 가치에 따라 결정된다. 즉, 그것을 획득하기 위해 기꺼이 지불하길 원하는 대가(노동력)의 크기에 달려 있다"라고 했다. 구매 동기가 무엇이든지 간에 재화를 획득하기 위해 지불하는 대가가 바로 그 재화의 가치인 셈이다. 같은 이치로, 어떤 사람이 외화를 원한다면 그 외화를 획득하기 위해 지불하는 가격이 바로 그 외환의 진정한 가치를 나타낸다. 화폐를 교환하는 장소를 외환시장(Foreign exchange market)이라고 하는데, 우리는 외환시장에서 자신의 수요에 따라 자국의 화폐를 지불하고 다른 나라의 화폐를 구매한다. 다양한 매매 활동으로 각종 화폐 사이에는 시장가격이 형성된다. 또 외환시장에서 형성되는 외화의 거래가격을 명목환율이라고 하는데, 즉 외환시장에서 매일 고시되는 이종통화 간의 환율을 말한다. 1위안에 10엔이라는 말은 1위안을 가지고 10엔을 매입할 수 있다는 의미다.

양국 간의 환율은 외환시장에서의 수요와 공급으로 결정된다. 다양한 이유로 사람들이 엔화를 원한다면 엔화는 곧 공급이 부족해져 유동성이 축소되고, 엔화가치는 상승할 것이다. 경매처럼 참가자가 늘어날수록 대상물인 화폐의 가치는 상승한다. 반대로 너도나도 앞다투어 엔화를 매도한다면 엔화는 공급이 과잉되어 엔화가치는 곧 하락한다.

환율은 시장거래 이외에 또 다른 방법으로도 정해질 수 있다. 바로 각국의 중앙은행이 환율을 지정하는 것이다. 예를 들면, 위안화를 1달러에 7위안으로 고정하는 것이다. 그렇게 되면 시장에서 받아들이든 그렇지 않든 상관없이 위안화는 현실적으로 이 수준을 유지하게 된다.

중앙은행이 고정환율제도를 성공적으로 정착시키려면 적극적으로 외환시장에 개입해 화폐를 매입하고 매도해야 한다. 이렇듯 공급과 수요를 확대함으로써 화폐 가치를 조절하고, 시장환율이 고정환율에 가까워지도록 유도할 수 있다. 만약 중앙은행이 조절을 진행하지 않고 가격고정만 시행하면 외환거래자들은 외환시장이 아닌 암시장(black market)을 찾아 거래할 것이다. 극단적으로 1위안에 10엔인 시세를 정부가 강제적으로 1위안에 1엔으로 고정한다면 어느 누가 막대한 손실을 감수하고 정규 외환시장을 찾으려 하겠는가?

환율은 시장에서 투자자들이 제시한 가격에 따라 결정되므로 변화하지 않을 수 없다. 투자자의 생각과 수요가 시시각각 변함에 따라 명목환율도 오르내린다. 투자자의 매매 변화는 결국 외환 거래의 목적에 따라 바뀌지만, 바로 무역, 투자, 신뢰가 환율에 가장 큰 영향을 미치는 3대 요소다.

양국 무역에서 한쪽의 일방적인 무역흑자가 가능할까?

무역이 활발할 수 있는 이유는 상호 교역으로 필요한 물건을 획득할 수 있기 때문이다. 만약 중국이 신발만 생산하고 미국이 컴퓨터만 제조한다면 양국은 교역을 해야만 각자 원하는 물건을 얻을 수 있다. 그렇지만 중국과 미국이 각각 신발과 컴퓨터 모두를 제조할 수 있다 해도 무역은 양국 모두에게 이익을 안겨 줄 수 있다. 중국은 신발 제조에, 미국은 컴퓨터 생산에 더 전문화되어 있어 쌍방은 무역으로 효율성을 높일 수 있다.

그렇다면 모든 물건을 중국에서 생산하는 것이 더 유리한 경우에도 중국과 미국 간에 교역이 이루어질까? 일례로 중국 노동자는 신발 한 켤레를 생산하는 데 10분, 컴퓨터 한 대를 제조하는 데 20분을 소요하고 미국 노동자는 컴퓨터 한 대를 제조하는 데 30분, 신발 한 켤레를 만드는 데 1시간을 사용한다고 가정해 보자. 이런 상황에서 양국이 교역을 하지 않는다면 신발 한 켤레와 컴퓨터 한 대를 생산하기 위해 미국 노동자는 1시간 30분, 중국 노동자는 30분을 일해야 한다.

그러나 양국이 서로 자유무역을 실시한다면, 중국 노동자는

20분에 신발 2켤레를 만들 수 있고 미국 노동자는 1시간에 컴퓨터 2대를 생산할 수 있으므로 쌍방이 서로 생산물을 교환한다면 최종적으로 양국 모두 이익을 얻을 수 있다. 다시 말해, 교역을 하기 전보다 50%의 시간을 절약하면서 두 가지 상품을 모두 얻게 된다. 또한 중국인의 노동시간은 30분에서 20분으로, 미국인의 노동시간은 1시간 30분에서 1시간으로 줄어든다. 그러므로 교역 양국 중 어느 한쪽이 절대적으로 우위에 있어도 최선의 선택은 비교우위가 있는 부문의 생산에 집중하고 무역으로 나머지를 보충하는 것이다. 그렇게 함으로써 이익을 극대화하고 효율성을 높일 수 있다. 이것이 바로 리카도가 제시한 비교우위설(Comparative advantage)의 핵심개념이다.●

경제 활동의 궁극적 목적은 이익 추구에 있지만, 그럼에도 중국에서 모든 상품을 제조해 미국에 수출하지는 않는다. 만약 중국에서 모든 제품을 생산한다면 무역으로 주고받으며 서로 이익을 취하는 경제 행위가 사라질 수밖에 없기 때문이다. 중국에서 모든 제품을 생산한다면 미국은 중국에 무엇을 제공할 수 있겠는가?

중국의 신발 제조상은 미국에 신발을 수출하고 달러를 대금으로 받는다. 그러나 신발 제조상에게 달러는 큰 의미가 없다. 노동자에

● 비교우위설은 19세기 영국의 경제학자 데이비드 리카도(David Ricardo)가 제시한 경제이론으로, 국제무역이 발생하는 원인과 그로부터 얻을 수 있는 이익을 같은 상품을 생산하는 개별 국가 사이의 상대적인 기회비용 차이로 설명한 이론이다.

게 주는 임금, 임대료, 세금 등은 달러가 아닌 위안화로 지불하기 때문이다. 그러므로 신발 제조상은 상품 대금으로 받은 달러를 위안화로 환전해야 하는데, 이는 원한다고 해서 무조건 교환할 수 있는 것이 아니다. 달러를 위안화로 교환하려면 위안화로 달러를 매입하려는 사람이 필요하다. 중국에 컴퓨터를 수출한 미국인도 같은 처지에 놓여 있다. 미 컴퓨터 제조업체는 회사를 운영하려고 수출대금인 위안화를 달러로 환전하려 할 것이다. 또 외환시장 한쪽에는 상품구매, 투자 등 다양한 이유로 위안화와 달러를 매입하려는 측도 존재한다. 그 결과 수출과 수입이 이루어지고 쌍방의 교역이 지속되는 것이다.

물론 이는 양국 간 무역수지가 매년 균형 상태를 유지하는 것은 아니고, 시간이 지남에 따라 균형을 이루게 된다는 의미다.● 영화 〈무간도2: 혼돈의 시대〉에서 암살당한 보스 '곤'의 말처럼 "무슨 일이든 조만간 그 대가를 지불하기 마련"인 것이 세상의 이치다. A국은 항상 이익을 보고 B국은 항상 손실을 입는다면 최종적으로 B국에는 자산이 없어질 것이다. 자산이 없다면 화폐 가치도 사라진다. 해당국의 화폐로 교환할 물건이 없다면 그 순간 화폐는 종잇조각으로 변한다. 미국의 자산이 '제로' 상태가 되면 달러로 아무것도 살 수 없기 때문에 누구도 달러를 받지 않을 것이다.

중국이 미국에 수출하는

● 글로벌 분업체계, 중·미 간의 산업 구조를 보면 반드시 균형 무역이 실현된다는 보장은 없다. 미국은 대중 무역에서 10년 이상 상당한 무역적자를 실현하고 있다.

상품총액이 미국으로부터 수입하는 상품총액을 훨씬 웃돌면 거래대금으로 받은 달러는 채무증서와도 같다. 이것은 중국 수입품을 미국이 반환하지 못하면 상응하는 미국산 제품을 중국에 주든지 또는 미국자산을 제공하라는 말과 같다. 하지만 중국이 받은 그 채무증서(달러)는 리스크를 안고 있다. 달러보유고는 많은데 미국의 자산은 크지 않다거나 혹은 미국의 자산증가율이 채무의 누적 속도를 초과하지 않으면 리스크는 점점 커진다. 그 리스크는 바로 달러가치가 하락하는 것을 말하는데, 쉽게 말해서 중국에 달러가 점점 쌓일수록 달러가치는 나날이 떨어진다는 의미다.

그러므로 국제무역에서는 영원한 흑자국도 영원한 적자국도 없다. 무역흑자는 특정한 기간 한 나라의 수출총액이 수입총액보다 큰 것을 말하며, 무역적자는 수입총액이 수출총액보다 큰 것을 의미한다. 만약 한 나라가 무역흑자를 실현했다면, 이것은 외국상품을 수입한 것보다 자국상품을 더 많이 수출했다는 뜻이다. 외국인이 다른 나라의 상품을 구매하려면 우선 그 나라의 화폐를 매입해야 한다. 화폐 수요가 몰리면 경쟁이 과열되어 환율은 하락하게 된다. 즉, 화폐의 평가절상이 발생하는 것이다.

반대로 한 나라가 무역적자 상태라면 자국상품보다는 외국상품을 선호한다는 뜻이다. 따라서 외국의 물건을 사기 위해 자국화폐를 팔고 외화를 매입하므로 본국 화폐의 가치는 떨어지게 된다. 환율 상승(화폐의 평가절하)이 발생하는 것이다.

그럼, 위의 내용을 정리해 보자. A국이 무역흑자를 실현했다는 것은 B국이 A국 제품의 질과 가격에 만족했다는 것을 의미한다. 이때 수출국, 즉 A국의 화폐가 절상된다면 B국 소비자들에게는 수입제품 가격이 상승하는 결과를 가져온다. 화폐가 절상될수록 A국 제품가격은 올라가고 소비수요는 줄어들 것이다. 사람들은 '비싼 값에 A국 제품을 사용하느니 우리나라 상품을 쓰는 게 낫지. 질이 조금 떨어져도 가격이 그렇게 비싼 것보다는 나아'라고 생각하기 때문이다. 그 결과 A국의 수출물량은 감소하게 된다. 상품이 안 팔리는 것 이외에도 A국의 화폐 가치가 상승하면 상대적으로 B국의 제품가격이 떨어지기 때문에 A국 소비자들은 점점 자국산보다는 B국 제품을 선호할 것이다. 이렇게 되면 결국에는 무역흑자가 무역적자로 돌아서게 된다. 이상의 과정이 반복되면서 양국 간의 무역 수지는 환율의 변동과 조절로 마침내 균형을 이룬다.

그런데 명목환율만으로는 어느 국가의 상품을 사는 것이 상대적으로 더 유리한지 알기가 어렵다. 화폐는 단위를 나타낼 뿐이기 때문에 위안화 대비 엔화의 환율이 1:10이라는 사실을 아는 것만으로 일본물가를 유추할 수 없으며, 엔화가치가 위안화가치보다 낮다는 사실로 일본의 물가가 중국의 물가보다 싸다고 단정할 수 없는 일이다. 따라서 우리는 명목환율 이외에 실질환율(real exchange rate)을 살펴볼 필요가 있다. 실질환율이란 교역국 사이에서 발생하는 물가 변동을 반영한 환율로, 그 수치는 명목환율 × 외국재가격(P) / 국내재가격(P)이라는 공식에 대입해 얻을 수 있다. 그래서 실질환율은 물가의 변동에 따른 실질적인 구매력의 변화를 실제의 환율로 반영한다. 일례로 중국에서는 사과 한 개 값이 1위안, 일본에서는 20엔이라고 가정해 보자. 이때 양국의 명목환율이 1위안에 10엔이라고 하면, 사과는 중국보다 일본에서 배로 비싸게 팔리는 셈이다. 이를 토대로 중국사과와 일본사과 가운데 어느 것이 더 수지가 맞는지 계산할 수 있는데, 중국사과를 먹는 것이 더 이익이라는 사실을 알 수 있다. 우리는 실질환율로 각 나라에서 구매할 가치가 있는 상품이 무엇인지를 파악할 수 있다.

해외 투자가 환율에 미치는 영향

무역 이외에 투자도 외화를 매입하는 주요 원인 중 하나다. 투자자가 외국에 투자하는 이유는 무엇일까? 한정된 자본으로 최대수익을 얻기 위해서다. 국내에서 더는 높은 수익을 기대하기 어렵다면 다른 나라에서 그 가능성을 탐색할 필요가 있다. 이전에 룽잉타이(龍應台, 대만 여류작가)가 쓴 산문을 본 적이 있는데, 그 내용은 다음과 같다. '구이저우(貴州) 지방에서 한 무리의 농부는 열심히 일하고 또 다른 무리는 바닥에 앉아 타인이 일하는 것을 지켜보고만 있는 모습을 보고 이상하다는 생각이 들었다. 그래서 앉아 있던 사람들에게 왜 일을 하시 않느냐고 묻자 경작할 땅이 없어서라고 대답했다. 알고 보니 경작지가 매우 적어서 노동력을 모두 소화할 수 없는 것이다. 그래서 절반만 일하고 절반은 그저 지켜보고 있었던 것이다.'

이를 경제학적으로 풀어서 설명해 보자. 경제학 원리에는 한계수확체감의 법칙(The Law of Diminishing Marginal Returns)이라는 것이 있다. 구이저우의 경작지 상황을 비유로 설명해 보겠다. 경작지가 황무지였을 때에는 최초로 개간한 농민의 작업 효율성이 상당히 높았다. 그가 얼마만큼을 개간하든 무에서 유를 창조한 것이므로 처음에 비하면 결과는 상당히 많은 것이나 다름없다. 그러나 경작지가 확대됨에 따라 점차 필요한 인력도 늘어난다. 물론 시작 단계에서는 노동자가 많아질수록 생산량도 확대되었을 것이다.

그러나 곡식 생산량이 일정한 규모에 다다르면 효율성은 오히려 하락한다. 투입된 노동 대비 추가 산출량이 점점 감소하는 것이다. 예를 들면, 11무(畝, 1무는 666.7제곱미터)의 토지가 있고, 한 사람이 2무 정도의 토지를 경작할 수 있다고 가정해 보자. 5명이 함께 일할 경우 토지를 최대 10무까지 경작할 수 있다. 그러나 1명이 추가로 투입된다면 경작할 수 있는 토지는 1무가 남아 있으므로 추가 노동력의 한계생산량은 1무가 되는 것이다. 비록 추가된 1명과 이전의 5명이 똑같은 노동량을 제공할 수 있다 해도 경작지의 한계 때문에 추가 노동력의 생산량은 결국 다른 사람의 절반밖에 되지 않는다. 더욱이 1명이 더 투입된다면 그가 경작할 땅은 더 남아 있지 않으므로 그의 한계생산량은 0(제로)이다.

이러한 원리 때문에 롱잉타이가 갔던 지역에서 일부의 사람들은 노동을 하지 않은 채 한쪽에 앉아 있었던 것이다. 토지는 적고 노동자는 많다면 추가 노동력은 생산량을 창출하지 못한다. 생산량을 확대할 수 있는 유일한 방법은 새로운 토지를 개간하는 것이다.

사업도 이와 마찬가지다. 당신이 신발 판매 사업을 하고 있다고 가정해 보자. 신발시장은 이미 성숙기 단계로 진입했으며, 경쟁은 갈수록 치열해지고 수익성은 악화되고 있다. 이런 환경에서 회사가 생존하기는 쉽지 않다. 그러면 당신은 제품의 라이프 사이클이 도입기 단계인 시장을 탐색할 것이다. 만약 잠재시장을 찾았다면 당신은 시장진입을 타진할 것이다. 적어도 현 사업지보다는 그곳이 수익률이 좋을 것이기 때문이다. 그 잠재시장이 본국이라면 직접 상품을 팔면 된다. 그러나 해외일 경우 여러 가지 투자 절차를 거쳐야 한다.

투자 경로는 대개 세 가지로 집약된다. 첫째는 현지에 직접 공장을 세우는 것으로, 일반적으로 직접투자라고 한다. 둘째는 투자기업의 지분을 매입하는 것이다. 셋째는 현지공장에 투자하는 것이다. 여러분이 어느 경로를 선택하든지 본국 화폐를 투자대상국 화폐, 즉 현지 화폐로 환전해야 한다는 것은 변함이 없다. 현지 화폐의 수요가 늘어남에 따라 현지 화폐의 가치는 상승하게 된다.

그럼, 해외 투자에 따른 파급효과와 환율을 연결해 살펴보기로 하자. 만약 외국인이 해외에서 공장을 설립하고 투자를 한다면 현지 노동자를 고용할 것이다. 그러면 현지의 노동 수요가 증가해 노동자의 임금도 따라서 오르게 된다. 노동자들은 소득이 확대되면 소비를 늘릴 것이고, 이로써 사회 각 영역에 걸쳐 추가 소비가 이루어진다. 예를 들면, 닌텐도* 게임기를 사서 하루를 즐기는 사람들도 있을 것이고, 보모를 고용해 가사를 돌보게 하는 사람도 있을 것이다. 게임기 수요가 늘어날수록 닌텐도의 수익은 증가하고, 그에 따라 닌텐도 직원들의 소득과 소비가 확대된다. 게임기 산업 이외에 보모산업도 활성화되며 이 분야의 취업자 수도 늘어난다. 사회 전체로 보면, 소비가 계속 확대되는 것이다.

이렇게 되면 일부 고임금 노동자는 소득 상위 계층으로 신분이 상승할 것이다. 이들 고임금 노동자들이 소비를 늘림으로써 취업기회는 한층 늘어나고 빈곤층의 소득도 증가한다. 이런 현상을 '낙수효과(trickle down effect)'**라고 한다. 빈곤층의 소득이 확대됨에 따라 신발의 구매는 늘어나고 신발공장의 수익도 증가한다. 그러면 신발공장은 추가로 노동자를 고용하고 임금은 재차 상승하게 되는데, 이들이 또 닌텐도 게임기를 사고 보

* Nintendo, 세계 최대의 비디오 게임기 제조회사로 일본 교토에 본사가 있다.

** 낙수효과란 대기업과 부유층의 소득이 증대되면 더 많은 투자가 이루어져 경기가 부양되고, 국내총생산이 증가하면 저소득층에게도 혜택이 돌아가 소득의 양극화가 해소된다는 논리다. 이 이론은 국부(國富)의 증대에 초점이 맞추어진 것으로 분배보다는 성장을, 형평성보다는 효율성을 우선시한 주장이다.

모를 고용한다. 이로써 국가 경제 전반에 걸쳐 선순환이 형성된다.

외국인 투자는 경제 번영과 더 많은 해외자본의 유입을 이끈다. 그러나 해외자본은 더 이상 신발공장에 투자를 하는 것이 아니라 신발공장보다는 수익성이 높은 닌텐도를 선택할 것이다. 신발공장 노동자들의 수입은 닌텐도에 큰 수익을 안겨주므로 닌텐도의 주식을 사는 것도 좋은 방법이기 때문이다. 주식시장과 채권시장에도 해외자금이 몰릴 것이다. 신발제조사와 닌텐도에 자금을 대출해 줘도 문제가 없을 것이며, 적어도 경영악화에 따른 대출금 미상환 위험은 낮다고 생각하는 분위기가 형성되기 때문이다. 동시에 부동산 시장에도 자금이 유입될 것이다. 투자자들은 모든 경제주체, 즉 신발공장 현지 사장, 신발공장 노동자, 닌텐도 직원, 보모 등의 소득이 늘어난다면 그들이 더 좋은 주거환경을 찾게 될 거라 판단하고 부동산 시장에 미리 뛰어들기 때문이다. 그러나 이 모든 과정은 투자자가 본국 화폐를 현지 화폐로 바꾸어야 그때부터 비로소 시작될 수 있다. 투자자의 현지 화폐에 대한 수요 확대는 해당 화폐의 가치를 상승시켜서 환율을 점점 떨어뜨리는 결과를 불러온다.

그러나 이와 반대되는 상황이 발생할 수도 있다. 외국투자자가 투자대상국을 더 이상 낙관적으로 보지 않으면 투자자금을 회수하려 들 것이다. 그 첫 단계가 현지 화폐를 팔아서 다른 외화를 매입하는 것이다. 투자자의 매도로 시장에서 현지 화폐의 유동성이 증가하면 그 화폐의 가치는 자연히 하락한다. 하지만 직접투자(신발공장에 대한 투자)를 철수하는 것만으로는 화폐 가치에 큰 영향을 주지 않으며, 외환시장 전체로 볼 때 그 영향력은 매우 미미하다. 반면 노동시장에서의 상황은 다르다. 투자를 철수하면 신발공장 노동자들은 일자리를 잃거나 혹은 임금이 낮아진다. 이렇게 되면 신발공장 노동자들은 예전처럼 닌텐도 게임기를 구매하고 보모를 고용할 수 없을 것이다. 같은 맥락으로 닌텐도 직원들과 보모들도 신발을 살 여유가 없다.

그 결과 신발제조사와 닌텐도 모두 수익성이 악화되기 때문에 외국투자자는 주식과 채권을 더는 매입하지 않을 것이다. 오히려 보유 유가증권을 서둘러 매도할 것이다. 또 부동산시장에서도 소득 감소로 현지인의 주택구매 열기는 식고, 외국자금은 서둘러 시장에서 철수하게 된다. 사회 전반에 걸친 경기침체로 자본 이탈은 더욱 가속화되고, 해외자본은 수익성이 더 높은 국가로 빠르게 이동한다. 그리하여 모두들 앞다투어 현지 화폐를 매도해 환율은 크게 상승한다.

심리적 요인은 환율에 어떤 영향을 미치는가?

위의 사례에서 화폐를 매매하는 기본 목적이 '이익실현과 리스크회피'라는 사실을 알 수 있다. 경제학의 기본적인 원리 중 하나는 바로 리스크와 수익은 서로 보완적인 관계에 있다는 것이다.

즉, 높은 수익을 실현하고 싶다면 리스크를 감수해야 하고, 수익이 높으면 리스크도 그만큼 높다. 일례로 선진국은 중국보다 투자수익률은 낮지만, 모든 것이 규범화되어 있기 때문에 중국보다 안정적으로 수익을 실현할 수 있고 투자의 안전성도 상대적으로 높다.

개발도상국은 선진국과 비교해 시장이 넓고 광대하지만 모든 것이 불투명하며, 성공할 가능성도 있지만 파산할 확률 역시 존재한다. 단, 이제 선진국이라고 해서 항상 안정적이라 말하기는 어려운 시대에 접어들었다. 최근 들어 시장 변동성 확대로 선진국에서도 기업이 파산하는 경우가 심심찮게 관찰되는데, 전 세계를 강타한 국제 금융위기가 바로 그 증거라 할 수 있다.

미래를 예측하는 것은 쉬운 일이 아니기 때문에 투자자들은 과거의 사례에서 미래를 추측해 보고, 과거의 역사로 현재 일어나는 사건을 판단한다. 그러나 불행히도 투자의 역사에는 변수가 너무도 많다. 이치대로라면 대출의 대상이 국가일 경우 기업과 개인보다는 더 안전하다. 그 이유는 국가는 세금, 토지, 자원 등을 처분해 부채를 상환할 수 있기 때문이다. 하지만 수백 년에 걸친 역사가 증명하듯, 국가를 상대로 한 대출도 어느 정도의 리스크는 존재한다. 만약 한 투자자가 정부에 돈을 빌려주었는데 정해진 기일에 정부가 부채를 상환하지 않는다면 그 투자자는 상당히 골치가 아플 것이다. 일개 투자자가 무소불위의 권력을 가신 성부를 상대로 부재상환을 족구하는 것이 얼마나 가슴 떨리겠는가! 비록 투자자의 요구는 이치에 합당하지만 세상일이 늘 이치대로 풀리는 것은 아니다. 돈을 갚지 못하겠다고 정부가 작심하고 우기면 어찌할 것인가? 그럼, 국가가 채권자의 돈을 떼먹은 사례를 살펴보자.

유럽에서는 이미 16세기부터 주기적으로 파산 사건이 발생했다. 일례로 1557년~1696년 사이에 스페인은 막대한 황금과 은을 남미로부터 착취했는데, 그럼에도 150년간 14차례나 주기적으로 파산을 겪었다. 돈의 대부분이 전쟁에 소모되었다. 비교적 제도가 완비되고 사유재산의 보호를 중시하는 영국에서조차 국가에 의한 소유권 침해는 피할 수 없었다. 찰스 2세는 국민이 보유한 채권과 자산을 사유화해 자신의 호주머니에 넣었다.● 19세기 중남미 국가들도 독립과 더불어 주기적으로 파산을 겪었다. 이들 국가는 막대한 금과 은을 보유했지만 대부분을 부패와 횡령으로 탕진해 버리고는 대외채무를 채권국에 상환하지 않고 국가부도를 선언했다. 이후 부도 사태의 여파가 잠잠해지면 또다시 새로운 외채를 발행했다.

이러한 상황에서 한 나라의 채무가 너무 많으면 그 국가는 암흑가에서 돈을 빌

● 찰스2세(1630년~1685년)는 크롬웰의 공화정 시기에 몇 년간 망명생활을 한 후 영국 왕으로 복위함으로써 왕정복고시대를 열었다. 그의 복위 배경에는 1665년~1667년의 영국과 네덜란드 전쟁에 따른 막대한 손실이 자리 잡고 있었다. 그는 연간 120만 파운드의 소득을 책정받았지만 그 금액이 제때에 입금되지는 않았다. 채무 증가와 신용도 하락으로 그는 재정적 독립에 심각한 타격을 입었다. 무엇보다도 그는 검소함의 미덕을 신봉하지는 않았다. 하지만 뛰어난 정치적 적응력과 인물에 대한 판단력은 그의 재위시절 끊이지 않았던 성공회와 가톨릭 간 투쟁의 소용돌이 속에서도 나라를 이끌어갈 수 있는 원동력으로 작용했다.

린 개인과 그 처지가 다를 바 없어 때로는 무력을 앞세운 상환압력에 직면할 수도 있고, 심지어 영원히 회복 불능의 상태에 빠질 수도 있다. 영국은 이집트가 지속적으로 채무를 상환하지 않자 1882년 군대를 동원해 이집트를 점령해 버렸다. 이집트와 달리 여러 나라에서 많은 돈을 빌려 외채 관계가 상당히 복잡했던 베네수엘라는 다수 국가의 무력시위에 직면했다. 영국, 독일, 이탈리아 등으로부터 막대한 돈을 빌렸지만 베네수엘라가 계속 부채를 상환하지 않자, 이들 채권국은 더 참지 못하고 마침내 폭발했다. 1902년 영국, 독일, 이탈리아는 연합으로 군함을 파견해 베네수엘라의 주변 항구를 원천 봉쇄하고 베네수엘라 정부에 부채 상환을 압박했다.

'뛰는 놈 위에 나는 놈이 있다'라는 속담처럼 막대한 채무에 시달린 국가들은 상환 거부 이외에 새로운 수단을 발명했다. 그것은 바로 '인플레이션'이라는 폭탄이었다. 제1차 세계대전 패전국인 독일은 승전국의 배상요구에 크게 분개했다. 영국과 프랑스 등이 독일에 그들의 전쟁 부채를 떠넘긴 것이다. 하지만 패전국인 독일로서는 이들의 요구를 거절할 명분이 없었다. 그래서 독일 바이마르공화국은 인플레이션을 이용해 채무를 부분적으로 해결할 목적으로 수를 꾸몄다. 그 결과 하이퍼인플레이션(hyperinflation)*이라는 폭탄이 독일을 강타

> *전쟁이나 경제 불안 등으로 물가상승이 통제 범위를 벗어난 상태로, 수백 퍼센트의 인플레이션율을 기록하는 상황을 말한다.

했고, 당시의 독일 시민들은 생필품을 사기 위해 200억 마르크를 들고 다녀야 했다. 하이퍼인플레이션으로 경제 질서가 완전히 무너졌지만, 막대한 채무도 그와 함께 연기처럼 사라졌다. 사실 이것은 대놓고 상환을 미루는 방법보다 더 극단적인 방법이다. 막강한 군대를 파견해도 채권국이 실질적으로 얻을 수 있는 것은 종이 더미에 불과하기 때문이다.

이상은 투자자가 국가에 돈을 빌려줬을 경우이고, 개인에게 투자했을 경우에는 리스크가 훨씬 더 크다. 버블 역사의 고전이 된 튤립버블(Tulip Bubble)과 미시시피버블(Mississippi Bubble)을 살펴보면 이 사실을 확인할 수 있다.* 이 당시 투자자들은 대부분 파산상태에 빠졌다. 이러한 국가의 억지스러운 조치, 개인회사의 파산을 경험한 후 투자자들은 불안감에 휩싸였다. 투자자들이 알고 있던 정보와 정부 및 기업에 관한 실제 상황이 서로 비대칭적**이었기에 진짜 금과 은을 가지고 있으면 주도권을 잡을 수 있었다. 참혹한 실패를

* 튤립버블(Tulip Bubble, 1634년~1637년)은 역사상 최초의 버블로 불린다. 네덜란드 튤립시장은 보통 전문가와 생산자를 중심으로 거래가 이루어졌지만 투기 수요가 몰려 1개월 만에 가격이 50배나 폭등했다. 하지만 가격만 있고 거래는 없다는 인식이 퍼짐에 따라 버블은 일시에 붕괴되었다. 당시 튤립가격은 최고치 대비 수천 분의 1 수준으로 폭락했다. 미시시피버블(Mississippi Bubble, 1716년~1720년)의 소용돌이 중심에는 존 로(John Law)가 있었다. 프랑스 정부가 발행한 국채를 모두 인수하는 대가로 그는 당시 프랑스령이던 루이지애나 지역의 무역경영권, 조세징수대리권 등을 확보했다. 한편 소유은행을 통해 은행어음과 주식을 발행하기 시작했으며, 이를 국채와 화폐로 태환하였다. 엄청난 수익을 낼 것이라는 장밋빛 희망에 부푼 투자자들은 존 로가 소유한 미시시피회사 주식을 매집하였으며, 주가는 일순간 30배 이상 뛰었다. 과잉유동성은 결국 인플레이션으로 이어졌고, 프랑스 정부는 급기야 주식과 은행어음에 대한 평가가치를 50% 정도 하락시켰다. 역사상 최초의 주식형 버블은 그렇게 붕괴의 길로 들어선 것이다.

** 전문용어로 정보의 비대칭 현상이라고 한다.

맛보자 투자자들은 자신을 보호할 수단을 강구했다. 투자자들은 신용이 우수하고 정해진 시기에 부채를 상환하는 국가에 한해서 그 나라의 채권을 매입했다. 부채상환 약속을 자주 어기는 국가는 신용을 잃고 시장에서 외면당했다. 그래서 이런 국가들은 고리대 또는 이자가 높은 자금을 빌려 높은 수익을 바라는 위험선호형 투자자들을 유혹했다.

상황이 이렇게 되자 이것은 환율과 안전성을 하나로 묶은 것이나 다름없었다. 안전하다고 판단되는 국가에 투자자들이 몰리며 그들이 현지 화폐를 매입함으로써 화폐 가치가 상승한다. 그와 반대로 한 국가가 투자위험국으로 인식되면 현지인조차 자국화폐를 투매하고 가치가 더 높은 외화를 매입해 부의 안전성을 확보한다. 현지인이 본국 화폐를 매도하는 상황에서 해외에서의 외자도입은 물론 불가능하다. 이런 상황에 이르면, 환율은 자동적으로 상승할 수밖에 없다. 만약 이종의 화폐가 동일한 수준으로 안전하다면 그 가치는 수익률에 따라 결정될 것이다. 투자수익률이 높은 쪽의 화폐가 가치가 더 높다.

그럼, 화폐의 안전성과 투자수익률은 누가 판단하는 것일까? 투자자들이 얻을 수 있는 정보의 질은 과거에도 그리고 21세기 현재에도 변함이 없다. 따라서 투자자는 과거 역사와 미래에 대한 전망으로 화폐의 안전성과 투자수익률을 판단한다. 결론적으로 화폐의 안전성과 투자수익률을 판단할 수 있는 객관적 수단은 없기 때문에 투자자들은 대부분 자신의 직감을 믿고 투자결정을 내린다고 할 수 있다. 즉, 대다수 투자자가 해당국을 신뢰한다면 그 화폐의 환율은 하락하고, 그 반대라면 환율은 상승한다. 그리고 신뢰와 불신 사이에는 객관적 표준이 없다.

이와 비슷한 관점을 고대 명저인 《한비자·설난(韓非子·說難)》에서 발견할 수 있다. 위국(衛國)에 미자하(彌子瑕)라는 사람이 살고 있었다. 그는 위령공(衛靈公)의 총애를 받았는데, 조금 방자한 면이 있었다. 위국(衛國) 법률에 따르면, 국왕의 마차를 사사로이 모는 이는 발을 자르는 월형에 처해졌다. 하루는 미자하의 모친이 병이 들었는데, 이 소식을 들은 미자하는 급한 마음에 위령공의 명령을 가장하여 마차를 몰고 나갔다. 위령공은 그 사실을 알고 미자하가 효를 다하기 위해 월형을 무릅쓰고 마차를 몬 것이라고 오히려 그의 덕행을 칭찬했다. 이후 어느 날 미자하와 위령공은 함께 과수원을 방문했는데, 미자하가 복숭아를 베어 물었을 때 그 맛이 너무 좋아 남은 것을 위령공에게 주었다. 위령공은 전혀 개의치 않고 받으며, 미자하는 맛있는 것이 있으면 바로 자신과 그것을 나눈다고 칭찬하였다. 하지만 훗날 미자하가 늙고 쓸모없어지자 위령공은 더 이상 미자하를 만나지 않았다. 그리고 오히려 예전에 미자하가 자신의 명령을 가장해 마차를 몰고, 먹다 남은 복숭아를 자기에게 주었다고 분노를 표했다. 비록 미자하의 행위들은 변한 것이 없지만, 미자하에 대한 위령공의 마음이 변하자 과거 행위들이 달리 다가온 것일 뿐이다.

투자자들이 한 국가를 보는 시각도 이와 마찬가지다. 일례로

A라는 국가가 있다고 생각해 보자. 투자자는 기분이 좋을 때는 A라는 국가가 높은 수익을 안겨줄 것처럼 느껴져 A국의 화폐를 매입해 그 국가의 화폐 가치를 끌어올린다. 하지만 기분이 좋지 않을 때는 같은 조건임에도 A라는 국가를 투자위험국으로 생각해 A국 화폐를 투매하여 화폐 가치를 떨어뜨린다. 아마 이러한 일이 미덥지 않게 들릴 것이다. 그런데 현실에서 이러한 현상이 나타날 수 있다.

때로는 표상이 현실에 분명 영향을 미친다. 사실 현실과 표상은 백지장 한 장 차이일 뿐이다. 우리는 심심찮게 정부관료 또는 재벌을 사칭한 사람이 한바탕 유흥을 즐기고 돈을 떼먹고 도망갔다는 뉴스를 접한다. 이러한 사건이 적발되면 사람들은 어떻게 저런 저급한 인간들에게 사기를 당할 수 있느냐고 오히려 사기 피해자들의 무지에 놀라움을 금치 못한다. 그러나 많은 경우 우리는 표면적인 것을 보고 판단을 내린다. 만일 어떤 사람이 황금을 물 쓰듯이 한다면 그가 부자일 것이라고 추측하지 그가 빈털터리라고 생각하는 사람은 거의 없을 것이다. 더 심한 경우 겉과 속이 달라도 표상이 사실로 변하기도 한다. '빈털터리'라도 자신의 표상을 잘 포장하고 교묘히 속이면 정말로 부자가 될 가능성이 전혀 없는 것은 아니다. 외환시장에서의 투자도 이와 다를 것이 없다. 모든 사람이 어떤 국가의 미래가 밝다고 생각하고 너도나도 그곳에 공장을 세운다면 표상이 현실로 바뀔 수 있다. 반대로 대중이 한 국가를 부정적으로 생각하면, 그 힘이 부정적인 표상을 비참한 현실로 바꾸어 놓을 수 있다는 것이다.

환율 부문에서는 표상이 현실이 될 수 있는 또 하나의 이유가 있다. 바로 투자자들이 '군집행동(herd behavior)'을 한다는 사실이다. 시세 방향과 관계없이 투자자들의 매매로 초래되는 환율 변화는 군집행동의 결과로 볼 수 있다. 사소한 일도 그것이 가진 본래의 영향력보다 몇 배로 큰 영향력을 행사할 수 있다. 예를 들면, 한 사람의 매수가 더 많은 사람의 매수를 불러일으킬 수 있고, 반대로 한 사람의 매도가 더 많은 사람의 매도를 야기할 수 있다.

영국의 경제학자 케인스도 그의 대표작《고용, 이자 및 화폐에 관한 일반이론(The General Theory of Employment, Interest and Money)》에서 심리적 요인이 경제에 미치는 영향에 대해 말하고 있다.

"신문사에서 100명의 사진을 신문에 싣고 독자들로 하여금 자기가 볼 때 가장 미녀라고 생각하는 사람을 6명 선택하라고 하였다. 그리고 독자들로부터 가장 많은 표를 얻은 사람을 최고의 미인으로 뽑고 상위 6명을 정확히 맞힌 독자에게는 상금을 지불하기로 하였다. 그럼, 상금을 타기 위해서 우리는 어떤 전략을 선택해야 할까? 이 대회에서는 개인적인 미의 기준은 그리 중요하지 않다. 타인이 최고로 아름답다고 생각하는 미의 기준을 적용하면 되는 것이다. 다시 말해, 대다수 독자가 선택하는 평균적인 미인상에 근접한 이를 선택하면 상금을 탈 확률이 높아진다."

이를 투자와 연결해 생각해 보자. 투자자들은 다른 사람들이 어떻게 생각하고 어떤 매매를 하는지 타인들의 생각을 고려한 뒤 이 정보를 기초로 하여 행동을 결정한다. 이런 현상 때문에 한 사람의 행동이 군집효과를 거쳐 표상을 현실로 만드는 것이다. 따라서 국제무역, 다국적 투자 등과 같은 실질 인수의 변동 이외에 투자자의 무작위적인 생각과 감정 또한 환율에 중요한 요소로 작용한다.

환율을 효율적으로 이용하면 무역이 촉진되고 투자자본이 유입되는 결과를 가져온다. 그렇게 되면 환율은 황금알을 낳는 거위가 될 수 있다. 그러나 잘못 사용하면 사회에 심각한 혼란을 불러일으키고 경제를 붕괴로 몰고 가는 독약이 될 수도 있다. 지구촌 시대가 된 오늘날 환율은 그 어떤 시대보다도 강력한 영향력을 행사하고 있는데, 갈수록 예측하기 힘들어지는 것도 사실이다. 그 이유는 환율은 많은 부분 투자자의 심리변화에 따라 변동하기 때문이다. 환율은 중요한 경제요소로, 자국의 경제 성장과 붕괴가 달려 있기 때문에 세계의 모든 국가는 환율에 개입한다. 그럼, 가장 효과적인 환율 관리 방법은 무엇일까? 다음 단락에서 이 물음에 대한 해답을 모색한다.

3. 주요 4대 환율제도

각국 정부가 환율을 어떻게 관리하든지 그 목적은 한 가지로 귀결된다. 바로 자국에 유리한 환율환경을 조성하는 것이다. 정부는 환율을 이용해 경제를 안정시키고, 투자를 유인하며, 무역을 촉진한다. 또한 자본의 자유로운 이동을 보장하고, 독립적인 화폐정책을 유지해 경기침체와 같은 긴급 상황에서 지폐를 발행해 유동성을 높인다. 바로 재정정책(Fiscal Policy), 화폐정책(Monetary Policy), 무역정책(Trade Policy)이 그것이다. 각국 정부는 어떤 정책을 채택할지 결정하기에 앞서 중요한 선택의 기로에 놓인다. 그것은 바로 나라의 실정에 부합하는 환율제도를 선택하는 것이다. 1960년대부터 각국 정부는 하나의 환율제도를 선택해야 했다. 거시경제학자인 로버트 먼델과 마르쿠스 플레밍은 먼델-플레밍 모형(Mundell-Fleming Model)을 내놓았는데, 그들은 이 모형으로 개방형 경제하에서는 고정환율제도, 자본의 자유로운 이동, 독립적 화폐정책, 이 세 가지를 동시에 만족시킬 수 없음을 증명했다.

각 국가들이 환율을 다룰 때 환율 안정, 자본의 자유로운 이동, 독립적인 화폐정책이라는 세 가지 목표를 모두 달성할 수 있다면 더없이 좋겠지만, 이것은 현실적으로 불가능하다. 두 가지 목표가 실현될 수 있는 최대치이므로 취사선택을 해야 한다.

각국의 선택이 다르기 때문에 환율에 대한 정책수단의 영향력도 다르다. 정책수단에 대해 살펴보기 이전에 먼저 네 가지 환율 제도를 소개하고자 한다. 네 가지 환율제도는 고정환율제도(fixed exchange rate system), 자유변동환율제도(freely floating exchange rate system), 연계환율제도(linked exchange rate system), 관리변동환율제도(managed floating exchange rate system)를 말한다. 그중 연계환율제도는 고정환율제도, 관리변동환율제도는 자유변동환율제도에서 파생되었다. 각각의 환율제도를 이해함으로써 이들의 장단점과 각 나라들이 어떤 이유로 그 제도를 채택하는지 목적을 파악할 수 있다.

달러화(Dollarization)와 유로존(Eurozone)

많은 나라가 환율을 안정시키기 위해 자국의 화폐를 다른 안정적인 화폐 또는 자산과 연계하는 방식을 취한다. 심지어 두 화폐의 교환비율을 1:1로 하기도 한다. 한 가지 화폐를 사용하는 것을 일단 고정환율제도라고 부르기로 하자. 환율이 본격적으로 시행되기 시작하던 시기에 대다수 선진국은 고정환율제도를 채택했는데, 19세기에 시작되어 20세기 초 정점에 달했던 금본위제는 모든 고정환율제도의 시조다. 각국은 법률로 자국 화폐를 황금에 연계하거나 고정했다. 만약 미국이 화폐와 황금의 교환비율을 1달러에 금 1그램으로, 영국이 1파운드에 금 1그램으로 정하면, 우리는 달러와 파운드의 교환비율을 쉽게 산출할 수 있다. 즉, 두 통화의 환율은 1달러에 1파운드로 매겨지는 것이다. 미국과 영국에서는 각각 달러와 파운드를 들고 은행에서 금을 인출할 수 있었다. 태환(지폐를 정화와 바꿈)하는 형식을 취했을 뿐이지 당시 각국에서 사용하는 화폐는 모두 황금이었다.

이러한 관점에서 보면, 한 나라 안에서 각 지역이 동일한 화폐를 사용한다면 이것은 각지의 환율을 중앙정부에서 강제로 통일한 것이나 마찬가지다. 지역 간 경제발전 수준이 다른 상태에서 모든 지역에서 동일한 화폐가 유통된다면 이것은 각 지역 화폐의 환율이 1:1로 고정된 것과 같다. 사실 한 나라 안에서 다수의 화폐가 유통되는 것이 불가능한 것은 아니기 때문에 중국 청나라 때에는 화폐 수십 종이 동시에 유통되었다. 또한 오늘날에도 홍콩과 마카오 등지에서는 중국 본토와는 별도로 홍콩달러와 마카오달러가 사용되는데, 이들 통화의 환율은 위안화와 다르다. 중국 본토 모든 지역에서는 위안화가 유통되고 있는데, 이것은 미국 50개 주가 달러를 사용하는 것과 같다. 중국 본토 어느 지역을 가더라도 1위안은 그대로 1위안이라는 사실은 환율이 동일하다는 것을 의미한다.

때때로 정치적 요인으로 환율이 같아지거나 고정되기도 한다. 중국과 미국은 다양한 민족이 공존하고 있으며 몇 나라를 합친 것만큼 넓은 국토와 많은 자원을 보유하고 있지만 단일 중앙정부가 통치하기 때문에 단일통화를 사용한다. 그러나 동일 화폐의 사용과 고정환율은 주로 경제적 요인에 기인한다. 일례로 1백년 전 선진국들이 모두 금본위제도를 채택했지만 정치는 오히려 통일되지 못했고 갈수록 분열되는 양상을 띠어, 마침내 세계대전이 일어나 유럽 각국은 전쟁을 일으켜 우열을 가렸다. 그러므로 각국이 고정환율제도를 채택한 이유는 분명 경제적 이익 증진을 목적으로 한 것이다.

'단일통화, 정치 다원화'라는 방식은 오늘날에도 여전히 채택되고 있다. 일부 작은 나라들은 자국 통화가 국제적 신뢰를 상실했다는 사실을 알고 있다. 앞에서 이미 언급했듯이, 대중의 신뢰가 없으면 지폐의 가치는 종이와 다를 것이 없다. 그래서 파나마, 에콰도르 같은 나라는 자국 통화의 발행을 중단하고 달러를 자국의 공식 화폐로 삼았다. 그 결과 고질적인 문제들을 해결하고 지폐 발행 비용을 절약했다. 이렇게 달러를 자국의 공식 화폐로 삼는 방식을 '달러화(dollarization)'라고 한다.

달러화는 본국 화폐와 달러의 환율을 영원히 1:1로 정하는 것과 마찬가지며, 또한 미국 정부에 자국의 화폐정책 결정권을 일임한 것이나 다름없다. 달러화를 전면적으로 실시한 나라로는 파나마, 에콰도르, 엘살바도르공화국, 라이베리아 등이 있다. 이 국가들은 모두 미국 역사와 밀접한 관련이 있고, 국내 상황이 불안정하다는 공통된 특징을 갖고 있다. 언급한 나라들 이외에 유럽의 다수 국가 역시 달러화와 비슷한 경로로 화폐를 통일했는데, 이를 유로존®이라고 한다. 단, 유럽의 유로존은 달러화와 그 목적이 다르다. 유럽의 대다수 국가는 경제가 안정적이기 때문에 남미의 약소국처럼 대국에 의지해 안정을 도모할 필요가 없다. 그럼에도 유럽 각국들은 미국 각 지역에서 달러가 자유롭게 유통되는 것처럼 유럽에도 단일화된 통화가 유통되길 바란다. 단일통화의 장점은 환율을 안정시키고 자본의 이동이 단순화된다는 것이다. 이 밖에 유럽은 단일통화를 바탕으로 점차 정치적 통일이 이루어지기를 희망한다. 궁극적으로 유럽을 흩어진 모래가 아닌 '유럽합중국'으로 탄생시키려는 의도인 셈이다.

유럽은 1978년에 유럽통화제도(EMS, European Monetary System)를 도입했다. 유럽통

● Eurozone, 유로화를 도입해 사용하는 국가나 지역을 통틀어 이르는 말.

화제도는 개별 가맹국의 환율을 일제히 고정한 뒤 가맹국 중앙 은행이 환율을 유지하려고 노력한다는 일종의 유럽환율 메커니즘을 구축했다. 가령 프랑스 프랑과 독일 마르크 환율을 1:1로 설정했다면, 프랑의 가치가 떨어질 때 프랑스 정부는 프랑을 매입하는 방법으로 시장에 개입해 1:1 비율을 유지해야 한다. 한편 유럽의 단일통화인 유로화(Euro)는 영국의 유럽통화제도 탈퇴 등과 같은 각종 난관을 거친 뒤 1999년 1월 마침내 탄생했다. 유럽 각국은 정해진 환율에 따라 자국의 화폐를 유로화로 바꿨으며, 자국 화폐를 시장에서 퇴장시켰다. 이후 유로화가 유로존에서 유통되는 유일한 화폐가 되었다. 현재 유로화 사용국은 17개국으로 늘어났다. 17개국 이외에 몬테네그로, 바티칸, 모나코, 안도라 등 일부 비유로 국가들도 유로화를 지불수단으로 사용하고 있다.

고정환율제도의 채택이 가져다주는 득과 실

그럼, 왜 많은 국가가 앞다투어 고정환율제도를 선택하는 것일까? 그 이유는 고정환율제도가 가진 두 가지 장점 때문이다. 먼저 고정환율제도하에서는 환율이 변동해도 부가 감소하는 상황에 놓이지 않기 때문이다. 고정환율제도가 없다면 무역과 해외 투자를 결정할 때 투자대상국의 정책변화를 항상 주시해야 할 것이다. 재정, 화폐, 무역 정책 가운데 어느 것이라도 조금만 변경되어도 화폐 가치는 따라서 크게 오르거나 내려 심할 경우 막대한 손실을 입을 수도 있기 때문이다. 그러나 고정환율제도 하에서는 이 문제로부터 상당히 자유로울 수 있어 무역과 투자가 활발하게 이루어질 수 있다.

두 번째 장점은 자본의 이동이 자유롭게 이루어진다는 것이다. 그래서 자본이 수익이 높은 곳으로 자유롭게 이동할 수 있다. 자국 시장의 경쟁력이 치열해지고 얻을 수 있는 이윤이 점점 축소된다면 경영자는 수익률을 높이기 위해 비교적 경쟁이 적은 새로운 시장으로 눈을 돌리게 된다. 그러나 환율 변동이 문제가 된다면 시장을 발견해도 선뜻 진출할 수가 없다. 잘못하다가는 환차손으로 큰 손해를 볼 수도 있기 때문이다. 그렇게 되면 투자자와 투자대상국 모두에게 손실이다. 그런데 고정환율제도는 이와 같이 지극히 비효율적인 상황이 일어나는 것을 미연에 방지한다.

하지만 고정환율제도가 장점만 있는 것은 아니다. 경제주체들이 자신이 시행하는 화폐정책을 통제할 수 없다는 단점이 한편으로 존재한다. 금본위제도하에서는 각국은 금 보유고를 기초로 화폐를 발행하기 때문에 만약 금 보유고가 없다면 화폐를 발행하지 못한다. 이것은 화폐의 발행과 유통량을 직접 제한하는 역할을 했다.

그 결과 전쟁, 대공황과 같은 긴급사태가 발생하면 유동성을 만족시키지 못해 혼란이 가중되었다. 이런 폐단은 지역 경제권이 아니라 한 나라 안에서도 일어날 수 있다. 예를 들어 유동성

과잉으로 베이징(北京)과 상하이(上海)에서 경기과열 현상이 나타난다고 하자. 이때의 적절한 조치는 금리를 인상하고 유동성 긴축정책을 취하는 것이다. 그러나 서부지역인 닝샤(寧夏), 산시(陝西) 등지에서는 오히려 경기가 침체된 상황이라면 앞서와 달리 화폐공급량 확대, 금리인하 등으로 유동성을 높여야 한다. 이렇듯 국토가 넓고 지역이 다양하다면 화폐정책을 일괄적으로 시행할 수도 없고 지역별 상황에 맞춰 정확한 조치를 내릴 수도 없기 때문에 최대한 양쪽 모두를 만족시킬 수 있는 평행점을 찾아야 한다.

그러므로 고정환율제도를 채택하려면 정부는 환율 안정, 자본의 자유로운 이동, 독립적인 화폐정책, 이 세 가지 중 어떤 두 가지를 취하고 어떤 한 가지를 버릴지 깊이 고려할 필요가 있다. 만약 독립적인 화폐정책을 포기하고 환율 안정과 자본의 자유로운 이동을 원한다면 고정환율제도가 정확한 선택이다.

이러한 장점들 때문에 고정환율제도는 오늘날에도 큰 환영을 받고 있다. 그러나 이 제도는 장점만큼 단점도 뚜렷하다. 독립된 화폐정책을 포기한 것은 평상시에는 큰 문제가 되지 않는데, 경기가 침체되거나 또는 전쟁과 같은 비상사태가 발생하면 치명적인 장애물로 돌변한다. 이것을 인체를 예로 들어 설명하면 다음과 같다. 평소에는 정해진 열량만을 섭취하는 것이 문제가 되지 않는다. 이것은 오히려 건강을 위한 최선의 선택이다. 그러나 병에 걸리면 보양식과 고난백 음식을 나냥 섭취해 봄보신을 할 필

요가 있다. 그런데 만약 이때도 정해진 열량만을 섭취한다면 자
칫 생명이 위태로울 수 있다. 고정환율제도의 문제점도 평소에
는 잘 드러나지 않지만 비상시에는 국가를 패망의 길로 이끌 수
있다.

환율 연계는 약인가, 독인가?

 잠재적인 위험성이 있음에도 많은 나라가 고정환율제도가 가
져다주는 이점 때문에 이 제도를 포기하지 못했다. 그래서 결국
고정환율제도를 개량한 연계환율제도를 만들어 냈다. 연계환율
제도란 자국 통화를 다른 통화에 연계해 환율을 일정한 범위에
고정하는 것을 말한다. 유로존 국가들이 유로화로 화폐를 단일
화하기 이전에 사용했던 방법이 바로 연계환율제도이다.
 대다수 국가는 환율을 달러와 연계하는데, 그 이유는 다음과
같은 세 가지 점 때문이다. 첫째, 미국은 세계 최대 시장 가운데
하나이므로 달러에 연계한 뒤 미국과 거래를 한다면 이익을 얻
을 가능성이 크다. 둘째, 달러는 글로벌 기축통화로 달러와 연계
함으로써 세계 각국의 자본이 자유로이 본국에 유입될 수 있다.
셋째, 달러는 세계에서 가장 안전하고 안정적인 통화로 인식되
고 있기 때문에 달러와 연계됨으로써 자국 경제의 안전을 확보
할 수 있고 외국인의 자국에 대한 신뢰도를 높일 수 있다. 수십
년 전 멕시코가 페소를 달러에 연계한 것도 이러한 이유 때문이

다. 현재까지도 아시아 국가들은 여전히 자국 화폐를 달러와 일정 부분 연계하고 있다.

그런데 자국의 화폐와 다른 나라의 화폐를 연계할 때는 반드시 충분한 외환보유고를 확보하고 있어야 한다. 이 조건이 만족되었을 때에만 연계환율제도가 효과를 발휘한다. 이치에 따르면, 무역수지가 막대한 흑자라면 본국 화폐의 가치는 상승하고 달러가치는 떨어져서 환율하락에 따른 교역조건 악화로 무역흑자는 축소 및 소실되고 양국의 무역은 균형상태로 회귀한다. 그러나 위의 말은 원래 설정된 연계환율 범위가 사라진다는 것을 의미한다. 따라서 이때 중앙은행은 본국 화폐를 매도하고 달러를 대량 매수해야 한다. 중앙은행이 시장에 개입함에 따라 화폐 공급은 늘어나고 달러수요는 확대된다. 그 결과 본국 화폐의 가치는 떨어지고, 달러의 가치는 상승하게 된다. 이로써 원래 설정한 연계범위를 유지하게 되는 것이다. 그러나 만약 본국 화폐가 다양한 이유로 절하된다면 중앙은행은 달러를 매도하여 본국 화폐를 흡수해야 한다. 그럼, 본국 화폐 가치는 올라가고 환율은 연계범위로 다시 회복된다.

또한 연계환율제도는 양국의 기업과 투자자를 보호할 수 있다. 환율 변동에 따른 손실을 걱정할 필요가 없기 때문에 이러한 심리적 안정감 덕분에 양국 사이에 자금이 자유롭게 이동할 수 있다.

그러나 연계환율제도를 채택하는 나라들이 달러와 연계하는 목적은 미국과의 합병, 달러권 형성 등을 위해서가 아니라, 자국의 경제 번영을 위해서다. 다시 말해, 각국이 단일통화제도가 아닌 연계환율제도를 택하는 이유는 화폐정책을 집행하는 과정에서 어느 정도 자주권을 유지할 수 있기 때문이다.

자주권이란 만약 기존의 연계범위가 부적절하다고 판단되면 각국 정부에서 연계범위를 다시 설정할 수 있는 것을 말한다. 경기가 침체되거나 과열되어 정부가 화폐정책을 통한 경기조절을 목적으로 시장에 개입해야 할 때 단일통화제도에 속한 국가들은 속수무책일 때가 다반사다. 회원국은 공동운명체로 묶여 있어서 독립적인 화폐정책을 수행할 수 없기 때문이다. 단일통화제도와 달리 연계환율제도에서는 환율을 연계하는 쪽이 스스로 타 통화와의 연계범위를 선택할 수 있다. 이 말은 일정한 범위 안에서 환율이 움직이도록 관리하고, 설정된 범위를 벗어나면 중앙은행이 시장에 개입할 수 있다는 의미다.

반면 단일통화제도를 택한 국가들은 정책의 유연성이 떨어진다. 일례로 유로존에 속할 경우 문제가 발생해도 유로존을 탈퇴하기 어려운데, 탈퇴에 따른 리스크가 매우 크기 때문이다. 유로존에 속한 국가가 유로존에서의 탈퇴를 강요받으면, 그 국가는 분명 벼랑 끝까지 몰린 상황에 처한 것이므로 차라리 유로화가 주는 안정성과 자금유입을 포기하고 인플레이션을 이용해 문제를 해결하려 할 것이다. 투기자들은 이런 상황을 보면 마치 양을 발견한 배고픈 늑대처럼 달려들어 상황을 더욱 몰아간다. 원래는 상황이 상당히 안 좋을 뿐 붕괴까지는 아니었더라도 투기세력이 이렇게 들끓기 시작하면 대중에게는 붕괴를 눈앞에 둔 상황으로 인식된다. 그래서 위태롭게 보이던 나라가 더 악화 일로를 걷는 것처럼 인식됨으로써 대중의 신뢰를 잃게 되는데, 사실 이것이 가장 큰 손실이다. 대중의 신뢰는 경제체제와 화폐를 지탱하는 토대다. 신뢰를 잃으면 그것들은 존재할 수 없다. 대규모의 중국 공상은행(工商銀行)도 예금자들이 몰려가 예금을 모두 찾아버리는 뱅크런(bankrun) 사태가 발생한다면 파산할 수밖에 없다. 그러나 이제껏 공상은행에 대한 예금인출 사태는 발생하지 않았다. 그 이유는 누구도 공상은행이 파산할 것으로 믿지 않으며, 공상은행보다는 그 뒤에서 버티고 있는 중국 정부를 더 신뢰하기 때문이다. 그러므로 유로존에 속한 국가가 유로화에서 탈퇴하는 것은 모두를 향해 "우리를 믿는 것은 자살행위나 다름없으니 더 이상 우리를 신뢰하지 말라!"라고 알려주는 것과 같다. 그래서 유로존 국가들은 자신에게 도움이 되지 않더라도 꾹 참고 한사코 유로존을 탈퇴하지 않는 것이다.

환율을 연계한 국가가 금리를 조정하면 투기세력의 공격을 피할 수 없다. 하지만 적절한 조치를 취하고 환율 상승은 부득이하며 최선의 선택이라는 사실을 대중에게 이해시킨다면, 환율은 요동친 후 곧 제자리를 찾을 것이며, 확대된 유동성이 경제를 활성화할 것이다. 그러나 환율연계가 만병통치약은 아니다. 환율을 연계한 국가의 화폐정책은 현실적으로 본국 중앙은행이 아닌 연계 대상국의 영향을 크게 받는다. 위안화와 달러가 연계 된 상황을 생각해 보자. 미국이 긴축화폐정책을 취해 달러를 회수한다면 달러가치는 상승할 것이다. 이때 중국이 위안화와 달러 환율을 일정하게 유지하려면 달러를 매도해 달러의 공급을 확대하거나 혹은 중국도 미국을 따라 긴축화폐정책을 택할 수밖에 없다. 중국이 달러를 매도해 달러의 공급을 늘리는 방법은 일반적으로 그리 믿을 게 못 된다. 왜냐하면 달러 공급량을 조절하는 권한은 중국이 아닌 미국에 있기 때문이다. 미국은 자신이 원하는 만큼 달러를 발행할 수 있지만 중국은 사용한 만큼 달러가 사라진다. 그러므로 중국은 한정적인 달러 보유분으로 달러 발권력을 가진 미국을 상대할 수 없다. 결국 중국은 미국을 뒤따라 긴축화폐정책을 취하는 선택을 할 수밖에 없다.[*] 이러한 사실들로 연계환율제도를 선택한다는 것은 곧 자신의 통화정책을 타인의 수중에 맡기는 것이나 다름없다는 점을 알 수 있다.

연계환율제도는 표면적으로는 단일통화제도의 장점은 취하고 단점은 보완한 것처럼 보이지만, 실제로는 여전히 문제점을 안고 있다. 화폐정책이 타인의 손에 휘둘린다는 것 이외에 각국 중앙은행의 본국 통화와 달러 매매를 이용한 조절 조치에 의지해야만 한다는 문제점이 존재한다. 단,

[*] 연계환율제도하에서 미국이 화폐공급량을 늘리면 중국도 화폐공급량을 확대할 수밖에 없다. 그 결과 중국에서는 과잉유동성이 발생하고 인플레이션이 유발된다. 미국이 양적 완화를 지속할수록 중국은 환율 변동범위를 확대하거나 아니면 인플레이션을 용납해야 되는 처지에 놓인다. 2009년~2010년 중국경제가 직면했던 상황이 이와 비슷하다.

조절의 전제 조건은 각국 중앙은행이 충분한 외환을 보유하고 있어서 외환시장에서 화폐 가치를 충분히 통제할 수 있어야 한다는 것이다. 그러므로 연계환율제도를 택한 국가는 외환보유고 부족 현상을 방지하기 위해 적지 않은 달러를 쌓아 놓는다.

상품수지 불균형과 투자활동에 따른 환율 변동을 조절하기 위한 대응이라면 그 정도의 외화로도 충분할 것이다. 하지만 국제 외환시장에서 이루어지고 있는 대다수 거래는 무역과 투자대금 결제보다는 환율 차이에 따른 자본이득을 실현하기 위한 것이다. 그래서 많은 투기세력이 환율을 연계한 쪽 중앙은행의 일거수일투족을 지켜보다가 중앙은행이 본국 화폐와 달러를 매매하는 시기에 맞춰 본격적으로 투기를 진행한다. 일례로 환율을 연계한 쪽 화폐 가치가 떨어질 경우 투기세력도 따라서 그 화폐를 매도한다. 이는 중앙은행이 환율 방어를 위해 외화를 매도하여 본국 화폐를 매수할 것을 알고 있기 때문이다. 이런 과정 속에서 투기세력은 이익을 얻게 된다.[•] 그래도 이쯤에서 그친다면 투기에 따른 폐해는 크지 않을 것이다. 피해를 최대치로 집아도 중앙은행의 자

> [•] 원화를 사례로 설명하면 다음과 같다. 1달러에 1,300원에서 투기세력들이 원화를 매도한 결과 환율은 1달러에 1,500원으로 상승한다. 그럼 한국은행은 환율 방어를 위해 외환보유고를 풀게 되고 그 결과 1달러에 1,200원으로 환율이 하락한다. 여기서 투기세력이 100만 원을 들고 있다고 가정해 보자. 예전에는 666달러(1,000,000/1,500원, 즉 1달러에 1,500원일 때 100만 원을 달러로 환산하면 666.7달러 정도 계산됨) 정도밖에 회수를 못했지만 현재는 833달러(1,000,000/1,200) 회수가 가능하다. 즉, 167달러 정도(833달러-666달러) 더 이익을 실현하게 된다. 달러당 1,300원일 때는 769달러(1,000,000/1,300)를 들고 철수가 가능했지만 작전을 벌인 결과 60달러(833달러-769달러) 이상 추가로 더 들고 한국을 떠날 수 있게 된다. 2009년 초 한국 외환시장이 그러한 상황이었다.

금 일부가 투기자의 주머니로 들어가는 것뿐이다. 하지만 투기 세력의 자본동원력이 중앙은행보다 더 크다면 상황은 심각해진다. 다음과 같은 상황이 발생할 가능성이 매우 크다. 투기세력이 환율을 연계하는 쪽의 화폐 가치를 대폭 떨어뜨릴 목적으로 그 화폐를 계속 매도한다. 연계환율을 유지할 목적이라면 중앙은행은 투기세력의 물량에 맞추어 보유외환을 매도하고 투기세력이 뿌려 놓은 본국 화폐를 매입해야 한다. 그러나 불행히도 일부 투기세력은 중앙은행의 대응 정도를 넘어선 자본동원력을 보유하고 있어 중앙은행의 외환보유고가 소진될 때까지 화폐를 공매도하여 연계환율이 유지될 수 없도록 만든다. 이후로는 작전은 일사천리로 전개된다. 상황이 이 정도에 이르면, 환투기 대상국은 거의 붕괴상태에 놓이게 된다.

자유변동환율제도와 관리변동환율제도의 장단점

앞서의 두 환율제도가 만족스럽지 않다면 자유변동환율제도를 선택하면 된다. 자유변동환율제도는 어떤 간섭도 없이 시장 메커니즘에 따라 환율이 변동하도록 하는 시스템이다. 즉, 화폐 가치가 자유롭게 오르내리도록 풀어둔 제도다. 자유변동환율제도를 택한 국가는 환율 변동을 자연스러운 현상으로 보고 강제하거나 고정하지 않는다. 이런 국가들은 환율의 자율변동이 가진 장점을 굳게 믿고 있다. 그럼, 지금부터 그 장점을 간략히 살펴보기로 하자.

우선 이들 국가는 환율이 시장의 자율조절 메커니즘에 따라 결정되므로 환율 변화로 양국 간 무역수지 불균형이 해결될 수 있다고 믿는다. 그래서 환율이 한 방향으로만 움직이는 현상은 없을 것이라 생각한다. 이러한 관점 이외에 시장가격을 지불하기만 하면 양국 자본이 원하는 대로 이동할 수 있다는 견해도 가지고 있다. 자유변동환율은 화폐의 시장가격을 대표하므로 투자자는 화폐의 시장가격을 바탕으로 중앙은행이 개입해 조절한 결과가 아닌 한 나라의 실질적인 경제상태를 파악할 수 있게 된다.

한편 환율은 시장의 수요와 공급 메커니즘에 따라 움직이지만 경제, 무역 등도 환율 변화에 영향을 미친다. 이러한 관점에서 보면, 환율은 단순한 표상에 불과하다. 우리 입술에 나는 종기는 '몸속에 문제가 생겼으니 치료를 하시오'라는 신호와 같다. 그러나 이때 근본적인 원인을 치료하지 않고 단지 약만 바르면 종기는 계속해서 재발할 것이다. 환율 문제도 이와 같다. 환율은 어떤 문제가 생겼음을 보여주는 표현일 뿐이다. 문제가 생겼을 때 환율만 조절하고 이면에 존재하는 무역과 경제 문제를 소홀히 하면 문제는 계속해서 재발될 수밖에 없다. 모든 문제는 근본을 치료해야 말끔히 해결될 수 있기 때문이다. 환율을 통제하는 것은 표면적인 것만 치료하고 근본적인 것을 방치하는 것과 같다. 그래서 강제적으로 환율을 일정구간에 묶어두는 것은 문제의 본질을 파악하기보다 문제를 더 키우는 행위에 가깝다.

위에 서술한 원인 이외에 또 한 가지 이유 때문에 정부는 자유변동환율제도를 채택한다. 자국의 화폐정책을 고수할 수 있다는 것이다. 다른 나라와 화폐를 단일화할 필요도 없고, 다른 나라에 자국 화폐를 연계할 필요도 없다면, 정부는 필요에 따라 화폐정책을 집행할 수 있다. 이렇게 되면 정부가 화폐를 자율적으로 발행할 수 있다는 뜻으로 정부는 경제위기가 닥치거나 돌발사태가 벌어졌을 때 상황에 따라 적절한 대응에 나설 수 있다.

비록 자유변동환율제도가 많은 장점을 가지고 있기는 하지만, 단점이 없는 것은 아니다. 바로 '자유변동'이라는 그 자체가 단점으로 작용한다. 다시 말해, 환율이 자유롭게 변동되어 안정성이 보장되지 않는다. 환율변동성이 크면 투자 위험성이 높아져 기업과 투자자들에게 골칫거리가 된다. 따라서 기업과 투자자는 환율의 등락폭, 변동 가능성 등의 요소를 사전에 짚어 보고 나서 사업 및 투자 여부를 결정해야 한다. 이것은 기업과 투자자의 적극성에 영향을 미치지 않을 수 없다.

사실 투자와 무역으로는 환율이 급격히 변동하지 않는다. 투기세력은 연계환율제도뿐만 아니라 자율변동환율제도에서도 최대 숙적이다. 투기세력들은 대량의 자금을 이용해 시장을 이리저리 뒤흔드는 것을 좋아한다. 그 이유는 환율변동성이 클수록 그들에게 이익을 창출할 기회가 많아지기 때문이다. 오늘 달러 대비 엔화 환율이 1:100이었다고 가정해 보자. 내일 달러 대비 엔화 환율이 1:110으로 상승한다면 투기세력의 수익률은 10%에

머문다. 하지만 달러가치가 1: 1000까지 치솟거나 1:10까지 폭락한다면 투기세력은 10배의 수익을 챙길 수 있다. 그래서 투기세력은 외환시장에서 풍파를 일으키는 것을 즐긴다.

이와 반대로 외화를 조달하는 측은 환율이 큰 폭으로 떨어지거나 올라가는 상황을 두려워한다. 일반적으로 기업이 빌리는 대량의 외채는 모두 외화다. 중국인이 씨티은행에서 돈을 빌렸다면 일반적으로 달러일 경우가 많으므로 중국인은 대출금을 달러로 갚아야 한다.

그런데 중국인이 씨티은행에서 외화를 빌린 것은 미국이 아닌 중국에서 사업을 하려는 목적이기 때문에 중국인은 달러를 위안화로 환전할 것이다. 그리고 해당 중국인은 이후에 사업에서 수익이 나면 위안화를 달러로 바꿔 빌린 돈을 은행에 상환할 것이다. 만약 본토보다 낮은 금리로 자금을 대출하였다면 중국인의 수익은 한층 늘어났을 것이다.

그러나 이때 만약 국제 투기세력의 농간으로 위안화 환율이 미친 듯이 상승한다면 돈을 빌린 중국인은 심각한 곤경에 처하게 된다. 원래 1만 달러를 빌렸고 당시 환율이 1달러에 7위안이었다면, 중국인은 씨티은행에 7만 위안을 상환하면 된다. 그리고 사업으로 10만 위안을 벌었다면 대출금과 이자를 제하고도 2만~3만 위안의 이익이 남는다. 그러나 시장에서 환투기 영향으로 위안화가치가 배로 추락했다면 이것은 곧 재난이 된다. 다시 말해, 환율이 1달러에 7위안에서 1달러에 14위안으로 올랐다면 중국인은 대출상환금으로 14만 위안 이상이 필요하다. 수익금 10만 위안 전부를 지불해도 은행 빚을 감당할 수 없는 상황에 이르게 된다. 정작 사업에서는 이익을 얻고도 환차손으로 결국 큰 손해를 보게 되는 것이다.

이런 위험성 때문에 자유변동환율제도를 개선한 관리변동환율제도가 탄생했다. 관리변동이란 환율이 외환시장의 상황에 따라 변동되도록 하되 중앙은행이 적정하다고 판단되는 수준에서 환율 안정을 위해 수시로 외환시장에 개입해 환율을 관리한다는 의미다. 즉, 정부가 환율 변동 범위에 대한 일정한 가이드라인을 가지고 있는 셈이다. 환율이 일정한 범위 이상으로 상승 혹은 하락한다면 투자, 무역 등에 영향을 미치는데, 이때 정부가 시장에 개입한다. 중앙은행이 자국 화폐와 외환을 매매하도록 하여 정부는 환율이 일정한 범위 안에서 움직이도록 관리한다.

관리변동환율제도는 본질적으로 변동에 초점을 맞춘다. 그러나 어떤 측면에서는 연계환율제도와 비슷한데, 이것은 관리변동환율제도와 연계환율제도 모두 환율을 인위적으로 관리·통제하기 때문이다. 그래서 관리변동환율제도 역시 연계환율제도와 동일한 단점을 가지고 있다. 투기세력이 중앙은행보다 더 많은 자금을 동원한다면 시장은 투기세력에게 좌우될 가능성이 크다. 그럼에도 관리변동환율제도가 연계환율제도보다는 선택의 폭이 더 넓다. 정부가 환율의 변동 범위에 대한 가이드라인을 밝히지 않으면 되는 것이다. 이로써 투기자들의 단계적인 승리로 대중의 신뢰를 잃는 일은 없어진다. 설령 투기세력의 작전이 성공하거나 정부가 목표한 가격을 유지하지 못해도 정부가 암암리에 가이드라인을 조정하면 그만이다. 그러나 원래 목표했던 가격을 공개하지 않았기 때문에 외환시장에서 과도한 공황이 조성될 가능성은 비교적 낮다.

이상의 네 가지 환율제도 이외에 일부 국가는 자국의 특색에 맞는 제도를 내놓았다. 일례로 어떤 국가는 자국 화폐의 태환을 엄격히 금지한다. 이렇게 되면 정부의 동의 없이는 태환이 불가능하기 때문에 투기세력도 대량 매도로 환율 변동을 조장하지 못한다. 이러한 방식은 자국이 원하는 대로 정책을 시행할 수 있어 화폐정책 주도권을 확보할 수 있다는 장점도 있다. 그러나 어떤 훌륭한 제도도 단점이 있게 마련이다. 이 제도의 단점은 바로 정부에서 외환시장을 엄격히 통제함에 따라 자본이 자유롭게 이동할 수 없다는 것이다. 그 여파로 무역과 투자는 축소되고 자본은 머물기보다 떠나기에 바쁘다.

대다수 국가는 돈의 자유로운 이동을 매우 중시하고 해외 자금을 유입해 경제가 활성화되기를 원한다. 자급자족만으로는 살아남을 수 없기 때문이다. 그래서 강제적 환율제도를 택하는 국가는 극소수다. 대다수가 고정과 자유로 나뉜 두 분류 가운데 하나를 선택한다. 앞에서 언급했듯이 재정정책, 화폐정책, 무역정책이 이러한 고정과 자유로 크게 분류되는 환율제도에 미치는 영향은 각기 다르다. 다음으로는 세 가지 환율조절 정책이 어떠한 효력을 발휘하며, 네 가지 환율제도에 어떤 영향을 미치는지 알아본다.

4. 정부의 3대 환율조절 정책

환율제도를 선택한 이후 정부는 세 가지 측면에서 환율에 영향을 미칠 수 있다. 그 세 가지는 앞서 말한 재정정책, 화폐정책, 무역정책이다. 그 가운데 재정정책은 정부투자와 세수입으로 국민경제의 안정을 도모하는 정책이다. 화폐정책은 정부와 중앙은행이 통화량, 금리, 금융정책으로 경제성장 및 물가안정과 같은 정책목표를 달성하기 위해 취하는 일련의 조치를 뜻한다. 무역정책은 수출입을 관리할 수 있는 다양한 조치와 관세 등을 말한다. 다음 단락에서 이상의 세 가지 조절 정책을 상세히 설명하고, 이것이 환율에 미치는 영향력을 자세히 살펴본다.

금리와 경제의 밀접한 상관관계

들어가기에 앞서 우선 환율과 금리 사이의 관계를 알아보자. 금리는 이자와 원금의 비율을 말하는데, 일반적으로 정부 또는 중앙은행에서 관리한다. 그래서 정부가 돈을 차입할 때 지불하는 이자를 금리로 볼 수 있다. 높은 이자를 지불하길 원할수록 금리는 상승하게 된다.

세상에 공짜는 없기에 돈을 빌리는 사람이 빌려주는 사람에게 이득을 주지 못한다면 거래는 성립되지 않는다. 그럼, 이자는 어떻게 책정될까? 바로 돈을 빌리는 용도와 그 기간부터 살펴봐야 한다. 대출기간이 하루 이틀 정도로 극히 짧다면 이자는 지극히 낮을 것이다. 그러나 1년 이상의 중장기로 돈을 빌린다면 이자는 훨씬 높게 책정된다. 그러므로 이자란 자금을 빌리는 대가로 지불하는 돈의 가격이다.

대출이자는 돈의 사용 용도와 리스크 크기에 따라 다르므로 이들을 직접 비교하기는 어렵다. 만약 리스크가 높은 사업에 돈을 빌려주면 50% 이자도 가능하겠지만, 많은 사람은 극히 불안정한 50% 이자보다는 안정적인 3% 예금이자를 더 선호한다. 따라서 우리는 그래프로 그려 비교하며 위험과 이자를 따져 볼 필요가 있다. 두 대출의 위험 수준이 비슷하다면 이자를 더 주는 쪽을 선택하면 된다.

장기간 양국의 위험 수준이 비슷하다면(미국과 일본의 파산 가능성은 극히 낮다) 양국의 금리를 비교해 보면 된다. 위험의 정도가 같다면 돈은 높은 금리를 제공하는 쪽으로 흘러간다. 그럼, 국채에 100위안을 투자하는 상황을 가정해 보자. 현재 미국의 금리가 3%, 일본의 금리가 1%라면, 이것은 미국이 일본보다 3배의 대가를 더 지불하고 돈을 빌리길 원한다는 뜻이다. 그렇다면 돈은 자연히 일본이 아닌 미국으로 몰려들 것이다. 왜냐하면 동일한 조건에서 미국의 연투자수익률이 일본의 것보다 3배가 높기 때문이다.

그렇지만 지금 말한 결과를 단정하기에 앞서 우리는 양국의 예상 인플레이션율을 계산할 필요가 있다. 미국이 제시한 3% 이자는 실질금리(real interest rate)가 아닌 명목금리(nominal interest rate)이기 때문이다. 명목금리란 원금 대비 이자 비율을 말한다. 만일 미국의 예상물가상승률이 5%라면, 미국에 돈을 빌려줄 경우 결과적으로 이익이 아닌 손실이 발생한다. 상대적인 물가 상승으로 달러의 가치가 떨어질 것이기 때문이다. 그러므로 명목금리에서 물가상승률을 뺀 금리, 즉 실질금리를 알아야 미국과 일본 가운데 어느 나라의 채권을 매입해야 하는지, 즉 어느 나라에 돈을 빌려줘야 유리한지를 알게 된다.

만약 실질금리도 미국이 일본보다 더 높다면, 미국의 국채를 매입하면 된다. 물론 미국의 국채를 매입하기 전에 위안화를 달러로 바꾸는 절차가 필요하다. 그러나 유휴자금(이익을 찾아 이리저리 떠도는 자금으로 대개 투기자금)은 이 보는 자금운영 원리를 꿰뚫어보고 있다. 모르는 척 가장하고 의도적으로 금융시장에서 불안 심리를 확산한다. 그런 후 우리보다 한 발 앞서 달러를 매집한다. 그러면 달러의 수요가 높아져 달러가치는 상승한다. 높은 실질금리는 결국 환율 하락으로 이어진다. 같은 이치로, 높은 수익실현의 가능성이 낮기 때문에 유휴자금은 실질금리가 낮은 국가로는 몰리지 않는다. 그래서 한 국가의 실질금리가 낮다면 더 높은 수익을 보장하는 국가로 유휴자금이 빠져나가기 때문에 실질금리가 낮은 국가의 환율은 상승하게 된다.

금리와 경제는 매우 밀접한 관계에 있다. 일반적으로는 금리가 높을수록 경제는 나빠지고 증시도 하락한다. 반대로 금리가 낮을수록 경제는 고도성장하고 증시도 상승한다. 이것은 우리가 음식점에서 음식을 먹을 때와 일맥상통한다. 일식집에서 초밥 먹을 때를 생각해 보자. 일식집에는 각양각색의 초밥(화폐공급)이 있고, 각각의 초밥은 그에 상응하는 가격(금리)이 정해져 있다. 그리고 우리의 목적은 배불리 먹는 것(수요)이다. 이때 초밥의 가격이 너무 높거나 너무 낮으면 경영에 도움이 안 된다. 가격이 너무 높으면 사람들은 소비를 주저할 것이고(디플레이션), 반대로 가격이 너무 낮으면 소비가 급속히 팽창할(인플레이션) 초밥집으로서는 소비가 너무 부족해도 또 소비가 과열되어도 결국에는 손실을 입을 수밖에 없다. 따라서 우리가 부담할 수 있을 정도로 초밥의 가격이 책정되는 것이 가장 이상적이다. 그럼, 우리도 배불리 먹고 초밥집도 돈을 벌 수 있다.

경제의 원리도 이와 동일하다. 금리가 너무 높으면 사람들은 대출과 소비를 줄이고 여윳돈을 모두 은행에 예금할 것이다. 이렇게 되면 경기가 좋지 않아 시중에 돈이 줄어들고 제품 수요는 감소하고 상품 가격은 하락한다. 기업은 매출감소로 경영이 어려워지고 이익과 생산은 감소하게 된다. 그 결과 수요와 공급이 모두 감소하고 경기 쇠퇴 현상이 일어난다. 반대로 금리가 너무 낮으면 대출이 크게 늘어나 기업과 투자자는 고수익을 좇아 리스크가 높은 분야에 자금을 투자하고, 자산 가치는 빠르게 상승해 투자수익성은 갈수록 떨어지고 사회 전반에 걸쳐 투자거품 현상이 일어난다. 이와 동시에 화폐의 유동성이 증가해 상품 가치는 올라가고 화폐 가치는 하락한다. 소위 인플레이션이 일어나는 것이다.

위에서 살펴본 내용과 같은 원인으로 금리는 국가의 경제에 중대한 영향을 미친다. 그래서 정부는 금리를 이용해 경제를 조절하고자 한다.

수요와 공급 불균형 시 정부가 시행하는 재정정책

수요와 공급이 동시에 확대될 때만 경제발전이 실현될 수 있다. 수요만 늘어나고 공급은 변함이 없다면 물가는 상승하고(화폐과잉, 상품부족 상태) 인플레이션이 일어난다. 한편, 공급만 늘고 수요가 변함없다면 물가는 하락하고(상품과잉, 화폐부족 상태) 디플레이션이 발생한다. 인플레이션과 디플레이션 모두 바람직하지 않은데, 이것은 시장에서 공급과 수요가 조화를 이루지 못함을 의미하기 때문이다.

경제문제가 수요 부족으로 발생했다면, 정부는 재정정책으로 그것을 해결할 수 있다. 재정정책이란 정부가 재정지출과 세수입 정책을 이용해 총수요를 조절하는 것을 말한다. 일례로 정부는 국가재정을 사용해 대규모의 고속도로를 건설할 수 있다. 건설 공사가 많아지면 대량의 노동자를 고용함으로써 실업률을 크게 줄일 수 있을 뿐만 아니라, 노동자들의 소득이 늘어나 그들의 유휴자금이 은행권으로 흘러들어 운용될 수 있다. 또는 정부가 감세정책을 시행하면, 국민의 소득이 늘어나고 그들이 소득을 경제부문에 투입해 경제가 활성화될 수 있다. 재정지출 확대와 세금 감면은 국민의 실질소득을 늘리고 경제성장률을 높이는 효과가 있다.

재정정책 역시 금리에 영향을 미친다. 정부가 지출을 늘리거나 세율을 인하한다면 재정지출은 늘어나고 재정수입은 줄어든다. 그럴 경우, 정부는 재정지출을 늘리기 위해 세원을 추가로 확보해야 한다. 그렇지 않다면 재정적자를 벗어날 수 없다. 정부가 추가 자금을 확보할 수 있는 길은 국채 발행이다. 그리하여 정부가 재정지출 확대 또는 감세를 결정하면, 이것은 정부가 자본시장으로부터 자금을 충당한다는 것을 의미한다. 화폐에 대한 정부의 수요가 늘어나면 금리는 당연히 오르고 환율은 하락한다.

하지만 정부는 현재의 부채가 너무 많다고 판단되면, 이것이 경제발전에 악영향을 끼치기 때문에 재정지출 감소 또는 세율 인상을 단행할 수 있다. 이것은 재정지출이 줄어들고 재정수입이 늘어나는 것을 의미한다. 따라서 정부의 화폐 수요가 감소해 금리는 내려가고 환율은 상승한다.

국가채무가 한계치를 넘어선다면 재정지출을 삭감해 채무규모를 관리할 필요가 있다. 현재의 씀씀이를 유지한다면 국가파산은 눈앞에 다가올 것이며 투자자도 그 위험을 피할 수 없다. 채무가 지나치게 많은 국가는 계속해서 금리를 올려야만 자금을 차입할 수 있기 때문이다.

시중의 유동성을 조절하려는 정부의 조치들

화폐정책이란 통화량, 유동성, 금리 등을 조절하려는 각종 조치를 말한다. 정부는 화폐정책으로 금리를 조절해 성장유지, 인플레이션 하락, 환율 안정을 통한 투자와 무역 촉진의 세 가지 목적을 이루길 원한다. 화폐정책이 금리와 환율에 어떤 영향을 미치는지 알아보려면 경제시스템 안에서의 자금이동과 은행의 역할을 이해할 필요가 있다.

10명이 각각 100위안을 은행에 예금한다고 가정해 보자. 은행은 돈을 수취한 대가로 예금자에게 이자를 지불할 것이다. 은행은 수익을 창출하기 위해 대출을 실시하는데, 예금과 대출의 이자 차이로 이익을 얻는다. 한편 수익을 확대하기 위해 은행은 계속 대출을 늘리길 원할 것이다. 하지만 1,000위안을 모두 제삼자에게 대출한다면, 열 명 중 한 명이 예금을 찾으러 오면 어떻게 해야 할까? 예금자의 요구를 만족시킬 수 없어 해당 은행은 문을 닫아야 한다. 이런 사태를 방지하기 위해 은행은 예금 일부분을 운용자금으로 남겨 놓는다. 또한 채권과 같이 유동성이 높은 자산을 매입해 현금이 부족할 때는 채권을 팔아 현금을 마련한다.

그럼, 은행은 어느 정도의 현금을 보유하고 있는 것이 적당할까? 은행 스스로 이 기준을 결정한다면 그들은 최대한 적은 양을 바랄 것이고, 가급적이면 더 많은 돈을 대출해 주어 이윤을 남기려 할 것이다. 또한 채권을 가급적 적게 보유하려 할 것이다. 채권은 안정적이고 유동성도 높지만 투자수익률은 상대적으로 낮기 때문이다. 따라서 은행은 높은 수익을 실현하기 위해 리스크가 비교적 높은 자산에 투자하려고 할 것이다. 이렇게 되면 비록 현금과 채권을 보유하고 있어도 긴급 상황에 대처할 만큼의 양을 장담하기는 어렵다. 예를 들면, 은행이 100위안의 현금과 채권을 보유하고 있다면 한 사람의 인출 요구에는 대응할 수 있을 것이다. 그러나 다른 사람들도 와서 요구할 경우 현금부족 사태에 직면하게 되고, 은행은 결국 파산의 길을 걷게 될 수도 있다.

20세기 초 미국이 대공황에 빠졌을 때 바로 이러한 현상이 발생했다. 당시 은행들은 대부분의 돈을 리스크가 높은 투자 프로젝트에 대출해 주었다. 비록 약간의 현금을 비상용으로 두고 있었지만 고객들의 예금인출 요구를 충당하기에는 부족했다. 은행에 현금이 부족하자 사람들 사이에 불안 심리가 조성되어 예금을 인출하려고 너도나도 은행으로 달려갔다. 그 결과 은행들은 파산했고, 고객예금도 먼지처럼 사라져 버렸다.

이러한 뱅크런을 막기 위해 이제 은행은 얼마를 준비해 두어야 하는지 스스로 결정할 권한이 없다. 중앙은행에서 안전을 목적으로 은행에 예금의 일정부분을 남겨두도록 요구하는데, 이것이 바로 지급준비율이다. 지급준비율이 20%라는 말은 은행이 100위안의 예금을 받았다면 그 가운데 80위안만 대출이 가능하고, 남은 20위안은 예금인출을 대비해 남겨 둔다는 의미다. 또한 대출금 80위안도 누구에게나 대출이 가능한 것은 아니다. 중앙은행은 일반적으로 이와 관련해 '은행은 엄격히 리스크를 관리해 불량채무 확대로 인한 파산위험을 방지할 것'을 요구하는 규정을 두고 있다.

한편 은행이 대출해 준 80위안이 그대로 누군가의 저금통으로 직행하는 일은 드물다. 그것은 곧 80위안이 유통시장에서 퇴장한다는 의미인데, 이렇게 되면 사람들이 이자는 이자대로 지불하고 수익을 창출하지 못해 얻는 것보다 잃는 것이 더 많기 때문이다. 설사 사기로 대출되었어도 대출금은 바로 퇴장하지는 않을 테고, 대출자는 아마 그 돈을 흥청망청 써 댈 것이다. 대출금 80위안이 시설설비 투자에 이용되었든, 임금을 지불하는 데 사용되었든, 혹은 유흥에 탕진되었든 80위안은 언제나 시장에서 계속 유통된다.

돈이 회전할 때마다 대출가능금은 줄어드는데, 이것은 앞에서 살펴본 은행의 20% 지급준비율 때문이다. 예를 들면 다음과 같다. 은행으로부터 80위안을 대출하여 이 돈을 모두 먹고 마시는 데 소비하였다면, 음식점 주인은 80위안의 수입이 생긴 셈이다. 음식점 주인이 이 80위안을 모두 은행에 예금한다면 은행은 20%의 지급준비금을 제한 금액, 즉, 64위안을 다시 유통시킬 수 있다. 이런 식으로 돈이 회전하다 보면, 최초 100위안으로 500위안이 생겨난다(100+80+64+……). *

그러므로 화폐량과 화폐의 유통속도는 경제에 직접 영향을 미친다. 화폐가 많아질수록 유통속도는 빨라지고 경제성장률은 상승한다. 반대로 화폐가 적을수록 유통속도는 느려지고 경제성장률은 완만하다. 지급준비율은 중앙은행이 화폐량을 통제하는 수단 중의 하나다. 지급준비율을 높이면 은행의 현금 보유량이 증가하고, 시중에서 유통되는 자금이 그만큼 줄어든다. 지급준비율 이외에 금리 역시 화폐량을 조절하는 주요 수단이다.

중앙은행은 은행과 같은 금융기관에 대한 대출이자를 높임으로써 금리를 직접적으로 조절할 수 있다. 기준금리가 상승한다면 은행

* 우리는 이로써 최종 창출 통화량을 계산할 수 있다. 즉, 식으로 나타내면 (최초 예금의 양/지급준비율)이다. 본문에 나타난 조건을 그대로 적용한다면, 100위안/0.2(지급준비율 20%)로 그 값은 500위안이 된다.

들도 이윤을 얻기 위해서는 이자를 인상할 수밖에 없다. 이밖에 중앙은행은 법정금리를 제정해 은행에 이를 강제할 수 있는데, 금리를 확정금리로 묶어두는 것이다.

중앙은행은 또 채권을 파는 방법으로 화폐량을 조절할 수 있다. 투자자가 중국인민은행이 발행한 어음 100위안을 들고 있다고 가정해 보자. 이것은 투자자가 중국인민은행에 100위안을 빌려주었다는 의미로, 중국인민은행이 100위안을 가지고 무엇을 하든 상관없이 정해진 시기에 중국인민은행이 어음보유자, 즉 투자자에게 약정된 이자만 지불하면 된다.

만약 이 100위안을 중국인민은행이 유통시키지 않는다면 100위안은 시장에서 퇴장한 것과 같다. 그럼 앞서 살펴본 500위안이 생성되는, 즉 유동성확대 효과는 발생하지 않는다. 그래서 시중에 화폐량이 너무 많아 줄여야 하는 상황이라면, 중앙은행은 채권을 발행해 돈을 흡수한다. 그 결과 시장에서의 유동성은 줄어든다. 만약 중앙은행이 흡수한 자금을 보관하고 있다면 금융시장에서 유동성은 몇 배로 줄어든다. 반대로 시장에서 화폐량이 증가되기를 원한다면 중앙은행은 채권을 매입한다. 앞서와 같은 원리로 중앙은행이 매입한 채권은 현금으로 바꾸어 은행권에 유입되고 돈이 돈을 만들며 시중에 돈이 도는 것이다.

당연히 이들 채권은 모두 이자를 포함하고 있다. 우리는 그 비율을 금리(혹은 이자율)라고 부른다. 채권가격과 금리는 정반대 방향으로 움직인다. 채권 가격이 상승하면 금리는 떨어지고, 채권

가격이 하락하면 금리는 상승한다. 왜 그럴까? 그 원리는 다음과 같다.

여러분이 정부로부터 국채를 매입했다고 가정해 보자. 여러분이 매입한 국채는 1년 만기가 도래할 때 10%의 이자를 지불하기로 약정되어 있다. 다시 말해, 당신이 국가에 100위안을 빌려주면 1년 뒤에 정부는 여러분에게 110위안을 상환하는 것이다. 그런데 1개월이 지난 어느 날 국채투자에 관심이 있는 투자자가 나타났는데 정부는 더 이상 국채를 발행하지 않는 상태이다. 그래서 그 투자자는 더 높은 가격을 지불하고라도 여러분에게서 해당 국채를 매입하려고 한다. 투자자가 105위안을 지불하겠다면 여러분은 보유한 채권을 투자자에게 팔면 된다.

이것은 30일 만에 5위안의 이익을 올리는 것으로 계속 보관해서 채권 만기에 10위안의 이자를 받는 것보다 더 높은 투자수익률이다. 남은 11개월이 지난 후 채권 만기가 도래하면 정부는 여러분이 아니라 채권을 보유한 그 투자자에게 110위안을 상환할 것이다. 하지만 채권보유자로서는 채권 금리는 10%가 아니다. 왜냐하면 여러분에게 105위안을 주고 채권을 매입했기 때문에 11개월에 5위안의 이익을 실현했으므로 금리는 10%가 아닌 5% 전후가 될 것이다.

위 사례에서 채권 수요가 많으면 많을수록 채권가격은 올라가고 금리는 떨어진다는 사실을 알 수 있다. 반대로 시장에서 채권의 인기가 떨어진다면 투자자는 95위안을 받고라도 보유한 채권을 팔려고 할 것이다. 그렇다면 95위안에 채권을 매입한 사람은 채권만기일에 110원을 받을 것이므로 금리는 16% 전후까지 상승할 것이다. 일부 신용이 나쁜 국가의 경우 채권금리가 상당히 높은데, 이것은 투자자들이 이 국가들의 채권을 구입하기를 꺼려 채권가격이 낮은 것을 의미한다.

중앙은행은 이렇게 채권을 매도해 금리를 조절할 수 있다. 만약 중앙은행이 화폐의 유통량을 축소하기 위해 채권을 매도한다면 채권공급은 늘고 채권가격은 하락할 것이다. 이 말은 곧 이자율이 상승한다는 뜻이다. 그와 반대로 중앙은행이 화폐의 유통량을 늘리려고 채권을 매수한다면 채권수요가 늘어나 그 가격은 오르게 된다. 이때 금리는 낮아질 것이다. 그래서 중앙은행이 금리를 올린다는 뉴스를 접하면 우리는 중앙은행이 유동성 축소를 원한다는 사실을 짐작할 수 있다. 중앙은행이 금리를 인하한다면 유동성이 확대될 것이다. 화폐의 유통량과 금리는 환율에 똑같은 영향을 미친다. 금리가 낮고 화폐의 유통량이 많다면 환율은 상승한다. 반대로 금리가 높고 화폐의 유통량이 적다면 환율은 하락한다.

금리와 채권 발행량 이외에 화폐 통제 역시 화폐정책의 중요한 일부분이다. 대다수 국가는 화폐 통제를 시행하지 않는다. 해외 투자와 무역 발전을 위해 돈이 자유롭게 유입되길 희망하기 때문이다. 하지만 일부 국가들은 환율 안정을 위해 자본의 유입을 제한하는데, 이렇게 되면 해외 투자는 감소하고 환율은 상승한다.

무역 관세는 자국 경제를 보호하는가?

이제 마지막 남은 무역정책을 알아보자. 무역정책이란 수출입 제한 조치와 관세를 의미하는데, 환율조절 수단 중에서 상대적으로 중시되지 않는 방법이다. 재정정책과 화폐정책은 주로 금리로 환율에 영향을 미친다. 개방형 경제하에서 국제 자본은 매우 큰 규모로 이동한다. 이와 비교해 국제무역액은 훨씬 낮은 수준으로 그 영향력은 제한적이다. 따라서 무역정책이 환율에 미치는 영향력은 금리의 영향력에 훨씬 미치지 못한다.

리카도의 이론에 따르면, 어떤 형태의 관세라도 상호 손실을 초래한다. '러너의 대칭 정리(Lerner Symmetry theorem)'도 이 점을 증명하고 있다.[*] 수입과 수출은 한 줄에 매달린 두 마리 개미와 같이 공동운명체다. 수입품에 관세를 매기는 것은 자국의 수출품에 세금을 부과하는 것과 같다. 그러나 현실에서는 수출 확대와 수입 축소를 위해 보호무역 정책을 취하기도 한다. 외국인이 여러분 국가의 상품을 대량 매입하려면 외화를 여러분 국가의 화폐로 태환해야 하므로 해당 화폐의 가치는 상승하고 환율은 하락한다.

[*] 1936년 러너가 밝혀낸 현상으로 같은 세율을 수입재 Y에 부과하든지 또는 수출재 X에 부과하든지 그것이 국내의 X, Y 재의 생산, 소비, 무역에 미치는 영향은 같다. 즉, 관세부과가 무역규모를 위축시켜 오히려 국내 후생을 악화시킬 수도 있다는 것이다.

환율과 금리의 안정을 위해 각 환율제도에서 취해야 할 조치

재정정책, 화폐정책, 무역정책이 앞에서 살펴본 개별 환율제도에 미치는 영향은 각기 다르다. 고정환율제도와 연계환율제도에서 중앙은행은 고정된 비율로 외화를 본국 화폐로 바꿀 것을 요구한다. 따라서 정부가 재정지출을 늘리거나 감세를 하면 금리가 상승하는데, 이는 해외자금이 대량 유입되도록 유도하는 역할을 한다. 이때 유입된 해외자금은 시중의 화폐 유통량을 증가시키고, 이로써 이자율이 낮아진다. 이렇게 정부지출의 증가 및 감세에 따른 효과는 유입된 외국자금이 야기한 영향과 맞물려 상쇄된다. 그래서 중앙은행은 화폐를 더 발행해야 환율과 금리의 안정을 유지할 수 있다.

우선 화폐정책 측면에서 살펴보자. 고정환율제도와 연계환율제도를 시행하는 국가가 금리를 낮추고 화폐를 더 많이 발행하면, 화폐 가치가 떨어져 유휴자금은 화폐 가치가 절하된 본국 화폐를 매도하고 외화로 환전하여 시장에서 철수할 것이다. 중앙은행은 이 시점에서 투기세력이 매도한 본국 화폐를 매수하고 보유외화를 매도해야만 지정환율을 유지할 수 있다.

무역정책 측면에서 보면 다음과 같다. 고정환율제도와 연계환율제도를 시행하는 국가가 관세를 인상하였다면 무역흑자로 본국 화폐의 가치는 상승한다. 이때 중앙은행은 화폐의 유통량을 늘리고 금리인하를 단행해 환율이 변동되지 않도록 유지할 것이다.

자유변동환율제도와 관리변동환율제도를 시행하는 국가라면 재정지출 확대 혹은 감세정책을 시행했을 때 금리가 상승하고, 이로써 해외자금이 유입돼 환율은 하락하고 수출은 감소할 것이다. 그러나 정부가 금리를 낮추고 화폐를 더 많이 발행하면 환율은 상승하고 수출은 증가할 것이다. 한편 관세를 인상하였다면 처음에는 수입감소, 수출확대로 환율은 하락할 것이다. 하지만 환율하락의 영향으로 흑자는 곧 사라지고 최종적으로는 화폐 가치 상승이라는 결과만 남게 된다.

고정환율제도와 연계환율제도 시행국이라면 사전에 환율범위를 설정했을 것이다. 그래서 3대 정책이 환율에 영향을 미칠 때 해당 국가는 중앙은행을 통해 시장 개입, 본국 화폐와 외환의 매입으로 지정환율을 유지할 필요가 있다. 예를 들면, 투기자금이 환율을 공격하고 본국 화폐를 매도할 때 고정환율제도와 연계환율제도 시행국은 금리인상과 긴축통화정책으로 지정환율을 보호할 수 있다.

이와 달리 자유변동환율제도와 관리변동환율제도 시행국은 시세 흐름의 변화를 관찰하면서 대응방법을 정해야 한다. 이 제도는 중앙은행의 시장 개입에 따른 부작용은 줄일 수 있지만, 환율조절 정책으로 환율 변동이 크다는 약점은 피할 수 없다. 환율의 소폭 상승은 그럭저럭 괜찮을 수도 있다. 그러나 급격한 환율하락은 경제에 심각한 영향을 미칠 것이고, 특히 수출주도형 국가라면 그 피해는 더욱 커질 것이다.

지금까지 화폐와 환율의 본질을 살펴봄으로써 환율이 무엇인지 대략 파악할 수 있었다. 네 가지 환율제도와 세 가지 주요 환율조절 정책을 활용해 국가가 일반적으로 환율문제를 어떻게 다루며 환율이 왜 변동하는지 그 원인을 이해하였다. 그러나 현실 생활에서 환율이 가지는 의미와 환율전쟁의 원인을 파악하려면 환율의 역사를 살펴볼 필요가 있다. 그렇게 함으로써 우리는 환율이 사회에 미치는 영향을 전반적으로 파악할 수 있을 것이다. 그래서 다음 장에서는 과거로 되돌아가 환율의 인류 역사적 배경을 탐색해 본다.

2장

고대 환율전쟁사: 환율의 위력

환율은 등장한 이래 줄곧 인류 역사에 뚜렷한 자취를 남겼다. 화폐가 없던 긴 세월 동안 현대적 의미의 무역은 이루어진 적이 없었기 때문에 환율은 더더욱 언급할 필요가 없을 것이다. 화폐가 등장하고 나서 초기단계에는 요즘과 같은 환율은 아직 출현하지 않았는데, 그 주요 원인은 당시에는 원거리 교역을 하지 않았기 때문이다. 환율이 본격적으로 영향력을 발휘하기 시작한 시기는 화폐의 발전이 일정한 궤도에 오르고 무역이 활발해진 이후부터라고 할 수 있다. 환율은 등장하자마자 인류 역사에 큰 영향을 미쳤다. 그럼, 환율의 역사를 거슬러 올라가 환율이 어떻게 인류문명을 좌우하는 위치에 올랐는지 그 과정을 살펴보자.

1. 고대의 환율: 투기꾼 제국

중국과 인도에서 최초로 사용된 화폐는 조개다. 중국의 돈과 연관된 많은 단어에서 '조개 패(貝)'의 흔적을 찾을 수 있다. 이것은 아마도 당시 내륙에 조개의 수량이 한정적이어서 조개가 장식품으로 사용된 값진 물건이었기 때문일 것이다. 조개는 금속과 달리 제련 과정이 필요 없고, 해변에서 직접 주워 사용할 수 있다는 장점이 있다. 비록 조개는 수량이 많지 않았지만 당시는 교역량이 비교적 적었기에 화폐로 사용하기에는 충분했다. 중국 경제는 주(周)나라 초에 이르러서도 자급자족의 소농 형태가 주를 이루었고, 무역량이 매우 적었다. 이 시기에 화폐가 존재했지만,

물품교환도 성행해 주나라는 조개와 함께 견직물도 세금으로 인정했다. 참고로 오늘날 우리가 사용하는 '화폐(貨幣)'라는 글자는 재화 화(貨)에 비단 폐(幣)를 더한 말이다.*

또 후에는 금속으로 화폐가 제조되어 대량으로 유통되었다. 금속의 장점은 앞에서 언급한 것 이외에 인공적으로 제조가 가능하기 때문에 조개와 달리 수량의 제한을 받지 않는다는 것이다. 초기에는 금속을 실용적 목적으로 제조했다. 춘추전국시대의 3대 화폐 가운데 포폐(布幣, 농기구, 중원의 농경지역 상업 중심지에서 다수 출시)와 도폐(刀幣, 무기, 동북지역 수렵 및 어업 지대에서 다수 출시)는 모두 도구를 변형한 것이다.

금속을 사용함에 따라 화폐단위는 수량에서 중량으로 바뀌었다. 중국 고대 서적에서 보이는 금을 하사한다는 말은 실제로는 동(銅)을 하사한 것을 가리킨다. 동이 귀중품인 까닭은 그것으로 도구를 제조할 수 있기 때문인데, 특히 동은 무기의 주원료였다. (《국어·제어(國語 齊語)》: "동으로 검(劍)과 극(戟)을 주조하고 개와 말에게 이를 시험한다.") 따라서 동을 하사하는 것은 돈을 준다는 뜻이 있을 뿐만 아니라 상대방이 난을 일으키지 않을 것으로 믿는다는 의미도 포함되어 있다. 춘추전국시대 무렵에는 무역이 상당히 제한적이었다. 나라마다 자체적으로 조폐했기 때문에 대다수 거래는 소재지에서만 이루어졌다. 여러 종류의 화폐를 사용한 나라도 많았는데,

*이 두 글자를 살펴보면, 하변에 모두 조개 패(貝)를 두고 있음을 발견할 수 있다.

무역이 발달한 지역에서는 화폐 종류가 더욱 다양했다. 그러나 우리가 말하는 의미의 환율은 이 당시에는 아직 출현하지 않았다. 이들은 화폐 가치를 주로 중량과 순도로 평가했다.

중국이 화폐를 만든 시기는 대략 서양과 비슷했다. 기원전 600년 전후로 소아시아(오늘날의 튀르키예)의 리디아(Lydia) 왕국은 귀금속을 이용해 화폐를 만들었다. 이것이 바로 서양 최초의 화폐다. 이와 같은 시대인 중국 주나라에서도 화폐가 출현했다. 중국처럼 그리스 등지에서도 지역별로 독자적인 화폐를 만들었다. 그리스인들은 중국인들과 달리 무역을 하기 위해 세계 각지를 돌아다녔다. 당시 그리스인들에게 세계는 곧 지중해 일대를 의미했지만, 이 시기에 '국제무역'이 존재해 그리스인들은 자연스럽게 다양한 화폐를 접했다. 초기 국제무역에서는 양국 상인들이 화폐 가치를 계산할 때 중국처럼 중량과 순도를 단위로 삼았다.

이 시기 그리스인들은 금화를 주로 사용했다. 로마는 그리스의 화폐제도를 받아들여서 더욱 발전시켰다. 이와 동시에 금, 은, 동으로 만든 세 가지 화폐를 중세 샤를마뉴(Charlemagne)대제 시대(8~9세기)까지 사용했다.

중국도 춘추전국시대에 금으로 화폐를 만들었다. 하지만 대다수의 황금은 화폐가 아닌 부를 축적하는 수단으로 사용되었다. 예외적으로 초(楚)나라에서는 금이 생산되어 금화를 발행했다. 진(秦)나라가 중국을 통일한 뒤 화폐동일이 이루어졌으며, 환전(環錢)

은 유일한 정부 화폐가 되었다.* 이후 동전 모양의 화폐는 단절과 계승을 반복하며 2,000년 동안 이어져 왔으며, 기타 교역상품들은 장식품으로 도태되었다. 진나라에 이어 한나라도 금본위제를 채택했으며 금을 저축 수단으로 이용했다.

이후로 거의 모든 문명이 귀금속을 화폐로 삼았다. 동시에 인류는 원거리 무역이 가능해졌다. 현대적 의미의 환율도 이로써 본격적으로 시행되기 시작했다.

고대에 금과 은이 통용된 원인

당시의 국제무역에서는 거래할 때 귀금속이 매우 중시되었다. 당시에는 외화 소비가 거의 없었기 때문이다. 글로벌 시대인 오늘날은 국제무역을 하면 외화를 받아서 국내 은행에서 자국 화폐로 환전할 수 있다. 국내에서 외국 여행 또는 무역 등을 위한 외화 수요가 많기 때문이다. 그러나 고대에는 지금과 상황이 많이 달라 장거리 여행이 쉽지 않았으며 한번 나가면 1년 이상 소요되고, 여행 도중에 각종 사고로 생명을 잃을 가능성도 높았다. 그래서 원거리 장사를 하는 상인들로서는 외국 화폐의 가치가 크지 않았다. 그들이 외국 통화를 고향으로 가져와도 고국에서 그것을 원하는 사람이 있을지 알 수 없었기에 자국 화폐를 외화로 바꾸길 원하는

* 환전(環錢) 또는 원전(圓錢)이라는 이름이 붙은 것은 화폐의 모양이 둥근 형태였기 때문이다.

사람은 거의 없었다.

고대 국제무역은 오늘날의 국제무역과는 본질적으로 달랐다. 당시는 여정이 멀고 험했기 때문에 상인들은 두 지역 간의 가격 차이가 제일 큰 상품과 각지에서 통용되는 화폐를 가장 환영했다. 그래서 각지에서는 황금과 은 등의 귀금속이 활발히 유통되었으며, 상인들은 금과 은을 고향으로 들고 와 그것으로 소비했다.

한(漢)나라는 진나라의 화폐제도를 계승해 동전(銅錢, 구리화폐)을 국내에 유통했다. 그러나 해외무역에서는 동전이 아닌 금을 화폐로 사용했다. 오늘날처럼 당시에도 외국으로부터 수입하는 물품은 몹시 귀했으며 가격이 매우 비쌌다. 그래서 해외 사치품을 사용하는 사람은 주로 상류층이었다. 봉건 계급사회에서 황제는 가장 높은 신분으로, 외국의 진기한 보물은 모두 한나라 황제에게 진상되었다. 황제 전용의 해외수입품은 종류가 매우 다양했는데, 대표적으로 대완옥마,* 명주, 인도 옥거울 등이 있었다.

이 시기 중국은 서역의 여러 나라와 대외무역을 진행했는데, 그중에는 안식국**과 대진국(로마 제국)이 있었다. 그 밖에 월남, 인도, 실론 (ceylon, 스리랑카의 옛 이름) 등이 있었다. 중국인은 진기한 보물 이외에도 유리

* 대완은 중앙아시아 페르가나 분지를 중심으로 한 옛 국가를 말하며 명마의 산지로도 유명하다. 한 무제가 대완을 침략한 원인으로는 한혈마의 산지라는 이유도 있었다고 한다.

** 파르티아 제국, 기원전 247~기원후 226, 오늘날 이란 지역 북동쪽에 위치한 나라로 페르시아 전역을 세력권에 둔 제국을 긴실하였다.

를 선호했는데 당시 중국에는 유리제조 기술이 없었기 때문이다. 중국이 수출한 품목은 비단이 주를 이루었고, 유리와 교환할 상품이 부족할 때는 금으로 보충했다. 무역상대국인 로마도 상인이 비단을 들고 로마에 도착하면 교환상품 이외에 금을 화폐로 삼아 지불했다. 비록 동일한 화폐임에도 로마와 중국의 금 가격은 달랐다. 상대적으로 중국에서는 금 가격이 낮고, 은 가격이 높았다. 당시 중국의 금은 비율은 대략 1:5였다. 로마에서는 금은 비율이 대략 1:15로 책정되었다. 따라서 유리와 비단을 거래하는 것 이외에 환율차익으로도 두둑이 한몫을 챙길 수 있었다.

당시 동서 교역은 파르티아인이 독점했는데, 그들은 금의 가격 차이를 최대한 활용했다. 파르티아에서는 은화를 사용했기 때문에 파르티아인은 한나라에서 유리와 진기한 보물을 팔아 폭리를 취하고, 유럽에서는 비단을 팔아 큰 이익을 남겼다. 또한 그들은 중국의 금을 로마로 가져와 은으로 교환했는데 이로써 3배의 시세차익을 남겼다. 이렇게 지역 간의 시세 차이를 이용해 큰돈을 버는 행위는 금과 은이 통용되던 천 년 동안 사람들의 큰 관심사 중 하나였다. 파르티아 제국이 로마 제국과 어깨를 나란히 한 대국이 될 수 있었던 이유도 중국과 유럽에서의 금은 거래로 높은 수익을 실현했던 것이 상당 부분 작용했기 때문이다. 화폐의 가격 차이를 이용해 부국이 된 것은 파르티아 제국이 최초이지만 이들이 마지막은 아니었다.

대외무역의 규모가 커짐에 따라 중국의 금 소비량이 대폭 늘어났는데, 대부분 페르시아와의 해역 및 육로무역, 비잔틴 제국과의 육로무역에 사용되었다. 서한(西漢) 이후 해상무역은 더욱 활발해졌고, 양진 남북조와 같은 혼란한 시대에도 무역은 끊이지 않고 이어졌다. 무역이 매우 활발해짐에 따라 금뿐만 아니라 은의 양도 감소했다. 금은 금화를 사용하는 비잔틴 제국으로 흘러들어갔고, 은은 은화를 사용하는 페르시아로 유입되었다.

다른 지역에서 점차 비단을 제조함에 따라 비단은 더 이상 중국의 전매품이 아니었다. 이 때문에 중국은 교환상품을 다양화했고 무역 규모는 점차 확대되었다. 한편 긴 세월 내란에 시달리고 화폐체계가 문란해진 데다 각종 해외 금은화폐가 유입되어 중국화폐에 대한 신뢰도는 떨어졌으며 화폐 가치의 하락을 우려하는 분위기가 형성되었다. 이로써 중국의 많은 지역에서 중국화폐보다 외국화폐를 더 선호하는 현상이 일어났다. 이런 점에서 당시 중국의 화폐정책은 근대의 달러화 추세와 비슷한 면이 있었다. 즉, 화폐 가치가 떨어질 것에 대비해 자발적으로 페르시아화, 비잔틴화를 추구한 셈이다.

현대적 의미의 환율이 등장한 시기

외화에 대한 의존도는 수당시대까지 줄곧 이어지다가 당나라때를 기점으로 바뀌게 된다. 당나라 정부는 안정을 이룬 뒤 화폐규격을 통일했다. 그 결과 농전이 국내통화로 다시 유통되었다.

하지만 서방과의 무역에서는 상대국이 금은으로 지불하기를 원했기 때문에 대외무역에서는 여전히 금은이 지불 수단이었다. 이때부터 중국 국내는 동, 해외는 금은이라는 이원화된 화폐체계로 다시 돌아갔다.

당나라는 북방 흑룡강 일대의 채굴과 해상무역으로 상당한 금을 확보했다. 당나라의 주요 무역국으로는 페르시아, 인도, 남양,● 대식국(아랍 제국) 등이 있었는데, 이 지역들에서 상당한 양의 금이 유입되었다. 당나라의 은은 대외무역의 지불 수단으로 사용되었는데, 이것은 주로 중앙아시아의 영향을 받은 것이다. 당시 중앙아시아 지역에서는 은이 풍부해 화폐를 은으로 주조했다. 당나라는 중앙아시아 각국과의 거래에서 종종 이들의 기분을 맞추어 주었는데, 직접 비단으로 대금을 지불하기도 하고 비단이 부족할 때는 은으로 계산했다.

당나라는 무역 경로가 매우 다양했다. 페르시아와 대식국 등과는 육로무역과 해상무역을 병행하여 영남(嶺南), 복건(福建), 양주(揚州) 등지에서는 외국상인을 볼 수 있었고, 수도인 장안(長安)에도 외국상인이 많이 거주했다. 당 말기 국력이 쇠퇴했을 때도 광주(廣州)에는 수만 명 이상의 외국상인이 주재했다. 황소(황소의 난)가 광주를 공격할 당시 살해된 회교, 유대교, 기독교, 배화교(조로아스터교) 신

● 명, 청 시대 동남아 일대를 지칭하는 말로 중국이 세계의 중심이라는 개념이 포함되어 있다. 말레이시아, 필리핀, 인도네시아 등의 군도를 말한다. 청나라 때에는 강소 이남의 연해 지역을 남양이라고 부르기도 하였다.

도는 12만 명에 달했다. 당시 복주(福州, 중국 푸젠성의 수도)는 중국과 일본 무역의 중심지였다.

당나라의 국력이 매우 강성했기 때문에 페르시아, 일본, 서역 각국들은 무역거래에서 금은 이외에 당나라 화폐도 사용했다. 상인들은 후에 장안으로 돌아와 소비할 것을 계산에 두었던 것이다. 이로써 당나라는 이미 오늘날 환율 결제 시스템의 원형을 갖추고 있었다는 사실을 알 수 있다. 그 밖에 당나라 동전은 이들 국가에서 공식 화폐로 유통되었는데, 이로써 당나라 이전 시대 중국이 외국화폐에 의존하였던 국면이 완전히 역전된 셈이다. 과거에는 중국화폐가 페르시아화, 비잔틴화 추세를 보였지만 이때는 뒤바뀌어 외국이 당나라의 동전을 추종한 것이다. 또한 당나라에서 사용한 환어음인 '비전(飛錢)'은 이미 지폐의 초기 형태를 갖추고 있었다.

환율 방면에서 당나라의 최대 성과는 환율을 상업화하고 환율을 이용해 이룩한 부를 거대한 제국을 지탱하는 데 사용했다는 점이다. 당시 당나라의 정치, 문화, 금융 중심지인 장안은 해외 상인들이 왕래하는 지역으로 황성 안에는 수많은 외국 상인이 장기간 거주했다. 각 나라의 상인들이 가져온 화폐가 각양각색이어서 당시 환율은 규범화되지 못했다. 더욱이 당나라의 화폐도 일정하지가 않았다. 중앙정부가 통일된 규격을 정해 화폐를 주조한 것이 아니라, 각 지역에 조폐국을 두고 그곳에서 화폐를 주조하도록 했다. 그 결과 상안에는 각양각색의 화폐가 유통되었고 좋은 화폐와 나쁜 화폐가 함께 뒤섞였다. 이로써 전문적으로 외환업무를 담당하는 상인조직과 금은방(金銀店)이 생겨나 환전 과정에서 이득을 취했다. 환율로 이익을 본 상인들의 돈은 국내에서 끊임없이 회전하면서 더 많은 부를 창출했다.

환율 차이로 큰 이익을 취한 것은 같지만, 당나라 때의 태환 행위와 페르시아인의 금은 교환 행위에는 큰 차이가 있다. 한나라 시대에는 금은이 화폐보다는 상품에 가까워 금은 교환으로 시세차익을 얻는 방식은 상품가격 차이로 수익을 올리는 것이나 마찬가지였다. 이에 반하여 당나라 때는 금은이 오늘날의 화폐와 같은 역할을 했다. 그래서 당시의 화폐 태환과 환산은 현대적 의미의 환율과 비슷하다.

당나라 이외에 아랍 제국도 환율을 이용해 막대한 수익을 얻었다. 중동 지역을 통일한 아랍 제국은 페르시아인을 대체해 당나라와 서유럽 사이의 무역을 중개했다. 당시 서유럽의 생산력은 비교적 낮았다. 샤를마뉴 대제 시대에는 아랍 제국을 거쳐 중국 상품을 수입했는데, 수출은 금은을 제외하고는 별다른 제품이 없어 아랍 제국 상인들은 이를 이용해 장사로 큰 이윤을 남겼다. 또 아랍 상인들은 중국에 물건을 알선해 주고 금으로 바꿀 수 있어 수익은 크고 손해는 없는 장사였다. 아랍 제국은 무역을 통한 수익 이외에 금은 가격 차이로도 큰 수익을 올렸다. 당시 중국은 금보다 은이 귀했고, 서유럽은 은보다는 금이 귀했다. 이렇듯 환율차익으로 쌓아올린 부는 아랍 문명이 번창하는 데 중요한 버팀목 중 하나였다. 아랍 제국은 무역과 환율을 바탕으로 이룩한 부로 당나라와 유럽에 뒤지지 않는 거대한 제국을 완성했다.

하지만 제국을 건립하는 데 일등공신이었던 환율은 부를 쌓는 수단에 머물렀으며, 무역과 본질적인 구별이 없어 아직까지는 경제에 결정적인 영향을 미치지는 못했다. 환율이 한 나라의 흥망을 좌우할 수도 있다는 면모를 드러낸 때는 송나라에 이르러서다. 그 불행을 맛본 나라는 바로 금나라였다. 금나라는 역사상 최초로 환율 때문에 멸망한 제국이 되었다.

2. 첫 번째 환율전쟁: 환율전쟁에서는 무기보다 지폐의 위력이 더 강하다

"천하의 대세는 나뉜 지 오래면 반드시 합치고 합친 지 오래면 반드시 나뉜다"라는 말이 있다. 당나라도 흥망성쇠의 법칙에서 벗어나지 못했다. 중국 고사성어에 '성야소하 패야소하(成也蕭何 敗也蕭何, 성공도 실패도 모두 소하 때문이다)'라는 말이 있다. 일의 성패가 한 사람의 손에 달려 있다는 뜻이다. 당나라는 서역과의 무역으로 부국이 되었지만, 결국 서역인인 안녹산과 사사명에 의해 망하고 말았다.●

● 안녹산은 이란계 돌궐족의 무장으로 아버지는 이란계 소그리인, 어머니는 돌궐족이다. 당 현종의 신임을 얻어 절도사가 되었으나 반란을 일으키고 스스로 대연황제라고 칭했다. 사사명은 안녹산의 부장이다. 안녹산의 난으로 당나라는 사회·경제적으로 큰 변화를 겪었으며, 이것을 계기로 국운이 쇠퇴했다.

당나라는 이때부터 혼란에 빠져 백성은 먹고사는 데 급급해 대외무역은 여전히 존재했음에도 중요한 위치를 차지하지는 못했다. 그 뒤의 오대십국 시기에는 각 나라에서 화폐를 발행해 국내의 환율을 환산하기도 어려운 상황이었으므로 국외에 미친 영향은 더더욱 미미했을 뿐이다.

당나라에 이어 등장한 송(宋)나라는 중국의 혼란기를 평정하는 역할을 하지는 못했다. 비록 문화적으로는 융성했지만 대외전쟁에서는 이민족의 상대가 되지 못했기 때문이다. 한편 화폐정책에서 북송(北宋)의 화폐제도는 상당히 복잡해 지폐, 동철로 만든 화폐, 은이 함께 유통되었으며, 각 지방은 자체적으로 서로 다른 화폐를 발행했다. 전국적으로 통용된 것은 은과 비단뿐이었다. 송나라 초기에는 화폐제도의 내부 모순을 해결하는 데 힘썼고, 사람들은 국내 환율 차이를 이용해 돈을 벌고 싶어 했다.

중국은 당나라 시대에 이미 현대적 태환의 초기 형태를 갖추었지만, 송나라에 이르러 화폐를 상품으로 보는 이전의 상태로 되돌아갔다. 일례로 송 태종(太宗) 태평흥국(太平興國, 976년~984년) 시기에 한중(漢中)과 익주(益州)의 법정화폐는 철로 만든 통화였다. 그런데 이 두 지역에서는 구리 가격이 매우 높아 상인들은 앞다투어 동전을 갖고 한중과 익주로 가

● 960년~1279년, 조광윤이 오대십국 시대를 종식하고 세운 왕조.
●● 1127년 금나라 확장으로 장강 이남으로 옮겨가기 이전의 송나라.

서 동전을 구리 삼아 판매한 뒤에 철제통화로 바꿔 이를 외부로
유통시켰다.

송나라는 비록 당나라의 많은 전통을 그대로 계승했지만 운영
방침에서는 큰 차이를 보이고 있다. 예를 들면, 송나라도 당나라
처럼 금은점을 두어 금은, 지폐 등 각종 화폐의 태환을 담당하도
록 했다. 그러나 당나라 때의 금은점은 대외무역에서 발생하는
문제를 해결하기 위해 설립된 반면, 송나라의 금은점은 국내 상
거래에서 발생하는 문제를 해결하려는 용도로 만들어졌다.

송나라가 당나라보다 강대하지 못했던 점은 동전의 퇴장에서
도 엿볼 수 있다. 당나라처럼 송나라도 아프리카, 인도, 남양 등
지를 자신의 화폐 권역으로 두었다. 하지만 그들이 송나라의 화
폐를 사용한 이유는 송나라가 국력이 강하고 송나라와의 빈번한
교류 때문이 아니라, 그들이 송나라 화폐를 하나의 상품으로 수
입했으며 이 화폐를 본국 통화처럼 사용했기 때문이다. 즉, 다른
나라들은 송나라 화폐를 이용함으로써 화폐 주조에 따른 비용을
절약한 것이다. 가장 대표적인 나라는 바로 일본이었다. 이로써
송나라의 동전은 상당히 유실되어 정작 송나라에서는 동전이 매
우 부족했다. 이와 같이 동전이 감소함에 따라 동전의 가치는 상
승했고, 기타 화폐들보다 구매력이 훨씬 높아졌다.

하지만 송나라의 화폐정책이 모두 잘못된 것은 아니었다. 북
송은 세계 최초로 '교자(交子)'라고 불리는 지폐를 발행했다. 그
런데 교자는 국내에서도 널리 유통되지 않았기 때문에 외국에서

도 매우 제한적으로 사용되었다. 외국인이 중국에 와서 금, 은, 비단으로 교환하지 않고 한 뭉텅이의 종이만 들고 간다면 보물섬에 와서 빈손으로 돌아가는 것과 같았다. 그래서 대외무역에서는 송나라도 귀금속을 결제 수단으로 삼았다. 당나라에서 금과 은을 병행해 사용한 것과 달리 송나라는 대외무역에서 일반적으로 은으로 결제했다. 당시 은 가격은 꽤 안정적이었다. 은과 비교해 금은 가격이 매우 높아서 대외무역보다는 부를 축적하는 용도로 이용되었다.

송나라가 대외무역에서 은을 결제 수단으로 삼은 배경에는 나름대로의 비극이 존재한다. 앞서 밝혔듯이, 은은 서역에서 국제적으로 통용되는 화폐였다. 이때 요와 서하는 서역과 교역하려고 무력을 행사해 송나라 측에 매년 은을 공물로 바칠 것을 요구했다. 더욱이 아라비아처럼 자국의 화폐체계를 갖춘 국가들은 국제무역을 할 때 금, 은, 비단을 여전히 결제 수단으로 삼기는 했지만, 그 비중이 이전에 비해 훨씬 축소되었다. 이렇게 해서 은은 송나라 대외무역의 주요한 결제 수단의 하나가 된 것이다.

북송과 남송이 장기간 은을 사용함에 따라 은 가격이 안정되었다. 은은 인플레이션을 유발하지 않았을 뿐만 아니라, 가치의 보전도가 높아서 지폐 등의 화폐와 확실히 대조적이었다. 은 가격이 안정적일 수 있었던 이유는 수출을 하면서 막대한 양의 은이 송나라로 유입되었기 때문이다. 금은가격의 비율은 과거와 비슷했는데, 유럽에서는 1:12, 중국과 아라비아에서는 1:6 전후를 기록했다.

　유럽인들은 은으로 지불하는 것이 저렴하고, 중국인들은 은으로 받으면 국내에서 그것의 가치가 높았으므로 무역국 양측은 모두 은으로 결제하기를 원했다. 그래서 수출대금으로 많은 양의 은이 중국으로 유입되었다. 일례로 중앙아시아에서는 본래 은이 풍부하게 생산되었으며, 유럽에서도 12~13세기에 은 생산량이 매우 많았는데, 훗날 이 두 지역 모두 은이 매우 부족해졌다. 아마도 생산된 은의 상당량이 송나라로 흘러들어갔기 때문으로 추측된다.

　아라비아에서는 다른 지역보다 은 가격이 비교적 높았는데, 금이 상대적으로 풍부했기 때문이다. 그러나 점차 은 가치도 하락해서 금 대비 1:6에서 1:10까지 떨어졌다. 은 가격의 하락 원인은 아라비아가 중개무역으로 대량의 은을 획득했기 때문으로 분석된다. 몇 세기 동안 아라비아가 중개무역으로 얼마나 많은 은을 획득했는지는 금은 가격비율의 변화로도 잘 알 수 있다. 아라비아가 획득한 은의 대부분은 중국의 물품을 유럽에 연결해주는 중개무역과 환율 차이를 이용한 장사에서 얻은 것이다. 이것은 신의 경지에 이른 상술이 아닐 수 없다.

　송나라가 은을 사용한 또 다른 이유는 금이 매우 비쌌기 때문이다. 지폐의 남발로 인플레이션이 일어나자 송나라 사람들은 모두 금을 비축하려고 했다. 또한 시대적으로 혼란해서 송나라 사람들은 금을 비상시를 대비하는 수단으로 생각했다. 이러한 이유로 모두들 금을 소유하려 했기 때문에 금 가격은 고공행진을 했다. 그 밖에 금은 군사적 용도로도 사용되었다. 일례로 송나라는 초납신보(招納信寶)를 주조하여 투항한 금나라 포로에게 주었다.* 그래서 무역에 필요한 금이 더욱 부족해졌다.

이러한 상황은 남송 때까지 이어졌다. 당시 일본에서는 정부의 신용이 바닥까지 떨어져 일본인들은 정부 공식 통화를 거부했고, 보유한 송나라 화폐도 부족한 상황이었다. 그래서 일본 측은 송나라로부터 동전을 수입할 수밖에 없었고, 이때 일본인은 그들의 특산품인 금을 동전으로 교환했다. 일본으로부터 계속해서 금이 유입되자 남송의 금 가격은 대폭 하락하기 시작했는데, 여전히 유통되지 않은 부분은 사람들의 비상자금으로 비축된 것이다.

송나라는 무역과 환율에서 막대한 이익을 올려 요(遼)나라와 금나라로부터 입은 손실을 만회했지만, 대외무역에서는 당나라만큼 개방적이지 못했다. 지폐를 보유한 국가는 일반적으로 지폐 발행 욕구를 통제하지 못한다. 송나라도 예외는 아니었으며 그로써 심각한 인플레이션이 일어났다. 그런데 당시 송나라 사람들은 이런 문제를 인식하지 못하고 오히려 외국인들이 싼 물건을 들고 와 중국의 금은과 바꾸어서 동전의 유실이 일어났다고 그들에게 원인을 돌렸다. 결국 송

* 초납신보는 비유통화폐로 금, 은, 동 3등급으로 나뉘었다. 정면에는 초납신보라는 글귀가, 후면에는 '사(使)' 자가 적혀 있었다. 송나라는 금(金)나라에서 투항한 병사들에게 초납신보를 주었는데, 이들은 그 초납신보를 들고 금군 진영에 되돌아가 투항할 의사가 있는 병사들에게 나눠 주었다. 그래서 송나라는 초납신보를 들고 있는 금군은 투항병으로 보고 귀순을 허락했다.

나라는 해외무역과 화폐 유출을 금지했다. 하지만 송나라가 무역을 금지하고 환율을 이용해 수익사업을 하지 않았다고 해서 환율의 역사에 아무런 족적을 남기지 않았다는 의미는 아니다. 역사상 최초의 환율전쟁은 바로 남송시대에 일어났기 때문이다.

환율전쟁은 왜 소리없는 부 쟁탈전인가?

북송이 요나라와 서하와의 전쟁에서 이기지 못했다 해도 이들에게 토지의 일부를 할양하고 금은으로 환심을 사면 그만이었다. 그런데 그 후에 요나라보다 훨씬 위협적인 나라가 출현했다. 바로 금나라였다. 송과 금나라는 원래 동맹국으로서 함께 요나라를 공격하기도 했지만, 요나라를 멸망시킨 후 금나라는 그 칼끝을 돌려 마침내 북송을 멸망시켰다.

그래서 송나라는 강남으로 도망가 남송을 세웠는데, 이후 백여 년 동안 남송은 금나라와 전쟁과 휴전을 반복했다. 그런데 승전보다는 패전이 더 많았다. 오랜 시달림 끝에 마침내 금나라에 신하를 칭했을 뿐만 아니라, 금나라를 숙부로 자신을 조카로 부르며 매년 금은재화를 공물로 바쳤고, 결국에는 주권을 넘겨주는 대가로 정권의 목숨을 부지했다.

남송은 전쟁에는 실력이 없었지만, 상업적인 수완은 뛰어났다. 해외와 지속적으로 무역거래를 했고, 상업도 상당히 발달해 금융지식과 상행위가 이전 시대보다 진보했다. 중국 사람들은 북송시대부터 화폐 발행을 국가적 행위로 여겨 소철(蘇轍)은 "국가가 화폐를 주조하는 것은 백성에게 유통시키기 위함이다(錢幣國之所爲也, 故發而散之于民)"라고 말했다. 남송이 이룩한 가장 위대한 업적은 지불 도구를 발명한 것이다. 남송이 발행한 '회자(會子)'는 세계 최초의 전국 유통 지폐였다. 그렇지만 재정지식을 갖춘 것이 재정을 잘한다는 의미는 아니다. 지속된 전쟁, 공물 진상, 조정의 심각한 부패로 남송은 언제나 재정 곤란을 겪었다. 그래서 남송 조정도 지폐발행권을 가진 정부라면 누구나 한 번쯤 시행하는 정책, 즉 인플레이션으로 모든 재정문제를 해결하려고 시도했다.

발행 비용이 저렴하고 인쇄가 간편한 까닭에 남송 조정도 지폐의 맛에 중독되었다. 더욱이 당시에는 위조 방지 기술이 없어 위조지폐도 함께 범람했다. 그리하여 시장에서 유통되는 화폐는 갈수록 늘어났지만 상품의 수는 늘지 않아서 결국 물가가 갈수록 폭등했다.

그렇지만 전혀 경제관념이 없었던 것은 아니었다. 남송 조정은 지폐로 실물을 얻을 수 있어 기쁘지만 도를 넘으면 안 된다고 생각했다. 지폐 발행의 주목적은 그것을 유통시켜 상업을 촉진하는 데 있다. 이런 상식은 북송시대에도 이미 뿌리내리고 있었다. 심괄(沈括)은 일찍이 다음과 같이 서술했다. "돈은 유통과 대부를 위한 것으로, 열 집이 사는 읍에서 한 집만 10만 냥을 들고 있다면 100년이 시나노 여선히 10만 냥에 불과할 것이다. 장사를 하여 그것을 움직이게 하면 그 이익이 열 집에 골고루 미칠 것이고, 돈이 계속 이동하면 셀 수도 없이 불어날 것이다." 이후에도 인플레이션은 지속되었지만 비교적 절제된 측면이 있었고, 남송의 민생을 뿌리째 흔들 정도는 아니었다.

전쟁에 취약한 남송과 달리 금나라는 전쟁에서 적수를 찾기 힘들었다. 금나라의 경제는 전쟁을 통한 약탈경제 시기에 가장 안정적이었다. 당시 금나라는 생산능력이 거의 없어서 전리품에 의존하여 생활했는데, 이는 마치 하늘에서 재화가 뚝 떨어진 것이나 마찬가지였다. 그래서 금나라 초기의 경제는 인플레이션 없이 빠르게 발전했다.

하지만 넓은 지역을 정복한 후 금나라는 점차 치국의 필요성을 느꼈다. 금나라는 외국과의 무역에서는 은을 사용했지만, 국내에서는 동전이 유통되었다. 동전은 주로 요나라와 송나라에서 탈취하거나 일본처럼 각지에서 구매해 확보했다. 그러나 이 시기에 송나라 동전은 이미 유실이 심각한 상태여서 금나라에서 유통되는 동전도 충분하지가 못했다. 금나라는 송나라에서 지폐가 유통되는 것을 보고 자체적으로 '보권(寶券)'을 발행해 국내에 유통시켰다.

지폐는 마치 술과 같다. 술은 적게 마시면 좋지만 많이 마시면 통제가 안 되어, 결국 내가 술을 마시는 것이 아니라 술이 나를 마시는 지경까지 이르게 된다. 지폐발행도 이와 다를 것이 없다. 남송은 지폐의 유혹에서 완전히 벗어나지는 못했지만, 지나치면

해롭다는 사실을 알았고, 최소한 자신을 절제할 수는 있었다. 하지만 화폐에 관한 이론적 기초가 없었던 금나라는 송나라가 지폐를 사용하는 것을 보고 지폐를 마구 찍어냈다.

이렇게 금나라는 지폐가 주는 달콤한 유혹에 서서히 빠져들었다. 금나라 중·후반기로 넘어갈수록 지폐는 나날이 늘어나 남송이 그랬던 것처럼 인플레이션이 점차 고개를 들기 시작했다. 하지만 금나라는 절제할 줄을 몰라 국고에 돈이 없으면 지폐를 발행해 전쟁 비용을 충당하기에 이르렀다. 그래서 전쟁을 할 때마다 금나라에서는 지폐를 대량으로 찍어냈고, 그 결과 금나라 후기에 지폐가 지나치게 많이 유통되어 화폐 가치는 대폭 절하되었다. 그래서 은자와 동전을 사용하는 백성은 되도록이면 지폐를 거부했고, 심지어 재산을 남송으로 옮겨 놓는 사람들도 있었다. 남송도 인플레이션 상태에 있었지만 금나라에 비하면 정도가 약했고, 또한 남송의 경제가 앞서 있어 자금을 활용해 돈을 벌 기회가 더 많았기 때문이다.

환율전쟁이란 바로 위와 같은 사례를 두고 한 말이다. 본인이 소유한 부를 자발적으로 한 화폐에서 다른 화폐로 바꾸도록 만드는 것은, 칼날에 피 한 방울 묻히지 않고 한 국가의 부를 탈취하는 것과 같다. 환율전쟁이 일반적인 약탈과 다른 점은 타인의 부를 살인, 방화, 강탈과 같은 부정한 방법으로 빼앗는 것이 아니라, 사람들로 하여금 이익에서 출발해 자신의 부를 한 국가에서 다른 국가로 자발적으로 옮기노록 유도해 한 통화에서 다른 통화로 전환하게 만드는 것이다. 앞 장에서 이미 언급했듯이, 사람들은 다른 화폐로 태환해 더 많은 부와 더 높은 안정성을 얻기를 원한다. 남송은 과도한 인플레이션으로 경제가 파괴되는 것을 원하지 않았다. 그러나 금나라는 지폐를 계속 발행해 인플레이션을 부채질했다. 그래서 남송으로 자산을 옮겨 놓으면 더 많은 부를 얻고 더 안전하다는 환율전쟁의 두 가지 조건이 모두 충족되었다. 이로써 양국 사이에 비의도적인 환율전쟁이 발발한 것이다. 그 결과, 금나라의 부는 계속해서 유실되었으며, 아예 남송으로 옮기는 사람들도 있었다.

화폐의 수량을 통제하지 않고 남발한 결과 금나라의 경제는 악순환에 빠졌고, 전쟁을 할 때마다 대량의 지폐를 발행해 화폐 가치는 갈수록 하락했다. 화폐 가치가 하락할수록 화폐에 대한 신뢰도는 더욱 떨어졌으며, 사람들이 결제통화로 지폐가 아닌 은자와 동전을 선호하게 되었다. 지폐에 대한 불신과 미래에 대한 불안 심리(전쟁이 지속되어 지폐발행이 확대될 것이라는 예상)는 지폐 가치의 하락을 더욱 부채질했다. 따라서 금나라 주민들은 인플레이션이 상대적으로 낮은 남송으로 부를 옮기고 거주지를 이전했다. 금나라인들이 남송으로 넘어온다는 것은 단순히 부만 이전하는 것이 아니다. 이들이 보유한 생산능력도 함께 이동한다는 뜻이며, 그만큼 금나라의 국내 생산능력이 상실된다는 것을 의미한다. 이로써 금나라의 화폐 가치는 더욱 폭락했다. 그래서 정부는 더 많은 화폐를 발행해 국가 운영비용과 전쟁비용을 충당할 수밖에 없었다.

남송이 경제 안정을 토대로 금나라의 국력과 부를 야금야금 갉아먹자 금나라는 갈수록 쇠약해졌다. 이것은 남송이 계획적으로 수립한 전략은 아니었다. 만약 이것이 남송 조정의 책략이었다면 아마 100년 넘게 지속된 역사상 최장의 지구전이었을지도 모른다. 그러나 이와 같은 결과를 얻은 실제 원인은 남송이 경제를 이해했기 때문으로 분석된다. 그래서 자신을 보호하는 동시에 경제의 원리를 알지 못하는 강대한 적, 금나라를 순조롭게 물리칠 수 있었던 것이다.

오랜 기간 금나라에서 남송으로 부와 사람이 유출되어 금나라를 무찌르는 데 볏짚을 들어 올릴 정도의 힘만으로도 가능했다. 하지만 남송의 국력은 볏짚은 고사하고 기러기 털도 버거울 정도였다. 이때 칭기즈칸이 이끄는 몽골이 출현했다. 이제껏 금나라에게 핍박을 당하던 몽골은 칭기즈칸에 의해 통일된 이후 강력한 군대로 탈바꿈했다. 경제가 이미 쇠퇴한 금나라는 결국 몽골의 공세를 견디지 못하고 후퇴를 거듭했다.

그렇지만 금나라가 완전히 무너진 것은 아니었다. 사실 금나라도 배후만 안전하다면 지구전을 전개할 역량을 보유하고 있었다. 만약 그랬다면 금나라와 몽골이 생사를 놓고 전면전을 벌였을 때 누가 최후의 승자가 될지는 알 수 없는 일이었다. 하지만 남송이 금나라의 배후를 위협하기 시작했다. 몽골과 남송은 연합해 금나라를 공격했나. 비록 송나라가 여전히 연전연패를 거듭했지만 남송은 안정된 화폐를 기반으로 이 와중에도 금나라의 부를 크게 갉아먹었다.

사실 몽골이 금나라에 가한 가장 치명적인 타격은 전투에서 승리한 것이 아니라, 경제에 대한 금나라 백성의 신뢰를 무너뜨린 것이다. 몽골과의 전쟁으로 금나라는 지폐를 더욱 남발했고, 화폐 가치는 천문학적 수준으로 하락했다. 금나라는 보권의 가치를 유지하려고 은자와 동전의 유통을 금지했다. 하지만 아무리 공식 화폐라고 해도 그 가치가 몇만 배 떨어진다면 누가 그것을 거래 수단으로 사용하겠는가? 은자와 동전의 사용 금지는 오히려 자산이 남송으로 이동하는 것을 가속화하는 결과를 낳았고, 또한 귀금속을 남송으로 이전하게 하는 또 다른 추진력으로 작용했다. 무엇보다도 은자와 동전의 사용 금지로 모든 상업 활동이 하룻밤 사이에 중단되었고, 금나라 경제는 마침내 붕괴되었다. 사람들은 더 이상 생필품이 아닌 상품은 생산하지 않았으며, 설사 만들었더라도 매매할 목적이 아니라 자체적으로 소비하려는 것이었다. 생필품 이외에 다른 것을 생산할 수 있는 사람들은 남방으로 도망가 안정된 생활을 추구했다. 국가가 내부적으로 완전히 와해됨에 따라 금나라 병사들은 전투에서 패하여 지리멸렬했다. 이렇게 해서 금나라는 몽골에 의해 빠르게 멸망의 길로 들어섰다.

송나라와 몽골 사이의 연합을 살펴보면, 표면적으로는 남송의 역할이 보이지 않고 금나라와의 전쟁은 대부분 몽골이 수행하였다. 하지만 내부적으로 들여다보면, 남송의 화폐 안정이 송나라와 금나라 사이의 환율위기를 조성했으며, 그 결과 금나라 사람들이 각지로 도망을 가고 전투의욕이 상실된 사실을 알 수 있다. 금나라를 완전히 무너뜨린 치명적 일격은 무력이 아닌 환율이었던 것이다.

지폐 남발이 원나라의 멸망을 부르다

남송이 실시한 환율전쟁은 역사상 최초이자 대규모로 이루어진 화폐 간의 힘겨루기였다. 무심코 한 행동이 의외의 좋은 결과를 불러왔지만, 위의 사례를 보면서 이후 환율전쟁의 그림자를 발견할 수 있다. 경제전쟁에서 승리하기 위한 유일한 길은 자신의 모든 자원과 부를 이용해 상대의 경제체제에 대한 신뢰를 무너뜨리는 것이다. 여기서 환율붕괴는 경제체제에 대한 신뢰가 무너졌다는 사실이 밖으로 드러난 결과일 뿐이다. 경제와 환율이 존재할 수 있는 이유는 전적으로 신뢰 때문이다. 만약 신뢰가 무너지면 금나라가 그랬던 것처럼 모든 것은 먼지처럼 사라질 것이다.

앞에서 이미 밝혔듯이, 남송의 화폐전쟁은 의도적인 것은 아니었다. 뒤이은 후속 조치가 없었으며, 금나라 붕괴 이후 어떻게 할지 구체적 전략도 없었다. 장기계획이 없는 국가의 결말이 어띠힐지는 미루어 짐작할 수 있다. 몽골은 남송이 천천히 무너지도록 기다리지 않았다. 파죽지세로 공략하여 남송을 자신의 전리품으로 삼았다. 환율전쟁으로 송나라가 금나라에 원한을 갚았지만, 최종적으로는 몽골이 금나라와 송나라를 모두 멸망시키고 세계 역사상 최대의 제국을 건설했다.

지폐가 초래한 재앙은 여기서 그치지 않았다. 몽골도 금나라처럼 곧 지폐 발행의 유혹에 빠져들었다. 몽골 제국은 유럽과 아시아에 걸쳐 있어 국제무역이 감소했는데, 이는 이전의 많은 무역이 이제는 몽골 제국 내의 국내무역으로 바뀌었기 때문이다. 당시 몽골 제국 내 태환업무는 송나라 각 지역의 다양한 화폐 사이의 태환업무와 비슷했고, 정부에서 관리했다. 원나라의 태환업무는 은포(銀鋪)에 집중되었는데, 은포는 금과 동전의 태환도 담당했다. 그러나 각종 귀금속은 모두 수출이 금지되었다.

원대(元代, 원나라 시대)에는 교초(交鈔)라 불리는 정부 신용의 지폐를 발행했는데, 중통초(中統鈔)와 지원초(至元鈔) 두 종류가 있었다. 제국의 중앙아시아 지역에서 유통되는 은의 영향으로 원대에는 대량의 은이 국고로 들어와 은을 화폐단위의 기초로 삼는 은본위제의 화폐체제가 형성되었다. 원나라는 대량의 은자를 보관하여 제국의 국고 비축용으로 사용했으며, 동시에 동전의 사용을 전국적으로 금지했다. 다만 일본이 금으로 동전을 교환하길 원하여 일본에 대한 동전 수출은 허용되었다. 원나라 때 지폐 사용이 매우 활발했는데 원나라를 방문했던 마르코 폴로는 이것을 보고 매우 놀랐다고 한다. 일본, 한국, 인도 등도 중국을 모방해 지폐를 사용했다.

　원나라 사람들은 지폐를 무한정 발행하는 것이 재난과 같다는 사실을 일찍부터 알고 있었다. 원나라 학자인 허형(許衡)도 이 사실을 풍자해 다음과 같이 말했다. "종이에 숫자를 적어 돈으로 삼으면 천하 만백성의 물건을 쉽게 얻을 수 있다. 인쇄가 간편하다면 지폐는 무궁무진하게 생겨날 것이고 계속해서 마르지 않을 것이다. 소위 신선이 벽돌과 기와를 금으로 만드는 술법도 이에 비교할 바가 못 된다."(《허문정공유서 7권 격폐찰자(許文正公遺書 7卷 格幣札子)》) 정부가 아무리 지폐의 가치를 강조해도 지폐가 너무 많이 풀리면 사람들은 더 이상 그것을 신뢰하지 않는다. 결국 그 피해는 백성이 고스란히 떠안아야 하기 때문이다. 그러나 독주를 들이켜 갈증을 해소하려는 정부를 그 누구도 막을 수 없다.

　원나라 초기에는 지폐의 가치를 안정시키기 위해 노력했지만 정부가 가진 탐욕의 본성을 바꾸지는 못했다. 원나라도 지폐를 대량으로 인쇄하여 각종 군비로 충당했다. 송나라가 멸망한 후 원나라의 첫 번째 공격 목표는 원나라에 조공을 바치지 않는 일본이었다. 때마침 '신풍(神風)'이 불어 원나라의 모든 전선이 침몰되었지만, 일본도 몽골군의 침략에 대비해 군비를 대폭 늘려 재정은 거의 파산상태에 이르렀다. 몽골은 이후에도 지폐의 힘을 빌려 미얀마, 베트남, 윈난 등을 공격했다. 하지만 그런 몽골제국도 경제 파탄과 한족의 봉기로 100년을 버티지 못하고 역사 속으로 사라시고 말았나.

중국은 근 1,000년 동안의 해외무역 역사가 있다. 최초의 초기 무역에서 중기의 대당성세를 거쳐 송나라 때의 전문경영 시대로 넘어왔다. 환율도 많은 단계를 거쳤는데, 우선 세계 통용의 물건에서 시작해 당나라에 이르러서는 현대적 색채를 띤 화폐도 등장했다. 송나라로 넘어오면서 화폐의 의미가 약간 퇴색되었지만, 화폐는 이제 지폐로 탈바꿈해 경제영역을 넘어 적을 무찌르는 무기로까지 변모했다. 그러나 아쉽게도 이후 중국의 화폐와 환율은 답보 상태에 빠져 제자리를 맴돌았다. 화폐와 환율을 현대 사회로 진입시킨 당사자는 오히려 근 1,000년 동안 동방에 뒤처져 있던 유럽이었다.

3. 유럽, 변방에서 중심으로:
현대적 환율시스템의 등장

서기 1000년경에는 유럽에서 현대적 환율체계가 성장하여 유럽이 현대 금융업의 문을 열 것이라 아무도 상상하지 못했다. 하지만 아라비아와 중국이 연이어 쇠락의 길에 들어섰고, 이들의 쇠락을 발판삼아 세계 문명의 변방에서 배회하던 유럽이 중심으로 부상하며 현대 금융업의 서막을 열었다. 그럼 지금부터 유럽이 어떻게 부상했는지 그 발자취를 더듬어 보자.

금은을 통한 스페인의 번영과 몰락

유럽 문명은 그리스, 로마 시대에 한창 융성했다. 하지만 바바리안(야만인)들이 로마를 침범한 이후로 줄곧 내리막길을 걸었으며 곧이어 중세암흑기로 들어섰다. 유럽은 자신들만의 독특한 상품을 만들지 못했고, 단지 외국상품을 수입하면서 금은을 소비했다. 이런 현상은 중세 말기까지 이어졌으며, 장기 무역적자로 유럽의 부는 급속히 소진되었다. 이때 유럽에는 귀금속이 상당히 부족해 중국의 고급 사치품을 살 돈도 없었고, 유럽지역의 내부거래도 화폐 부족으로 영향을 받았다. 그래서 자국의 경제적 곤란을 해결하기 위해 유럽은 군대를 모집해 다른 국가의 부를 강탈하는 길로 나섰다.

유럽의 창과 칼은 가장 먼저 무역으로 부유해진 이웃, 아라비아 지역으로 향했다. 유럽은 예루살렘 성지 회복을 명분으로 내걸고 십자군 원정에 나서 살인, 방화, 약탈 등 온갖 나쁜 짓을 저질렀다. 하지만 이때는 아라비아의 국력이 매우 강성한 시기였기에 유럽은 전쟁에서 승리할 수 없었다. 유럽은 약간의 전리품을 얻을 수는 있었지만 오랜 기간 이어진 전쟁에서 큰 이득을 보지 못한 채 철수했다. 다만 일부는 십자군 원정에서 상당한 이익을 챙겼는데, 그 대표적인 이들은 바로 《다빈치코드》《푸코의 진자》《킹덤오브헤븐》《인디아나 존스》 등 명작에서 자주 등장하는 성전기사단이었다.

성전기사단은 십자군 원정으로 세력을 일으켰으며, 원정에서 약탈로 상당한 재물을 획득했다. 각 성전기사단은 고향으로 돌아간 뒤 그 지역의 대지주로 신분이 상승했다. 동시에 그들은 고리대업을 했는데, 중세 유럽의 류원차이(劉文彩)*로 여겨졌다. 성전기사단은 단결력이 매우 강해 유럽 각지에 퍼진 이들이 힘을 합친다면 교회의 권력과 비교될 정도였다. 그러나 이들의 권세도 그리 오래가지는 못했다.

이들이 쌓아올린 부와 권력의 칼이 자신들의 권위를 위협하자 통치계급(국왕 및 교황)은 성전기사단을 이단과 부도덕의 혐의로 기소하고 모두 체포했다. 그리고 고문을 가해 혐의에 대한 거짓 자백을 받은 뒤 이들을 모두 처형했다. 고질적인 재정난에 시달리던 통치계급이 성전기사단의 막대한 부를 빼앗기 위해 이런 음모를 꾸몄다는 이야기도 있다. 당시 통치계급은 성전기사단이 가진 부의 일부만 몰수할 수 있었는데, 나머지의 행방은 오리무중이었다. 그래서 이것은 지금까지도 많은 책의 창작의 원천이 되고 있다.

유럽은 산적행위로 약간의 부를 획득했지만 여전히 수입보다 지출이 많았다. 유럽에는 지속적으로 발전해야 한다는 공감대가 폭넓게 형성되었는데, 다만 어떻게 부를 쌓을지는 합의 되지 않았다. 무엇을 발전의 동력으로 삼을지를 놓고

* 1887년~1949년. 중국 쓰촨 사람으로, 문화대혁명 당시 전형적인 악질 지주의 상징으로 평가를 받고 있다.

유럽은 두 파벌로 나뉘었다. 한쪽은 문(文)을 통한 발전을 주장했고, 다른 쪽은 무(武)를 발전의 동력으로 삼을 것을 주장했다. 스페인과 포르투갈은 무력을 주장하는 파벌의 대표였다. 그들은 유럽이 아라비아인을 몰아내지 못한다면 차라리 더 먼 지역으로 나아가 금과 은을 찾으면 된다고 생각했다.

행운이 따라서인지 스페인과 포르투갈은 정말로 노다지를 찾아냈다. 원래는 아라비아를 빙 돌아서 인도와 중국에 갈 생각이었지만, 스페인이 막상 도착한 곳은 아메리카 대륙이었다. 아메리카 대륙은 금과 은이 풍부해서 현지인은 금과 은을 장식품 정도로 사용하고 있었다. 토머스 모어가 《유토피아》를 저술하기 이전부터 이 지역 사람들은 유토피아 사회를 열었던 셈이다.

아메리카 대륙은 금은이 풍부하였고 문명 역시 발달해 있었다. 이 지역에는 아즈텍, 잉카와 같은 도시국가와 제국이 존재했다. 그러나 전쟁 수행 능력은 그다지 뛰어나지 못했다. 유럽 대륙과 달리 아메리카 대륙에는 말이 없어서 잉카 군대는 병사 수는 많아도 말을 갖춘 유럽인을 상대하지 못했다. 심지어 말을 신화 속 동물로 생각해 말만 보면 놀라서 달아나 버렸다. 1532년 11월 16일, 스페인 원정군 대장 피사로(Pizarro)는 기병 62명과 보병 106명으로 수만의 잉카 군대를 무찌르고 몇 시간 만에 잉카 제국의 황제 아타우알파를 인질로 사로잡았다.

잔악한 스페인 원정군은 황제를 풀어주는 대가로 방 하나를 금과 은으로 가득 채우라고 요구했다. 천문학적인 금은을 획득한 후 원정군은 황제를 풀어주기는커녕 목뼈를 부러뜨려 처형하고 잉카 제국을 정복했다. 아메리카 대륙이 모두 정복된 뒤 스페인은 현지인에게 광산에서 금은을 채굴하라고 요구했다. 당시 스페인은 에콰도르 코토팍시(cotopaxi)산에서만 은 4만 5,000톤을 운반해 갔다. 스페인이 강탈한 은은 현지인의 피의 대가라 할 수 있다. 무수히 많은 사람이 열악한 환경과 위험한 운송작업 때문에 목숨을 잃었다. 아메리카 대륙 원주민들은 죽는 순간에도 왜 스페인 사람들이 금은과 같은 가치도 없는 물건 때문에 자신들에게 해를 입히는지 그 이유를 알지 못했다.

스페인은 아메리카 대륙으로부터 가져온 막대한 금은으로 벼락부자가 되었다. 이 때문에 스페인의 국민성이 변화했다. 예컨대 스페인 국민은 돈을 물 쓰듯이 낭비하며 일을 할 때 예산을 전혀 고려하지 않았다. 또한 호주머니에 돈이 넉넉해지자 스페인이 세계 최고라는 자만심이 한껏 고양되었다. 그래서 스페인은 돈만 있으면 무슨 일이든 가능하다고 생각하여 도처에서 정복전쟁을 벌였다.

하지만 스페인의 영광도 점차 끝을 향해 가고 있었으며, 급기야 여러 곳에서 난관에 부닥치기 시작했다. 아메리카 대륙에서 유입되던 금은의 양이 줄어들었으며, 그 가치도 갈수록 하락했다. 스페인은 습관적으로 남미의 금은을 빼내 쓸 줄만 알았지 상업을 영위하고 상품을 만들어 수익을 창출하는 방법은 잊어버렸다. 절약을 선혀 모르던 스페인은 전쟁의 소용돌이 속에서 급속히 재정악화 상태에 빠졌고, 150년 동안 14차례의 파산이라는 불명예스러운 기록을 남겼다. 돈의 가치는 하락하고 획득한 금과 은은 모두 사라져 버려 결국 스페인은 갈수록 국운이 기울어 유럽의 아웃사이더로 전락했다. 지금까지의 내용을 보면 정복전쟁을 통한 부의 획득은 잘못된 방법이라는 점을 알 수 있다. 유럽에서 현대 은행업과 환율이 활성화된 것은 무력이 아니라 상인에 의해서였다.

현대적 성격의 은행은 좌판에서 시작되었다

스페인이 쇠퇴한 원인은 그들이 가장 근본적인 문제를 소홀히 했다는 데 있다. 스페인은 귀금속이 그것으로 교환할 수 있는 물건이 아닌 그 자체로 가치를 가졌다고 오해했다. 그들은 아메리카 대륙에서 금은을 빼앗아 유럽으로 대량 유통시켰는데, 그 결과 유럽에 유통되는 금은 수량이 큰 폭으로 증가했다. 하지만 금은 유통량의 확대와 달리 유럽의 생산력은 계속 제자리걸음을 했다. 이것은 바로 인플레이션을 일으키는 전형적인 조건이다. 스페인으로 유입되는 금은이 많아질수록 금은의 가치는 떨어졌으며, 금은의 구매력은 점차 보잘것없는 수준으로 변했다.

상품의 가치가 상승할수록 상인에게로 더 많은 금은이 흘러들어감에 따라 진정한 이익은 상인에게 돌아갔다. 초과 유동성은 더 큰 사업을 추진할 수 있도록 자본을 이끌었으며, 상인들이 더 많은 물건과 금은을 창조할 수 있는 선순환 구조를 형성했다. 보유한 금은이 많아질수록 상인들은 여유자본을 이용해 이익을 높일 수 있는 더 많은 수단이 필요함을 느꼈다. 현대 은행업과 환율은 바로 이러한 수요에서 생겨났다.

초기에는 유럽인의 금융수단도 중국인의 것과 차이가 없었다. 유럽도 금은점을 열어 각종 화폐의 태환업무를 수행했다. 하지만 금은점의 태환 규모가 늘어남에 따라 여유자금을 보유한 사람들은 금은점의 금고가 안전하고 튼튼하다고 여겨 자신의 재산을 금은점에 맡기기 시작했다. 자금이 몰리자 금은점은 여유자금을 이용할 궁리를 했고, 다른 이들에게 자금을 대출해 주고 이자를 받는 방식으로 돈놀이를 했다. 금은점 이외에 유대인들도 대부업에 적극적으로 뛰어들었다. 기독교인들은 《성서》에서 이자를 받는 일을 금지했기 때문에 금융업에 참여할 수 없었다. 그러나 유대인들에게는 이러한 금지조항이 없어서 그들은 대부업에 종사했으며, 오늘날에도 금융 분야에서 유대인의 파워는 여전히 막강하다.

이러한 자금 운용과 뒤이어 해외에서 강탈한 금은이 투입되어 더 많은 유럽인이 해상무역에 종사하게 되었다. 14~15세기부터 이탈리아 일대는 유럽 대외무역의 중심지로 부상했는데, 당시 가장 강력한 도시국가로는 베네치아, 피렌체, 제노바 등이 있었다. 이들은 모두 전통적인 대외무역 강국으로 상업을 해서 부를 쌓았다. 당시 각시에서는 이날리아인을 볼 수 있었다고 한다. 셰익스피어는 《베니스의 상인》에서 16세기 이탈리아 상인 안토니오를 다음과 같이 묘사했다. "그의 상선 한 척은 트리폴리로, 또 다른 상선 한 척은 서인도군도로 가고 있을 거야. 그리고 거래소에서 들은 이야기인데, 세 번째 상선은 멕시코로, 네 번째 상선은 영국으로 가고 있다더군. 그 외에도 그 사람의 재산은 세계 각지에 마구 흩어져 있다고 해." 이 글에서 이탈리아 도시국가들의 무역이 얼마나 흥성했는지를 알 수 있다.

무역으로 각국의 화폐가 유입되었지만 현지인들은 외화를 인정하지 않았기 때문에 상인들에게 태환업무를 제공하는 것이 급선무였다. 사업 감각이 탁월한 일부 사람들이 앞장서서 태환 사업에 뛰어들었다. 처음에는 좌판 주위에서 소액의 태환과 선불 서비스를 제공했다. 그러나 업무 규모가 점점 커지자 이들 업무가 사무실에서 이루어지기 시작했으며, 좌판은 정규기관으로 탈바꿈했다. 오늘날의 '은행'은 사실 '좌판'에서 변천한 것이다. 은행 업무에 종사했던 다양한 사람 가운데 가장 뛰어난 사람들은 피렌체의 메디치 가문이었다. 메디치 가문의 변천은 〈대부〉 3부작의 콜레오네 패밀리(Corleone Family)와 꽤 비슷한 면이 있다. 메디치는 피렌체의 위대한 귀족가문이었지만 그 자체는 약간 암흑가의 색채를 띠고 있었다. 가문의 일족 몇 명이 범죄행위로 기소되었는데, 당시 범죄 기록은 지금까지도 남아 있다. 메디치 가문은 일찍부터 태환사업의 전망이 밝다는 것을 인지했다.

초기자본을 마련한 후 메디치 가문은 금융업에 뛰어들었다. 하지만 곧 좌판에서 하는 소규모 거래로는 큰돈을 벌 수 없음을 깨닫고 이 사업을 크게 확대할 생각을 품었다. 그래서 메디치 가문은 정식으로 은행을 설립하여 태환, 환어음, 예금 등의 업무를 제공했다. 메디치 은행은 유럽 각 지역으로 영역을 넓혀 갔고, 주요 대도시에 지점을 설립했다. 메디치 가문의 업무스타일은 독특했다. 그들은 후대 중국의 전장과 표호*처럼 각 지역 메디치 은행 책임자를 메디치 가문의 직원이 아니라 그들의 사업 파트너로 구성했다. 그리고 돈을 벌면 그 수익을 함께 분배했다. 메디치 은행의 사업은 태환, 환어음 등 간단한 금융서비스 업무를 넘어 실질적으로 돈을 굴리는 영역으로 빠른 속도로 확대되었다. 그들은 각국의 정부채권을 매입하기 시작했으며, 동시에 각국의 화폐 가격이 전혀 다르다는 사실에 착안해 대량의 자금을 이용해 외환투자에 나섰다. 각국의 환율 차이를 이용해 메디치 은행은 막대한 매매차익을 챙겼다.

은행업을 중심으로 메디치 가문은 빠르게 성장했으며 곧 피렌체 최고의 가문으로 발돋움했다. 메디치 가문은 교황 세 명과 피렌체 통치자 여러 명을 배출했다. 또한 그 가문 출신의 유럽 각국 왕실인사와 귀족을 열거하면 셀 수 없을 정도다. 이 밖에 메디치 가문은 예술과 인문 분야에 좋은 환경을

> * 산시 상인들이 주로 환어음을 운영하던 금융기관의 일종으로, 청나라 말기 중국 금융을 좌우하던 최대 싱입자본이있다.

제공함으로써 큰 영향을 미쳤다. 레오나르도 다빈치, 미켈란젤로 등의 예술가들은 모두 메디치 가문의 지원을 받았다. 미켈란젤로의 경우 메디치 가문 사람과 몇 년 동안 함께 생활하기도 했다. 유럽의 저명한 정치서적 《군주론》도 마키아벨리가 피렌체의 참주인 메디치에게 헌정한 성격의 글이다. 메디치 가문이 이룩한 이 모든 것은 좌판에서의 환전으로 시작된 것이다.

각종 금융상품의 출현 배경

메디치 가문이 융성함에 따라 사람들은 태환사업의 전망이 밝다는 점을 인식했다. 그래서 각 나라에서는 앞다투어 은행을 설립하기 시작했고, 화폐태환 서비스를 제공하는 이외에 상인들이 환산해서 표준화폐로 예금하는 것을 허용했다. 1587년 베네치아에서 초기 환전상을 공식 기관으로 바꾼 리알토은행*이 설립되었다. 이후 1609년 네덜란드인은 암스테르담은행을 설립했다. 1656년에는 스웨덴 중앙은행이 문을 열었는데, 이곳에서는 세계 최초로 예금업무 이외에 대출서비스도 제공했다.

더 많은 자금이 유입됨에 따라 해양무역은 더욱 활발해졌다. 그러나 해양무역은 위험성이 매우 높은 사업으로, 항상 순풍에 돛을 단 듯 평탄하게 흘러가지는 않았다. 셰익스피어의 《베니스의 상인》은 해양

* 베네치아 정부가 세운 세계 최초의 국립저축은행.

무역의 위험을 다음과 같이 묘사하고 있다. "선박은 목재로 만들어져 있고, 선원은 피와 살로 이루어진 인간일 뿐이야. 바다 위와 물 속 모두 쥐가 득실거리고 육지와 바다에는 해적들이 활개를 치고 있어. 태풍에다 암초로 난파될 위험 역시 존재하지." 따라서 당시 상인들은 충분한 자본 이외에 마음가짐이 대범할 필요가 있었다. 셰익스피어가 묘사한 이탈리아 상인은 다음과 같이 항상 수심이 가득한 모습을 보였다. "바다에서 폭풍이 일으킬 결과를 상상하는 것만으로도 두려워. 모래시계에서 모래가 흘러내리는 것만 봐도 모래톱이나 갯바닥이 연상되면서 마치 물건을 가득 실은 상선이 모래 위에 파묻혀 배의 바닥이 하늘을 향해 있고 돛대가 제 무덤에 입 맞추는 것을 본 것만 같은 느낌이야. 교회에 가서 대리석으로 만들어진 신성한 전당을 보면 암초가 떠오르고, 그 암초가 내 선박에 살짝 부딪치기만 해도 선박을 가득 채운 향료가 바다 속으로 빨려들어가고 용솟음치는 파도에 내 비단옷이 찢겨, 조금 전까지 진귀한 것들이 일순간 모두 덧없이 사라질 것만 같은 거야."

이러한 위험을 최소화하기 위해 유럽인들은 자신들의 자산이 손실을 입지 않도록 보호해 줄 각종 금융수단을 연구했다. 그들은 최초로 위험을 체계적으로 연구하여 한 번의 사고나 재난으로 재산과 모든 귀중한 것을 잃지 않도록 보험 시스템을 만들어 냈다. 동시에 주식회사 제도를 발명해 다수에게 자금을 모집하여 함께 사업을 하는 새로운 방법을 고안했다. 이로써 사업에 실패해도 가산을 탕진하는 사태를 방지할 수 있었다. 그 밖에 유럽인들은 주식, 채권 등 금융상품을 판매했으며 모든 사람이 증권을 자유롭게 거래할 수 있도록 유통시장을 만들어 냈다. 이런 다양한 발명으로 환율 현대화에 필요한 모든 조건이 성숙되어 가고 있었다. 이제 만반의 채비가 끝나고 한 줄기 동남풍(東南風)만 불면 모든 것이 만사형통으로 흐를 기세였다.

명나라 시대의 금융업

유럽인이 금융 상품을 발명할 시기에 중국은 무엇을 하고 있었을까? 그 답은 매우 간단하다. 중국은 아무것도 하지 않았다. 역사학자 황런위(黃仁宇)는 《만력15년(萬曆15年)》에서 "중국은 인구가 많은 국가지만 사람들의 모든 행동이 원칙이 없는 유가사상의 구속을 받는다. 또한 법률은 창조성이 부족해서 사회 발전에 제약이 된다. 선량함의 추구가 기술 부족을 메워 줄 수는 없다"라고 적었다. 이 말을 명나라의 금융제도를 평가하는 데 인용하면 매우 적합할 것이다.

명나라는 금, 은, 동 등의 귀금속을 주요 화폐로 삼았다. 가끔 지폐를 사용하기도 했지만 인플레이션 문제가 심각했기 때문에 은을 주로 사용했다. 이후 명나라 조정은 은을 공식 화폐로 선포해 은본위제 시대로 들어섰다. 중국은 역대로 은의 생산이 많은 지역은 아니었다. 그런데 원나라는 중국의 모든 은자를 중앙아시아로 이동시켰다. 하지만 원나라의 뒤를 이은 명나라 때는 은 부족 사태가 일어난 적이 없다. 그 이유는 채굴이 확대되고 대외무역에서 상당한 은이 유입되었기 때문이다. 중국에서 서남이(西南夷, 서남에 있는 오랑캐)라고 불리던 아메리카 대륙은 이 시기에 이미 스페인에 정복된 상태였다. 아메리카의 은은 필리핀 화교와 중국의 무역으로 중국으로 유입되었고, 네덜란드와 일본의 은도 중국과 일본의 교역을 거쳐 중국으로 들어갔다.

그러나 명나라가 대외무역으로 유출한 화폐는 은이 아니라 대부분 동전이었다. 일례로 남양, 일본 등지는 모두 명나라 돈을 사용했는데, 그 이유는 중국의 동 가격이 주변 지역보다 시세가 낮았기 때문이다. 중국에서는 은 1냥으로 동전을 700개 교환할 수 있었지만, 일본에서는 1냥으로 동전을 250개밖에 바꿀 수 없었다. 따라서 일본은 은으로 중국의 동전을 교환하길 원했다. 당시는 이처럼 화폐를 상품으로 여기고 금속으로 거래했는데, 그 무역량은 그다지 크지 않았다. 일본인은 곧 동전보다 수익성이 훨씬 좋은 상품을 발견해 명나라에서 생산하는 양질의 상품을 전매하기 시작했다. 그러자 명나라는 후기로 들어서면서 해상봉쇄령을 내리고 대외무역을 금지했다.

명나라 사람들이 해상무역을 매우 두려워한 원인을 두고 지금도 의견이 분분하지만, 경제상의 이유는 귀금속의 해외 유출을 우려했기 때문일 것이다. 대외무역 금지의 원인이 무엇이든 무역이 낙후되어 명나라의 상업은 발달하지 못했고, 수입품도 현저히 감소해 가치가 매우 높아졌다. 그래서 유럽과 달리 다양한 나라에서 건너온 수입품들이 각 가정에 보편화되지 못했다. 상업이 낙후됨에 따라 금융업 역시 발달하지 못해 금융업은 보관, 전당, 소액대출 등의 전통적 업무만 담당한 채 더 성장하지 못했다.

다만 태환 분야에서 명나라는 개인들의 화폐 주조가 성행하여 각 화폐의 순도가 달랐으며, 화폐와 은 가격의 비율도 수시로 변했다. 그래서 명나라의 태환업무는 활기를 띠었고 금, 은, 동전 사이의 교환을 담당하는 전문적인 환전상까지 등장했다. 그러나 당시 명나라 환전상들은 화폐를 귀금속 및 상품과 동급으로 취급하고 현대적 의미의 화폐로는 여기지 않았다. 결론적으로 명나라 근 300년 동안의 금융업은 완전히 낡은 틀에 매달려 전혀 진보하지 못했다. 당과 송에 비해서도 한참 뒤떨어져 있었으니 현대적 의미의 환율은 더 말할 필요도 없을 것이다.

침체돼 있었던 명나라와 달리 유럽 국가들의 상업시스템은 빠르게 진보를 거듭하며 현대 금융업의 개화를 위해 튼튼한 기틀을 다지고 있었다. 그렇지만 화폐와 환율에 대해 유럽인들은 크게 잘못 인식하고 있었는데, 어떤 점에서는 심지어 고대 중국인보다 뒤떨어졌다. 당시 유럽의 많은 국가에서 중상주의가 유행했는데, 중상주의는 금은을 화폐가 아닌 귀금속의 가치로 재단했다. 서구인은 금은을 부의 상징으로 여겼는데, 이것은 그들이 화폐와 부를 분리해서 생각하지 않았다는 사실을 말해 준다. 이런 오류로 많은 유럽 국가가 귀금속의 수출을 금지했다. 이것은 국제무역에 직접 영향을 미쳤을 뿐만 아니라 환율체계가 형성되지 못하도록 가로막는 작용을 했다. 유럽의 이와 같은 오류는 1776년까지 지속되었다. 그해 미국은 영국으로부터 독립했고, 애덤 스미스에 의해 환율과 화폐는 금과 은으로부터 해방되었다. 《국부론》은 현대 화폐 및 환율체계가 기다리던 바로 그 동남풍이었던 것이다.

4. 금본위제의 흥망

근대 유럽은 금융과 경제 영역에서 큰 성과를 거두었지만, 화폐에 대한 인식은 파산을 주기적으로 겪었던 스페인과 별 차이가 없었다. 당시 유럽인들은 금은을 화폐와 거래수단으로 본 것이 아니라, 그 자체를 부라고 생각했다. 그래서 유럽의 상업모델은 모두 더 많은 금은을 확보하는 것에 초점이 맞춰져 있었다. 이러한 경제모델을 '중상주의'라고 한다. 중상주의에서는 금은이 곧 부이기 때문에 국가는 반드시 금은을 통제해야 하고, 적극적으로 무역에 개입하고 무역으로 더 많은 부(금은)를 획득해야 한다고 강조했다.

하지만 진정한 부는 귀금속이 아니라 화폐의 구매력이다. 중상주의 이론은 기초부터 오류가 있어 그 전체 이론체계도 점차 삐걱거리기 시작했다. 그럼에도 당시 사람들은 금이 부가 아니라는 사실을 믿지 않았기 때문에 중상주의는 100여 년 가까이 실행되었다.

서방의 경제학자들도 중상주의가 가진 원천적 오류를 발견했다. 스코틀랜드 철학자 데이비드 흄은 역사상 최초로 중상주의의 문제점을 제기한 사람이었다. 데이비드 흄은 무역흑자로 획득한 금은을 국가가 영원히 유지할 수는 없다고 생각했다. 왜냐하면 무역흑자국은 화폐 가치가 상승해 상품가격과 소득수준이 높아지지만 반대로 무역적자국은 화폐 가치가 하락해 상품가격과 소득수준이 낮아지므로, 결국 화폐 가치의 변동으로 양국의 무역수지가 자동으로 조절된다고 보았기 때문이다. 데이비드 흄의 이러한 주장은 무역흑자로 금은, 즉 부를 계속 축적할 수 있다는 중상주의 사상을 전면적으로 부인한 것으로 빠르게 공감대를 형성하면서 무역 이론의 주류로 부상했다.

데이비드 흄 이외에 중상주의에 진정으로 일격을 가한 인물은 현대 경제학의 아버지 애덤 스미스였다. 애덤 스미스는 한 나라의 진정한 부는 금은의 무게가 아니라, 그 나라에서 생산되는 상품의 총량이라고 생각했다. 애덤 스미스는 중상주의에서 말하는 부에 대한 정의를 부정했으며, 합법적인 범위 안에서 개인이 자유롭게 이익을 추구하는 것이 가장 효율적인 생산방식이라고 제시했다. 이렇게 되면 시장에서 사람들이 각자의 능력을 최대한 발휘할 수 있어 가장 효율적인 방식으로 생산에 종사하고 국가의 부는 확대될 것이다. 그리하여 애덤 스미스는 경제에 대한 정부의 개입을 반대하고 자유무역과 투명한 경제정책을 제창했다.

애덤 스미스가 1776년 출간한 《국부론》은 고전경제학의 정점에 서서 경제 자유주의의 기초를 닦았다. 그러나 그 사상은 1세기 이후에 비로소 자유주의 시장경제의 흥기를 상징하는 금본위제로 실현되었다.

세계경제와 무역의 새로운 촉진제-금본위제

금본위제는 통화의 표준단위가 일정한 무게의 금과 연계된 화폐제도를 말한다. 미국이 1873년 입법으로 금본위제를 채택했을 때 교환비율은 20.67달러에 31.1그램이었다. 금본위제를 택한 국가에서는 지폐를 금으로 바꿀 수 있어, 정부에서는 그에 상응하는 금을 보유하고 있어야 지폐를 발행할 수 있었다.

금본위제를 채택할 경우 이점이 많았다. 첫째, 귀금속을 사용한 국가와의 교역보다 금본위제를 채택한 국가와의 교역이 훨씬 편리했다. 금본위제 채택 이전에는 모든 교역이 금화 또는 은화로 이루어졌고, 금액은 중량과 수량에 따라 계산되었다. 따라서 해상무역을 할 때 상인들은 반드시 선박에 대량의 금화 및 은화를 싣고 다녀야 했기에 운반과 보관이 매우 불편했다. 그러나 금본위제가 시행된 이후로는 지폐 몇 장만 있으면 각국 은행에서 금으로 태환이 가능해져 상인들의 거래비용이 크게 감소되었다.

둘째, 각양각색의 화폐들이 서로 다른 가치로 유통되던 금본위제 이전의 시대에는 많은 은행이 태환업무로 막대한 이익을 실현했다. 19세기 초기에도 소식에 정통하고 유럽 전역에 사업망을 구축한 은행들이 화폐 간의 가격 차이를 이용해 막대한 환차익을 실현했다. 그 대표적인 세력으로는 로스차일드 가문이 있었는데, 이 가문의 부는 한 나라의 부와 견줄 정도였다. 로스차일드 가문은 전 유럽에 걸친 사업영역과 빠르고 광범위한 정보망 덕분에 화폐투자로 상당한 은을 벌어들였다. 하지만 금본위제 이후로는 이것이 여의치 않았는데, 사람들이 각국의 환율을 훤히 알 수 있었기 때문이다. 만약 미국 정부가 1달러로 1그램의 금을 태환하도록 규정하고 영국 정부도 1파운드로 1그램의 금을 교환하도록 규정한다면, 모두 1달러가 1파운드로 환전될 수 있다는 사실을 알게 된다. 정부에서 이런 비율을 고정하고 각국은 금 보유고와 연계하기 때문에 화폐가격은 일반적으로 변동되지 않았다. 이것은 금본위제를 채택한 각국 사이의 환율이 매우 안정적이었다는 사실을 말해 준다. 환율 안정으로 환차익을 활용해 큰 수익을 얻을 수 있는 기회는 사라졌다. 그래서 투기꾼은 떠나고 실제적인 화폐 수요가 있는 투자자와 상인들만이 외환시장에 남게 되었다.

금본위제하에서 투자자와 상인들은 더 이상 환율 변동에 따른 손실을 걱정할 필요가 없어 해외무역과 투자총액이 크게 늘어났다. 정부가 법률을 새로 제정해 화폐와 금 교환비율을 변경할 수는 있었지만, 금본위제를 택한 국가들은 대체로 화폐의 수량을 안정적으로 관리했다. 그리하여 지폐의 남발과 인플레이션 현상은 기본적으로 나타나지 않았다. 그 결과 투자자와 상인 모두 경제활동을 하는 데 특별한 걱정거리는 없었다.

다만 금본위제를 택한 국가들은 금 보유고가 있을 때만 지폐 발행이 가능했기 때문에 이것은 사실상 화폐정책 결정권을 포기한 것과 같았다. 하지만 화폐정책 결정권을 포기한 대가로 이들 국가는 환율 안정, 낮은 인플레이션, 거래비용 감소와 같은 이점을 누렸다. 사람들은 이해득실을 따져 본 결과 금본위제가 더 가치 있다고 판단했고, 이러한 결정으로 금이 지폐 대신 진정한 화폐로 발돋움했다. 금본위제로 해외무역과 투자가 그 어떤 시기보다 한층 편리하고 안전해졌으며, 돈이 금본위제 국가들 사이에서 자유롭게 이동할 수 있어 상인과 투자자들은 최고의 수익을 올렸다.

또한 양국이 동시에 금본위제를 채택할 경우, 금본위제로 양국 사이의 무역수지 불균형과 국내 인플레이션 문제는 자연스럽게 해결되었다. 예를 들면, 한 나라가 무역적자를 기록한다면, 해당국의 금 보유고는 감소하게 되고 그 결과 유통되는 화폐도 따라서 감소한다. 화폐 유통량이 감소된다면 국민 개인들에게 돌아가는 돈도 줄어들 것이다. 여윳돈이 없다면 사람들은 이전처럼 해외상품을 구매하지 못하게 되고, 내부적으로는 화폐보유량이 줄어들어 국내물가가 따라서 하락하게 된다. 왜냐하면 구매능력이 한껏 축소된 상태에서 상품가격이 비싸다면, 사람들은 상품을 매입하지 않을 것이기 때문이다. 국내물가의 하락은 가격경쟁력을 높여 해당국의 수출 확대로 이어진다. 결국 수입은 감소하고 수출은 증가되어 무역적자 문제는 자연스럽게 해결된다.

같은 이치로 한 나라에서 무역흑자를 기록하면, 금 보유고가 늘어나서 유통되는 화폐도 함께 증가한다. 화폐 유통량이 증가하면 국민 개인들에게 돌아가는 돈이 늘어난다. 하지만 생산능력은 변함이 없어서 상대적으로 돈 가치는 떨어지고 물가는 상승하게 된다. 사람들은 가격이 높은 국산품보다 가격이 낮은 외제품을 더 선호하게 된다. 상품의 수입은 갈수록 늘어나지만 가격경쟁력 저하로 수출은 제약을 받는다. 결국 수입은 증가하고 수출은 감소해 무역흑자와 인플레이션은 모두 사라지게 된다.

한편 금본위제는 대영제국이 1820년에 가장 먼저 채택했고, 독일과 프랑스는 각각 1871년과 1876년에 가입했다. 이후 몇십 년 사이에 대다수 서방국가가 차례로 금본위제를 채택했다. 미국은 1834년부터 달러와 금 교환 비율을 정하고, 이후 금본위제를 대체로 지속했다. 금본위제를 도입한 모든 국가는 고정환율제도를 선택한 것으로 볼 수 있다. 동일한 환율제도를 가진 국가들끼리 경제교류가 한층 활발히 진행되었음은 두말할 필요도 없을 것이다. 금본위제의 유행은 애덤 스미스 이론의 승리를 의미하는 것으로, 금본위제는 국제무역과 투자의 활성화를 가져왔다. 영국에서는 1865년에서 1914년까지 이루어진 채권투자의 3분의 2 이상이 해외시장에서 진행되었다. 제1차 글로벌화가 시작된 것이다.

청나라가 환율전쟁에서 유럽에 대패한 궁극적 원인

서방세계가 고정환율제도와 글로벌화를 시작하고 있을 때 중국에서는 명나라가 무너지고 청나라가 들어섰다. 만주족이 한족을 정복했지만 그들의 문화가 매우 낙후되어 있어 청나라는 전면적으로 한족의 풍속을 받아들였는데, 화폐정책도 그중 하나였다. 청나라의 화폐체계는 중앙정부에서 통합적으로 관리하는 것이 아니라, 각 지방의 조폐국에서 자율적으로 관리하는 체계였다. 청나라가 주로 발행한 화폐는 은량이었는데, 명나라 이래의 은본위제를 계속 유지한 것이다. 은량은 통일된 규칙이 없어서 순도가 제각각이었고, 휴대도 불편해 일상생활과 상업활동에서 사용하기에 편리하지 않았다. 후에 청나라에서는 지폐와 비슷한 은표(銀票) 등이 유통되었지만, 금액이 큰 거래에 국한되어 대부분은 여전히 은량이 사용되었다.

청나라와 비교해 유럽의 화폐는 더 편리하고 규격을 갖추고 있었다. 또한 남미로부터 막대한 은이 유럽에 유입되어 명나라 말엽부터 서양 각국에서 유통되었던 은화는 기본적으로 순도가 높았다. 그래서 청나라 후기부터는 본국의 문은(紋銀, 화폐에 무늬가 새겨진 은화) 이외에 외국의 은화도 대량으로 유통되었다. 이런 과정은 청나라가 들어서기 이전에 시작되고 있었다. 명나라 말기, 서구인은 남양에서 화교와 무역을 시작했는데, 이후로 마카오, 광저우, 닝보(寧波), 취안저우(泉州) 등의 지역으로 무역범위를 넓혀 갔다. 그러나 이때만 해도 서구인의 세력은 미미했고 그들의 활동범위도 무역에만 국한되었다. 중국 상품에 대한 서구인들의 수요는 매우 큰 반면, 중국인은 자급자족할 뿐 서구인들의 상품을 구매하지 않았다. 그래서 이 시기에 중국은 상당한 이익을 보았으며 자국 상품으로 은을 대량으로 교환했다. 청나라 초기에 서구인들의 무역 지대는 마카오로 제한되었는데, 실제로는 도처에서 무역이 이루어졌다. 이때 베네치아, 네덜란드 등지의 각종 화폐가 중국으로 유입되었다. 그 수량이 매우 많은 것은 아니었으며, 각종 화폐의 순도가 달라 중량을 기준으로 가격이 매겨졌다.

가경제(嘉慶帝)[*]가 화신(和珅)[**]의 죄를 물어 사형을 명하고 재산을 몰수했을 때, 화신의 집에서 외화 5만 8,000위안이 발견되었다고 한다.

[*] 건륭제를 이어 청나라의 제7대 황제로 등극했다. 재위기간은 1796년~1820년.
[**] 만주 청홍기 사람으로 뉴호록화신으로도 불린다. 건륭제의 총애를 받았으며 당시 몰수한 재산은 청나라 전체 예산의 12년 치에 해당한다고 한다. 부정부패와 탐관오리의 선형석인 상상이다.

이 사례에서 당시 광범위하게 유통되던 외화가 북경 고관에게 바치는 뇌물로도 사용되었음을 알 수 있다. 이 시기 청나라에서는 네덜란드, 멕시코, 포르투갈의 은화가 유통되었다. 도광제(道光帝)* 시기에 이르러 각국의 은화 수십 종이 성행했다. 중국과 가장 활발하게 무역을 한 나라는 영국이었다. 당시 영국은 중상주의를 여전히 신봉해서 본국의 은화가 대외로 유출되는 것을 금지했다. 따라서 영국의 동인도회사는 중국인과 무역을 할 때는 멕시코 은화**를 사용할 수밖에 없었다. 그리하여 이 시기에 멕시코 은화는 중국에서 가장 많이 유통되는 외화로 자리 잡았다.

지폐와 비교할 때 유동성은 크게 떨어지지만 중국 사람들에게는 문은보다는 외화가 사용하기에 편리했다. 은량의 가치는 기본적으로 중량에 따라 결정되었는데, 일반 백성은 순도가 높은 화폐를 선호해 순도가 떨어지는 화폐는 유통되지 못했다. 초기에 유통된 스페인 은화든 후기에 유통된 멕시코 은화든 모두 순도가 높아 중국에서 광범위하게 사용되었다. 청나라 정부도 한때 단일 법정은화 주조를 시도했지만, 그 순도가 외화보다 떨어져 점차 외화에 밀려 도태되었다. 그래서 나라가 무너질 때까지 청나라는 자신의 통일된 화폐가 없었고, 시장에서는 다양한 화폐가 뒤섞여 함께 유통되었다.

중앙정부에서 정한 단일

* 청나라의 제8대 황제. 재위기간은 1820~1850년.
** 1535년 스페인령 멕시코의 조폐국에서 주조된 이래로 현재의 달러처럼 국제통화 역할을 담당했다. 중량이나 순도가 거의 일정하여 대외무역에서 각광을 받았다.

화폐가 없어서 많은 폐해가 발생했다. 이런 해악을 당시 지식인들은 알고 있었다. 명, 청 양대를 살펴보면, 화폐이론에 정통한 인물들도 있었다. 명나라 태학사 구준(邱浚)은 화폐의 가치가 나타내는 것은 한 나라의 생산력이라고 보았다. 그는《대학연의보(大學衍義補)》에서 "세상 만물이 천지로부터 나오지만 반드시 돈을 사용해 세상 만물에 노동력을 더해야만 비로소 그것을 사용할 수 있다. 만물에는 크고 작음, 정교함과 조잡함이 있으므로 그것에 가하는 기술과 노력의 깊고 낮음에 따라 가치는 결정된다"라고 서술했다. 청나라에도 이와 같은 사실을 깊이 인식하고 있는 사람이 있었다. 함풍(咸豊)*시대 왕무음(王茂蔭)**은 화폐의 가치는 시장에서 결정되는 것으로, 정부가 강제로 설정할 수 없다고 보았다. 그는 "비록 국가가 제도를 만들어 화폐 가치를 결정할 수는 있어도 상품의 가치는 제한할 수 없다"라고 밝혔다. 이러한 이론으로 왕무음은 마르크스의《자본론》에 언급된 유일한 중국인이 되었다.

그러나 이 시기 중국에서 화폐이론에 정통한 사람은 극소수일 뿐이었다. 명·청 시대 사람들의 화폐에 대한 관념은 고대 사람들에 비해 발전된 부분이 없었다. 또한 당시 빠르게 성장하던 서양 경제학과는 그 격차가 더욱 크게 벌어졌다.

* 1851년~1861년, 청나라 문종 때의 연호.
** 청나라 화폐이론가이며 호부우시랑을 지냈다. 주요 저서로《왕시랑주의(王侍郞奏議)》가 있다. 지폐 발행을 건의했지만, 그 총액을 일천만 냥으로 할 것을 주장했다. 이는 과도한 지폐 발행에 따른 인플레이션 문제를 해결하고자 한 것이다. 그의 주장은 자유로운 지폐 발행으로 재정문제를 해결하고자 했던 당시 청나라 조정의 처지와는 달랐으며, 불태환지폐를 태환지폐로 바꾸자고 주장하여 함풍제의 분노를 사기도 했나.

아마 화폐이론에 정통한 사람이 있었어도 명·청 양대 조정의 집행 역량은 그다지 높지 못했을 것이다. 서양에서 금본위제를 채택한 사실을 알고 청나라의 많은 지식인도 금본위제를 받아들여 세계화에 보조를 맞춰야 한다고 생각했다. 그러나 금본위제를 주장한 사람들 자체도 현대적 화폐이론을 잘 이해하지 못했기에 실제로 조정에서 금본위제를 적용해 보라고 허락했더라도 그것을 실행하지 못했을 것이다. 그들이 할 수 있는 일은 기껏해야 말로만 주장하는 것이었다. 설사 제기한 사람이 시행하는 방법을 알고 있었어도 그는 이 같은 진보적인 사상을 정책에 접목하지 못했을 것이다. 말단에서 실무를 담당하는 이들이 우선 이해를 못했을 테고, 기득권층의 반발도 심했을 것이기 때문이다. 그리하여 청나라 때 금본위제에 대한 주장은 몇십 년 동안 떠들썩하게 일어났지만, 결국 성공하지는 못했다. 선통(宣統)[●] 연간에 이르러서야 마침내 은본위제가 확립되었을 뿐이다.

청나라에 단일화폐가 없어 외국인들을 통해 중국에 외국 은화 이외에 외국 지폐도 유입되었다. 아편전쟁 이후 각국은 중국에 은행을 설립하고 독립적으로 지폐를 발행했다. 가장 먼저 이것을 시도한 나라는 영국이었다. 영국인은 1845년 중국에 오리엔탈은행(the oriental bank corporation)을 설립하고 유통지폐를 발행하는 등 영업을 시작했다. 이후 러시아인과 일본인도 중국에서 자국의 화폐를 발행

● 1909년~1911년, 청나라 마지막 황제인 푸이 때의 연호.

해 유통시켰다. 청나라는 광서(光緒) 23년(1897년)에 비로소 성선회(盛宣懷) 주도로 중국통상은행(中國通商銀行)을 설립해 은량과 은원표(銀元票)를 발행했다. 또한 청나라 정부는 광서 30년(1904년) 자체적으로 후부은행을 설립하고 지폐를 발행했다. 그러나 실질적으로 이와 같은 움직임은 전혀 도움이 되지 못했고, 청나라의 화폐체계는 신해혁명 때까지 여전히 문란했다.

자본이 유입되지 못해 중국 경제는 상당히 제약을 받았다. 전통적인 중국 금융기관은 모두 초기 단계에 머물렀고, 규모도 영국과 비교해 매우 작았다. 많은 전장, 표호들의 자본금은 몇만 냥에 불과했다. 그러나 영국은행은 360만 냥의 등록자본금을 들고 있었다. 한편 중국은 금본위제를 택하지 않고 은화를 사용했기 때문에 환율이 불안정해서 투자자들이 투자를 꺼렸다. 일본은 중국과 달리 1897년 금본위제를 도입하여 해외투자자들로부터 상당한 자금을 끌어들여 경제 발전에 이용했다.

중국이 무역에 적극적이지 않았다는 말이 국제무역의 영향을 받지 않았다는 의미는 아니다. 국제무역이 확대됨에 따라 세계의 물가가 일체화되기 시작했는데, 그중에는 금은의 가격도 포함되었다. 중국은 예부터 금은의 교환비율이 일반적으로 1:6 전후를 유지했고, 1:10을 넘어선 적이 없었다. 역대로 금이 풍부하고 은이 적었기 때문이다. 그러나 유럽은 이와 반대로 대부분의 시기에 금은의 교환비율이 1:10 이상이었다. 그런데 이집트 시대에는 금보다 은이 더 귀했으며, 바빌론 시대도 금은 교환비율은 1:6으로, 이처럼 예외적인 시기도 있었다. 고대에 중국과 유럽의 금은가격이 달랐던 것은 중간에서 아라비아 상인들이 중개를 했기 때문이다. 그래서 중국과 유럽은 금은가격을 동일하게 유지하지 못했다. 그 밖에 중국과 유럽 무역에서 향신료 등과 같은 상품무역이 금은교환보다 더 수익성이 좋았다는 것도 두 대륙의 금은가격이 일치되지 못한 또 다른 이유다. 두 대륙이 거래한 금은 수량은 그리 많지 않아서 15세기까지 유럽의 금은 교환비율은 1:15를 유지했고, 인도는 1:8, 중국은 1:6을 나타냈다.

하지만 서방 국가들이 점차 금본위제를 채택함에 따라 이들은 본국 화폐량을 증가시키기 위해 세계 각지에서 금을 매입했다. 옹정제와 건륭제 시대부터 유럽 상인들이 상품 이외에 대량의 금을 매입하기 시작해 건륭제 후기에는 중국과 유럽의 금 가격이 거의 같아졌다. 일본도 다량의 금을 유럽인에게 뺏기고 말았다. 일본은 원래 금이 매우 풍부했는데 유럽인들이 일본으로부터 상당한 금을 사들인 결과 금과 은 가격이 비슷해졌다. 서양에서는 갈수록 금을 많이 사용하고 은을 적게 사용했기 때문에 점차 금 가격은 상승하고 은 가격은 하락했다. 당시 청나라는 정확한 화폐정책도 갖추지 못한 데다 세계와 보조를 맞추지 못해 은본위제하에서 화폐 가치가 갈수록 하락했다. 중국은 각 방면에서 낙후되고 질서가 잡히지 않아 낮은 화폐 가치에도 수출확대는 이루어지지 않았다. 단지 중국인 수중에 있는 돈 가치만 갈수록 떨어질 따름이었다.

서방의 환율 안정은 그들의 군함과 대포보다 더 위협적인 무기로 변해 서방은 피 한 방울 묻히지 않고 중국으로부터 부를 획득했다. 이것은 과거 남송이 금나라의 부를 빼앗은 방법과 매우 유사하다. 다만 이런 오욕의 역사를 환율전쟁이라고 말할 수 없다는 사실이 다를 뿐이다. 정치, 경제, 군사, 과학기술 등의 방면에서 서방과 중국의 실력 차이가 너무 현저했기 때문에 이것은 전쟁이 아닌 일종의 부단한 착취라고 표현하는 편이 더 정확할 것이다. 이로써 중국은 갈수록 빈곤해졌다.

금본위제의 딜레마

쇠락하는 중화제국과 선명한 대비를 이루며 서방사회는 갈수록 발전했다. 금본위제를 채택한 결과 국제무역은 날로 번성했다. 국제무역과 제1차 글로벌화는 제1차 세계대전 직전에 정점에 달했다. 1914년 영국은 단독으로 세계 각지에 40억 파운드를 투자했다. 글로벌화로 가장 많은 이득을 본 곳은 당연히 제국주의 국가였으며, 그 대표적 국가가 바로 대영제국이었다. 당시 파운드는 글로벌 화폐의 역할을 했는데, 그 주요 원인은 세계에서 가장 우수한 해외시장들이 모두 영국의 식민지였기 때문이다. 투자 이외에 무역도 대부분 파운드로 결제되었다.

하지만 제1차 세계대전은 이 모든 것을 바꿔 놓았고, 금본위제를 근본석으로 뒤흔들었다. 각국은 더 많은 지폐를 발행해 전쟁 비용을 충당해야 했다. 그러나 금본위제에서는 상응하는 금 보유고가 없다면 지폐를 더 발행할 수 없기 때문에 참전국들은 어쩔 수 없이 금본위제를 포기하고 화폐와 금의 직접태환을 금지했다.

제1차 세계대전으로 금본위제는 붕괴되었다. 금본위제가 시행된 이후 줄곧 존재해 왔던 최대의 결함, 즉 각국이 자신들의 수요에 따라 화폐정책을 조정할 수 없다는 문제점이 드러난 것이다. 금의 수량이 한정적이어서 각국이 발행할 수 있는 화폐 수량은 항상 제한을 받았다. 금본위제는 지폐의 남발을 막아 인플레이션을 사전에 방지한다는 점에서 긍정적 측면이 있었지만, 전쟁과 같은 상황에서는 오히려 발목을 잡는 역할을 했다. 국가가 생사존망의 기로에 놓인 상황에서 화폐 발행은 국가의 미래를 좌우하는 핵심 역할을 한다. 하지만 금본위제는 긴박한 상황에서 유연성을 발휘할 수 없다. 그래서 정부는 금본위제를 포기함으로써 나라를 위기에서 구할지 아니면 금본위제를 유지한 채 멸망의 길을 걸을지를 선택해야 하는 기로에 놓인다. 만약 금본위제를 포기하고 금 태환을 금지한다면, 환율은 대폭 절하될 것이고 경제 불안이 야기될 것이다.

금본위제 국가는 화폐정책을 바꿔야 할 결정적인 순간이 닥치면 반드시 두 잔 가운데 하나를 선택해야 한다. 다만 큰 잔(금본위제 유지, 국가멸망)을 들지 아니면 작은 잔(금본위제 포기, 경제위기)을 들지 선택만이 남아 있을 뿐이다.

전쟁 상태에 있는 국가라면 모두 작은 잔을 선택할 것이다. 금본위제를 포기하고 인플레이션 시대로 접어드는 것이다. 그렇다고 이것이 정부의 독단적 선택은 아니며 모든 국민의 선택이기도 하다. 일단 국가 멸망은 피해야 하기 때문이다. 각국 정부의 모든 행위는 자국의 이익을 기준으로 결정되는데, 금본위제를 유지하는 것이 더 많은 이익을 안겨준다면 그들은 금본위제를 유지할 것이다. 이렇게 함으로써 투자자들은 안심하고 국채를 매입하게 된다. 그러나 금본위제를 유지하는 것이 불리하다고 판단하면 그 즉시 금본위제를 포기하고 인플레이션을 유발하여 화폐 가치를 떨어뜨릴 것이다. 화폐 가치가 하락한다면 국채 보유자는 막대한 부를 그 자리에서 잃게 된다. 말하자면, 정부가 국채매입자의 부를 강탈하는 셈이다.

마침내 제1차 세계대전이 끝나자 각국 정부는 투자자의 신뢰를 회복할 필요성을 느꼈다. 즉, 국채를 매입할 존재가 필요해진 것이다. 당시 정부와 투자자 모두 금본위제의 폐해(정부 쪽에서 보면 너무 경직된 화폐제도, 투자자들 쪽에서 아무런 보장이 없음)를 인식했지만, 이들 모두 제1차 세계대전과 같은 일은 백 년에 한 번 있을까 말까 한 사건으로 다시는 일어나지 않을 것으로 생각했다. 그래서 대다수 국가가 자본의 자유로운 이동, 환율 안정 등의 장점에 높은 점수를 주고 또다시 금본위제로 회귀했다. 투자자들도 현 환율체제를 그대로 두면 정부가 자신들의 이익을 위해 수시로 화폐정책을 변경할 것이라고 확신하고 금본위제를 열렬히

지지했다. 왜냐하면 금본위제에서는 부득이한 경우가 아니라면 정부가 화폐정책을 임의로 바꾸지 않을 것으로 믿었기 때문이다. 적어도 투자자에게는 금본위제가 일종의 추가 보장조치와 같았다. 금본위제로 회복된 뒤 투자자들은 적극적으로 국제무역과 각종 투자에 참여했는데, 그들에게 상처를 줬던 국채도 투자대상에 포함되었다. 모두가 새롭게 활기를 되찾았지만 독일만은 예외였다. 패전국 지위로 떨어진 뒤 독일은 여러 가지 원인으로 인플레이션이 하늘 높이 치솟았다. 1918년 1달러당 8마르크였던 환율은 1923년 1달러당 4조 2,000억 마르크로 5,250억 배나 뛰었다.

그런데 세계대전의 연기가 완전히 사라지기도 전에 제2차 위기가 다가왔다. 대공황이 전 세계를 강타한 것이다. 이때 금본위제의 결점이 또다시 불거졌다. 원래는 정부가 화폐정책 조정과 화폐조정으로 경기침체 또는 불황을 피할 수 있었다. 그러나 이런 조치들이 모두 금본위제의 제약에 발목이 잡혀 있던 까닭에 유동성 공급이라는 불황에 대응할 수 있는 가장 효과적인 방법을 사용할 수 없었다. 금본위제 국가들은 앞서 언급한 '큰 잔'과 '작은 잔'의 딜레마에 또다시 빠졌다. 금본위제를 유지한 채 경제가 붕괴되도록 함으로써 천천히 불황이 물러가도록 기다리는 '큰 잔'을 선택할지, 아니면 금본위제를 포기한 대가로 화폐 및 경제시스템에 타격을 주지만 그 대신 인위적으로 빠르게 불황을 끝내는 '작은 잔'을 선택할지 기로에 선 것이다.

그러나 금본위제를 장기간 사용했고, 게다가 금본위제의 붕괴를 한 차례 경험한 많은 정부 각료들은 금본위제의 특징처럼 경직된 선택을 했다. 대다수가 '큰 잔'을 들었고, 그 결과 그러지 않아도 심각한 상황이었던 경제위기는 역사상 유례를 찾기 어려운 대공황으로 번졌으며, 전체 자본주의 경제를 거의 붕괴 직전까지 몰고 갔다.

미국의 저명한 경제학자 밀턴 프리드먼(Milton Friedman)은 안나 슈워츠와 함께 저술한 《미국화폐사(1867~1960)》에서 대공황의 원인을 다음과 같이 진단하고 있다. '일반적 경제위기가 대공황으로 번진 가장 큰 원인은 바로 미국 정부가 금본위제를 고수함으로써 화폐공급 부족 현상이 나타났기 때문이다.'

이후 사람들은 금본위제를 고수한 채 불황이 물러날 때까지 기다리는 것이 좋은 방법은 아니라는 점을 깨달았다. 상황은 오히려 갈수록 악화되었으며, 그제야 각국은 금본위제를 포기하고 또다시 화폐와 금의 태환을 서둘러 금지했다. 이로써 인플레이션이 시작되었으며, 15년이 채 못 되는 동안 투자자들은 두 차례나 배신의 쓴맛을 경험했다. 1933년 4월 5일 미 루스벨트 대통령은 대통령 특별령을 내려 달러와 금의 직접태환 및 개인의 금 보유를 전면적으로 금지하고, 모든 시민은 금을 은행에서 달러와 바꾸도록 요구했다.

각국이 금본위제를 포기하고 화폐와 금의 교환비율을 변경했지만, 국제무역 및 중앙은행 간의 결제에서는 여전히 금이 사용되었다. 말하자면 금본위제는 다른 루트에서 다시 부활한 셈이다. 하지만 대공황을 진정시키자마자 생각지도 않게 히틀러가 제2차 세계대전을 일으켰다. 유럽 각국은 전쟁을 하려고 서둘러 지폐를 발행했으며 금본위제 복귀에 신경을 쓸 정력도 능력도 없었다. 제2차 세계대전이 후반기로 접어들 무렵, 유럽 각국의 지폐는 이미 휴지 조각으로 변했다. 각국 정부는 전쟁을 마무리할 목적으로 보유하고 있던 금을 팔아 군비로 충당했다. 이제 금이 없다면 금본위제도 결국 소용없는 것이나 마찬가지였다.

그러나 '부자는 망해도 삼 년은 간다'는 속담처럼 금본위제의 생명력은 끈질겼다. 제2차 세계대전의 전비로 사용된 유럽의 금은 완전히 소멸된 것이 아니라 군수품을 제공한 미국으로 대량 흘러들어갔다. 따라서 금본위제 이후 근대 화폐 질서는 빠르게 달러로 재편되었고, 미국은 새로운 금본위제의 든든한 후견인이 되었다.

최초의 물물교환에서 이후의 귀금속, 지폐, 스페인 은화, 금본위제로의 화폐 진화는 인류경제의 발전을 상징한다. 화폐와 무역이 성행함에 따라 환율은 조금씩 그 중요성을 드러내기 시작했다. 환율로 생성된 부는 제국들과 한 국가에 견줄 만한 부를 지닌 거부들을 탄생시켰다. 반면 그 파괴성의 위력은 금나라의 멸망에서 엿볼 수 있었다. 환율의 역사를 살펴보면서 환율을 잘 활용한 국가와 사람들이 이로써 막대한 이익을 실현했음을 알 수 있었다. 반대로 환율을 잘 이용하지 못한 이들은 빠르게 역사의 뒤안길로 사라져 버렸다. 때때로 한 국가가 환율의 덕을 보기도 하고 동시에 피해를 보기도 한다. 이렇게 환율의 영향력이 막대한 까닭에 현대 금융업의 발전과 환율은 떼려야 뗄 수 없는 관계가 되었다.

고전 금본위제가 붕괴함에 따라 이제 한 시대는 막을 내렸다. 환율과 관련된 매개체는 많았지만, 이 시대 환율의 주인공은 의심할 여지 없이 금과 은이었다. 각국의 무역량이 적고 금은이 보편적으로 유통되었기 때문에 이 시대의 환율은 기복은 있었지만 전체적으로는 안정세를 유지했다. 그러나 다음 시대에서 금은은 정상의 지위를 잃고 쇠퇴하기 시작한다. 금은의 지위를 넘겨받은 새로운 주인공은 바로 달러였다. 지폐가 중심의 자리를 차지하는 시대에 환율을 둘러싼 이야기는 이전처럼 평온할 수 있을까?

3장

환율전쟁 근대사:
아킬레스건 공략

환율이 치명적인 무기가 된 것은 고작 몇십 년에 지나지 않는다. 금본위제가 폐지되기 전까지만 해도 모든 국가는 고정환율제도에 속해 있었다. 그러나 근대로 접어들면서 각국은 자신의 이해득실에 따라 다른 환율제도를 선택했으며, 다양한 조절수단을 이용해 부를 확대하려는 노력을 기울였다.

그러나 각각의 환율제도는 저마다 약점을 안고 있었다. 정부가 화폐를 조절해서 얻는 이익은 제한적이었을 뿐만 아니라, 전 세계 투기자금 앞에서는 한 나라의 경제력을 동원해도 역부족임이 드러났다. 그리하여 모든 환율전쟁은 한 가지 특징을 가지고 있는데, 그것은 바로 상대가 정부든 아니면 투기자금이든 그들 모두는 국가 화폐시스템의 급소, 즉 한 나라의 화폐정책으로도 없애지 못하는 아킬레스건을 조준해 치명적인 일격을 가한다는 사실이다. 그런 다음 투기세력은 전리품을 챙겨 가치가 떨어진 화폐로부터 가치가 안정적인 화폐로 신속히 자금을 이동한다. 그 결과 먹잇감이 된 상대국은 화폐 가치 하락, 국부 상실, 경제위기 등의 타격을 입게 된다.

극적인 몇 차례의 환율전쟁을 자세히 서술하기에 앞서 미국에 관해 살펴볼 것이다. 그 이유는 전후(戰後)의 환율과 관련된 모든 사건을 달러를 빼놓고는 논할 수 없기 때문이다. 대공황과 제2차 세계대전은 세계의 환율지형을 또다시 뒤흔들어 놓았고, 이때 달러는 글로벌 기축통화로 올라섰다. 지금까지 달러가 어떻게 세계경제를 지배했는지를 파악하려면 우선 달러 패권의 기원부터 이해해야 한다.

1. 달러와 금

제1차 세계대전을 계기로 각국은 금본위제를 철폐했지만, 전쟁이 끝난 후 대다수 국가가 빠르게 금본위제를 회복했다. 그러나 이러한 회생도 잠시일 뿐, 10여 년 후 미국의 대공황은 또다시 금본위제를 완전한 붕괴 상태로 몰고 갔다. 앞 장에서 살펴보았듯이, 대공황을 연구한 대다수 경제학자는 미국이 당시 화폐 공급을 확대하고 올바른 경제정책을 채택했다면 경제 상황은 그렇게 참담하지 않았을 것이라고 주장한다. 그러나 미국은 경직된 금본위제의 이념을 고수하면서 화폐를 대량으로 발행하지 않았고, 이로써 경제공황을 피할 기회를 놓쳐 경제위기는 갈수록 심각해져 갔다. 미국은 수렁에 빠진 뒤 화폐 공급을 확대했지만 소용없었다. 불안 심리가 확산되어 시민들이 은행에서 돈을 빌려 투자할 생각을 전혀 하지 않았기 때문이다. 그래서 정부가 은행에 더 많은 자금을 공급해도 실물부문에 대한 대출은 늘어나지 않았다.

상황이 여기까지 이르자 미국 정부는 부득이하게 달러를 절하하기로 결정했다. 이렇게 되면 자국 상품의 가격경쟁력이 높아지므로 수출을 확대해 곤경에서 벗어나고자 한 것이다. 하지만 미국 정부의 이러한 조치는 사실 '남에게 재앙을 전가하는' 정책일 뿐이었다. 다른 나라는 미국상품을 수입하는데 미국은 수출만 하고 수입을 하지 않는다면, 무역상대국들은 대미 무역적자로 자금 부족에 빠져 불황을 겪지 않겠는가?

그래서 점점 많은 국가가 자국의 화폐 가치를 떨어뜨려 자국의 부가 미국으로 이전되지 않도록 했다. 그 밖에 각국은 관세를 올려 다른 나라로 금이 유출되는 것을 막았다. 이런 잘못된 결정으로 각국은 악순환에 빠졌고, 공장의 이윤은 갈수록 줄어들었으며, 노동자의 소득은 감소했고, 소비는 줄었다. 이는 다시 공장 및 노동자의 수입이 더욱 감소되는 결과를 가져왔다. 이런 악순환이 반복됨에 따라 많은 공장이 문을 닫았으며, 노동자들은 실업자로 전락했다. 또한 각국의 경기침체로 국제무역은 갈수록 감소했다.

이와 동시에 각국은 최대한 수출을 늘리고 수입을 줄여 자신의 경제권을 보호하길 원했다. 미국과 영국이 각각 달러권과 파운드권으로 자신의 교역 범위를 제한한 것이 그 경우다. 각국은 저마다 세력권을 형성해 곳곳에서 무역전쟁을 하고 장벽을 세우며 제재와 보복을 가했다. 이것은 자금의 흐름이 점점 막히고 자금 이용의 효율이 떨어진다는 사실을 의미하는 것으로, 자본투자자와 투자대상국 모두 손실을 입는 결과를 불러왔다.

그 뒤를 이어 발발한 제2차 세계대전으로 각국의 경제 상황은 더욱 악화되었고, 대량의 자산이 파시스트와의 사활을 건 전쟁에 투입되었다. 전쟁의 이유는 다양했지만 당시 미 국무부장관 코델 헐(Cordell Hull)은 두 차례 세계대전이 발발한 주요 원인이 각국의 분배 불균형 때문이라고 지적했다. 그는 각국이 모두 보호무역을 실시했고, 이익을 보지 못한 국가들이 막다른 골목에 이르자 마침내 전쟁을 벌여 판을 다시 짜기를 원한 것이라고 분석했다. 미국의 저명한 경제학자인 해리 덱스터 화이트(Harry Dexter White)도 각국이 서로 협력하지 않는다면 결국 경제전쟁으로 또다시 세계전쟁이 일어날 것이라고 진단했다.

금본위제는 사실상 많은 문제를 안고 있었지만, 이것이 붕괴되자 안 그래도 혼란한 국면이 더욱 악화되었다. 대공황과 세계대전 중 화폐정책의 혼란, 환율이 각국 경제에 일으킨 피해상은 모두의 기억 속에 깊이 각인되었고, 사람들은 아름다웠던 금본위제 시절을 떠올

● 브레턴우즈협정을 담당한 미국 관료, 재무부차관, IMF 총재 역인.

리기 시작했다. 그래서 제2차 세계대전이 막바지 단계에 이르렀던 1944년 각국은 금과 같으면서도 엄격한 통제가 가능한 화폐체제로 회귀하기를 희망했다.

이런 화폐체제를 만든 주체는 당연히 영향력 있는 자본주의 국가였다. 이들 국가의 관점은 각자 달랐는데, 영·미는 자유주의 경제를 선호했고, 프랑스는 국가 주도의 경제시스템을 지지했다. 이들은 관점에서는 차이를 보였지만, 가장 근본적인 문제에서는 의견이 일치했다. 경제는 시장에서 조절되어야 하고, 개인의 재산은 반드시 보장되어야 한다는 것이다. 그들은 이 시스템으로 찬란한 미래를 창조할 수 있기를 갈망했다. 이들과 이념이 달랐던 소련연방은 당연히 자본주의 국가들이 만든 화폐체제에 참여하지 않았다.

그러나 자유시장체제를 지지하는 국가들도 이전처럼 환율을 관리하는 것은 올바르지 못하며 때로는 정부가 시장에 간섭할 필요가 있다고 생각했다. 그래서 케인스 학파의 이론이 각국의 공인을 얻었다. 다만 개별 국가가 단독으로 시장에 개입할 경우 대공황과 같은 악순환이 재현될 가능성이 상당히 높았다. 그 이유는 서로의 이익이 항상 일치하는 것은 아니기에 때로는 자국의 이익을 위해 다른 나라에 해를 입히는 것이 상책이 될 수도 있기 때문이다.

그렇지만 원래의 금본위제로 회귀하는 것도 현실적으로 여의치 않았다. 각국은 전비를 충당하기 위해 금을 모두 팔아 버려 국고에 금이 거의 없었다. 현실적인 한계 이외에 각국 정부는 금본위제의 화폐정책이 너무 융통성이 없고, 금 수량이 유한하다는 점을 인식했다. 또한 이 체제하에서는 경제가 쇠퇴해도 정부는 화폐정책으로 자국을 방어할 수 없었다. 그럼에도 이들은 금본위제에 대한 미련을 버리지 못했다. 어쨌든 금본위제는 환율을 안정시키고 자본의 자유로운 이동을 보장해 자유무역을 촉진했으며, 금의 한정적인 수량으로 인플레이션을 억제한다는 장점도 있었기 때문이다.

금본위제의 단점을 해결하고 장점을 유지하도록 할 수 있다면 얼마나 환상적이겠는가! 1944년, 44개 국가에서 온 정상급 경제학자 730명은 이를 실현할 체제를 만들기 위해 미국 뉴햄프셔주의 브레턴우즈에 모였다. 그들은 세계경제의 미래를 위한 대계를 함께 논의하고 완벽한 환율시스템 수립을 모색했다.

경제패권을 쥐려는 미국의 포석

제2차 세계대전 이전에 공식적인 글로벌 통화가 없었지만, 금 이외에 파운드가 글로벌 통화로서 모든 국가의 인정을 받았다. 당시 세계무역에서 대영제국 권역이 차지하는 비중은 매우 높았으며, 식민지는 일반적으로 최고의 해외투자 시장이었다. 그러나 두 차례의 세계대전으로 영국의 주요한 공업시스템은 파괴되었고, 영국 전역의 중요 자원들이 소모되었다. 대영제국의 해가 이미 저물어 영국이 환율 질서를 재건할 책임을 감당할 수 없음이 분명해 보였다.

이때 유일하게 전쟁의 참화가 본토를 피해간 미국이 이 역할을 담당할 가장 적합한 후보로 꼽혔다. 전쟁으로부터 멀리 떨어져 있는 지리적 환경 때문에 많은 유럽인이 전쟁기간에 금을 미국으로 옮겨 놓았다. 게다가 유럽 각국이 군수물자를 매입하는데 금을 쓰면서 금이 미국 수중으로 흘러들어갔다. 미국이 가장 부국이 되고, 다른 나라들이 모두 폐허가 된 이상 미국이 주도권을 행사하는 것은 자연스러운 일이다.

미국의 논조는 달러와 금 사이에 고정 비율을 설정한다는 것이었다. '수시로 달러와 금을 교환할 수 있다면, 달러는 금과 같은 역할을 수행하게 되고 금을 대체해 달러가 각국의 준비금이 된다. 이후에 각국이 무역으로 금을 충분히 보유하게 되면, 그때 가서 금본위제를 재건하는 것도 불가능한 일은 아니다.'

그럼, 미국은 왜 이런 제의를 했던 것일까? 미국은 세계의 금 생산량이 매우 적어서 중요한 시기에 놓여 유동성이 필요할 때 정부가 즉각적으로 화폐 공급을 확대할 수 없기 때문에 금은 글로벌 화폐로 적당하지 않다고 여겼다. 하지만 달러가 글로벌 화폐가 될 경우, 미국 정부가 필요한 시기에 지폐 발행을 임의로 늘릴 수 있어 화폐정책을 한층 적절하고 신축성 있게 집행할 수 있다. 만약 달러로 금을 대체한다면, 이것은 사실상 금본위제로 회귀하는 것과 같았다. 각국이 자국 화폐를 달러와 연계한다면 금본위제체제에서처럼 환율 안정을 유지할 수 있어 상인들과 투자자들은 안정적인 수익을 전망할 수 있으며, 자금의 유동성이 높아진다. 게다가 달러는 이자를 얻을 수 있다는 장점이 있었다. 달러로 미국 국채를 매입하면 이자가 나오지만 금은 단지 보관된 상태로 존재할 뿐이다.

위 주장은 표면적으로는 확실히 일리가 있는 것처럼 보인다. 각국이 달러를 지급준비금과 국제결제수단으로 이용한다면 금의 부족을 메우고 금 유동성 문제를 해결할 수 있다. 이와 동시에 환율 안정이라는 특징을 유지하고 전 세계의 구매력을 높여 국제무역과 해외 투자를 촉진할 수 있다. 그러나 이 시스템은 또한 미국에 엄청난 이익을 안겨주는 것이 사실이다. 달러가 세계적으로 지급준비금과 유통화폐로 사용되면 미 연방준비제도이사회(FRB)는 세계의 중앙은행으로 지위가 상승하고 원하는 만큼 임의로 화폐를 발행할 수 있다. 이때 다른 국가의 화폐는 달러와 직접 연계되어 있어 미국의 정책방향에 협력할 수밖에 없다.

하지만 자신들의 이익을 희생하면서까지 미국이 공짜로 큰 이익을 보도록 협력할 국가는 없다. 특히 가장 크게 불만을 표시한 국가는 영국으로, 영국은 달러의 주도적 지위를 인정하려 하지 않았다. 심지어 케인스는 30종의 대표상품으로 가치를 확정하는 '세계화폐'를 제안했다. 그의 제안에 따르면, 달러가 아닌 '세계화폐'가 각국의 준비금이 되는 것이다. 영국으로서는 미국이 주장한 달러체제를 받아들이면 대영제국이 쇠락했음을 인정하는 것과 같았다. 영국은행의 한 인사는 브레턴우즈체제가 영국에 준 타격은 제2차 세계대전보다 적지 않다고 생각했다. 달러가 파운드를 누르고 글로벌 통화로 올라선다면 이제껏 글로벌 통화로서 파운드가 누렸던 모든 이득이 사라지기 때문이다.

미국은 케인스의 '세계화폐' 제안을 당연히 받아들이지 않았다. 이때 미국은 새로 등장한 갑부였고, 그들은 돈으로 무슨 일이든 할 수 있다고 믿었다. 미국은 빈곤에 허덕이는 유럽 각국에 돈을 뿌리기 시작했고, 영국에 44억 달러를 대출해 주기에 이른다. 프랑스는 제2차 세계대전 당시 독일에 점령당한 뼈 아픈 기억이 있지만, 골리즘(Gaullism)˚이라는 이념을 바탕으로 미국과 껄끄러운 관계를 지속했다. 이러한 상황에도 불구하고 미국은 프랑스에 10억 달러를 선뜻 대출해 주었다. 미국의 광범위한 선물 공세는 곧 효력을 발휘해 각국은 속속 미국의 제안에 동의했다.

사실 이것은 영국과 프랑스가 경제패권을 미국에 넘겨준 것이나 마찬가지였다. 그러나 영국과 프랑스보다 더 비참한 상황으로 추락한 것은 그들의 식민지와 약소국들이었다. 이들은 자신의 이익을 위해 협상할 기회조차 없었고, 영국과 프랑스가 미국 편에 붙은 이후로는 얼떨결에 새로운 질

˚ 프랑스 대통령 드골이 주장한 정치사상을 이르는 말로 강력한 대통령 중심제, 민족주의 사상 등이 주요 내용이다.

서의 구성원이 되었다. 제2차 세계대전이 막을 내리기 전부터 미국은 자신들의 경제시스템을 전 세계에 구축하기 위해 포석을 깔아 놓은 것이다.

전후(戰後) 브레턴우즈체제의 역할

브레턴우즈체제에 따라 달러와 금의 교환비율은 1온스에 35달러로 고정되었다. 브레턴우즈체제에 속하는 모든 국가는 이 교환비율을 기준으로 달러를 내고 미국에서 금을 태환할 수 있었다.[*] 이것은 화폐 가치를 유지하기 위해 미국은 반드시 충분한 금을 보유하고 있어야 한다는 것을 의미한다. 또한 시장 가격의 충격으로부터 금의 공식가격이 영향을 받지 않도록 나머지 회원국 정부는 국제시장에서 미국 정부가 공식가격을 유지할 수 있도록 협조할 책임이 있었다.

이와 동시에 회원국들은 자국 화폐와 달러의 교환가격을 고정해야 하고, 환율은 1% 이내에서만 변동될 수 있었다. 만약 환율변동률이 1%를 넘어서면 각국 정부는 외환시장에 개입해 달러를 매매함으로써 환율 안정을 유지할 의무가 있었다. 이것은 곧 브레턴우즈체제의 회원국들이 달러와 연계된 관리변동환율제도를 선택한 것과 같다. 한편 달러로 금 태환이 가능했기 때문에 개냥

[*]미 달러를 기축으로 한 금환본위제를 의미한다.

된 금본위제로도 볼 수 있었다. 그래서 대다수 국가는 미국과 무역을 진행하기 위해 흔쾌히 달러를 결제통화로 인정했다. 그들은 이것이 미국돈을 벌어들이는 데 더 편리한 방법이라고 생각했다.

달러를 글로벌 기축통화로 만든 국제통화협정 이외에 브레턴 우즈회의에서는 각국 간의 환율 안정을 보장하는 기구인 국제통화기금(IMF) 설립 안건이 논의되었다. 미국의 주도로 국제통화기금은 신속히 설립되었고, 미국 워싱턴에 본부를 두었다. 미국이 국제통화기금의 지분을 가장 많이 보유하여 의사결정은 자연히 미국에 좌우되었다. 미국은 케인스가 주창한 '세계화폐' 제안을 거부했지만, 하나의 국제기구가 나서서 국제무역과 투자를 촉진하기를 희망했다. 이러한 목적을 달성한다면 각국 사이의 무역이 기본적으로 균형을 이루고 대규모 무역적자는 발생하지 않을 것이다. 이로써 각국 화폐의 변동성은 축소되어 양국 사이의 무역은 확대된다.

국제통화기금을 설립한 목적은 국제통화 협력을 보장하고, 환율을 안정시키며, 정상적인 태환을 유지하는 것이었다. 국제통화기금의 회원국은 상호 환율관리협정을 체결해 화폐 가치의 안정을 촉진했다. 그 밖에 국제통화기금은 각국이 필요한 화폐태환을 정상적으로 진행하도록 보조함으로써 무역과 투자에서의 수요를 만족시켰다. 즉, 국제유동성을 확대한 것이다. 각국은 국제통화기금에 가입하면서 회비를 지불했는데, 그 대가로 무역적자, 외환보유고 부족 등의 상황에 직면하면 국제통화기금에서 가입비를 기초로 자금을 대출할 수 있었다. 가입비가 많으면 많을수록 차입할 수 있는 액수도 늘어났다.

단기 차입이 보장됨에 따라 각국은 일시적 국제수지 불균형을 해소하려고 환율정책을 바꿀 필요가 없었다. 국제통화기금에 의한 단기차입 제도는 금본위제의 커다란 문제를 근본적으로 해결해 주었다. 금본위제 시기에는 환율이 고정되어 있어 무역적자가 발생할 경우 고정환율로 상당한 문제가 야기되었다. 일례로 한 나라가 무역흑자를 실현하면 해당국의 화폐 가치는 상승하는데, 이때 무역적자국이 흑자국과 동등한 화폐 가치를 유지하려면 자국의 화폐를 절상해야 한다. 그러나 무역적자는 한 나라의 화폐 가치를 떨어뜨리는 역할을 하기 때문에 상황이 반전되게 하려면 무역적자국은 반드시 긴축화폐정책, 즉 통화 공급을 줄여 화폐 가치를 끌어올려야 한다. 긴축화폐정책으로 무역적자국에서는 화폐유동성이 부족해짐에 따라 경기침체와 실업률 상승이 수시로 일어난다. 초기에 영국 등은 이런 현상으로 자주 피해를 보았다. 그러나 국제통화기금에서 단기대출을 시행하자 단기적자로 인한 실업률 상승, 경제쇠퇴 등이 일어나는 상황은 발생하지 않았다. 그 밖에 국제통화기금이 필요한 외화를 수시로 제공함으로써 각국은 무역거래에서 외환고갈 사태를 우려할 필요가 없었다. 따라서 표면적으로는 각국 정부가 외환거래를 제한할 필요성이 감소된 것처럼 보였다.

하지만 한 나라의 무역적자가 장기적이고도 근본적인 것이라면, 국제통화기금에서 긴급자금을 수혈해 적자를 메워 준다 해도 소용이 없다. 속담에 '급한 상황은 구제할 수 있어도 가난은 구할 방도가 없다'라는 말이 있다. 이런 상황에 이른다면 국제통화기금도 회원국의 곤란을 해결하겠다고 자금을 내놓지는 않을 것이다. 다만 국제통화기금은 회원국이 고정된 법정환율을 10% 올리거나 내리도록 특별히 허용할 뿐이다. 그러면 만성 적자국은 화폐 가치 절하로 수출은 늘고 수입은 줄어들어 무역수지는 균형을 이루게 된다.

브레턴우즈체제가 취한 세 번째 조치는 국제부흥개발은행(이후 세계은행으로 불림)의 설립이었다. 미국은 국제부흥개발은행을 통해 장기 저리로 대출을 해 주어 유럽과 아시아 각국이 전후 경제를 회복하도록 도움을 주었다. 회원국들은 은행 대출과 투자 덕택에 전후 경제의 회복과 발전에 필요한 자금을 상당 부분 해결했다.

브레턴우즈체제는 또한 세계무역기구(WTO)의 전신인 '관세 및 무역에 관한 일반협정(general agreement on tariffs and trade, GATT)'체제를 설립했다. 가트(GATT)는 각국의 관세장벽을 낮춤과 동시에 각국의 비교우위(1장에서 미국은 컴퓨터를, 중국은 신발을 제조하는 사례를 들어 비교우위 개념을 살펴보았다) 실현을 제창해 각국이 자유무역체계를 발전시키도록 고무했다.

미국은 어떻게 세계경제를 휘어잡았나?

한편 수많은 일류 경제학자가 심혈을 기울여 만든 브레턴우즈체제는 출범 즉시 한 가지 문제에 부닥쳤다. 바로 세계에 유통중인 달러가 부족하다는 것이었다. 미국은 진주만 습격 이후 제2차 세계대전에 참전했다. 미국 정부는 전비를 충당하려고 대량의 부채를 짊어졌는데, 이것은 케인스가 말한 대공황의 해결책과 정확히 일치했다. 그로기 상태에 있던 미국 경제는 단숨에 일어났지만, 미국 정부는 심각한 난제에 부닥쳤다.

전쟁 기간에는 정부가 전쟁 물자를 대량으로 구매하여 공장이 활기차게 돌아갔지만, 전쟁이 종결된 이후에는 과잉생산물을 살 대상이 없었던 것이다. 미국 국내 수요만으로는 초과된 생산능력을 모두 소화하기 어려웠는데, 그것을 해결할 수 있는 유일한 해결책은 바로 해외 수출이었다. 당시 다른 나라의 생산시설은 대부분 전쟁으로 파괴된 상태로 미국만이 순 수출국의 지위를 유지했다. 그 덕분에 미국은 막대한 무역흑자를 실현해 달러의 유출은 거의 없고 유입만 있는 상황이었다. 즉, 미국이 유럽에 빌려준 돈은 유럽인의 호주머니에 있는 것이 아니라 코카콜라 등의 상품을 매입하는 데 소비되어 다시 미국인의 호주머니로 흘러들어갔다.

이러한 상황은 미국이 바라던 바였지만, 결코 오래 유지될 수 있는 계책은 아니었다. 만약 유럽인들의 수중에 논이 떨어지면 어떻게 하겠는가? 유럽에 돈을 빌려주고 그 돈으로 미국 상품을 매입하게 하는 것은 사실 왼손에 있는 것을 오른손으로 옮기는 처사일 뿐이다. 유럽이 영원히 빈곤한 상태에 빠진다면, 유럽이 미국에 진 빚이 산더미처럼 쌓여도 소용이 없다. 결국 유럽을 위해 공짜로 상품을 준 것과 다를 바 없기 때문이다.

1장에서 언급한 비교우위 이론에 따르면, 한 나라가 다른 국가의 상품을 매입하길 원하는 이유는 지불받은 대금으로 그 국가의 상품을 구입할 수 있기 때문이다. 그래서 만약 상대방이 빈곤하고 이후 발전 가능성도 없다면 그들에게 상품을 팔 이유가 없다. 이는 곧 보답을 기대할 수 없는 자선사업과 같기 때문이다. 유럽이 경제를 재건할 수 없다면 미국도 조만간 유럽에 수출할 수 없는 상황에 이른다.

그러나 문제는 무역이 미국으로서는 매우 중요하다는 점이었다. 유럽이 미국의 상품을 구매하지 않는다면 미국은 과잉 생산력 문제를 해결할 수 없었다. 상품을 수출하지 못하면 국내에 갈수록 재고가 쌓이고 상품 가격은 점점 떨어져 결국에는 디플레이션이 일어날 것이다. 그러면 미국 경제는 쇠퇴하여 심각한 국면에 놓이게 된다. 또한 해외에 풀린 모든 달러가 미국으로 다시 유입된다면 유럽에서 유통될 화폐는 없다는 사실을 의미한다. 화폐가 점점 감소하므로 유럽은 디플레이션 상태로 빠지고 경제 쇠퇴가 일어나게 된다.

그리고 또 다른 문제로, 유럽이 미국 상품을 구매하는 데 가진 돈을 다 써버린다면 자금이 없어 경제를 재건할 수 없을 것이다. 거지가 거지가 되는 까닭은 수중에 돈이 없기 때문이다. 《신약성서》의 마태복음에는 "무릇 있는 자는 받아 충족하게 되고, 없는 자는 그 있는 것마저도 빼앗기게 되리라"라는 구절이 있다. 이런 현상을 '마태효과(Mattew Effect)'라고 하는데, 그 뜻은 가진 자는 더 많이 갖게 되고 덜 가진 자는 점점 더 적게 갖게 된다는 의미다.* 이런 현상은 우리 주위에서도 흔히 볼 수 있다. 돈을 많이 소유하고 있는 사람들은 그 돈을 여러 곳에 투자해 더 많은 부를 축적하고, 그렇지 못한 사람들은 투자할 여윳돈이 없기 때문에 제자리에 머물거나 점점 더 허덕이게 된다.

이러한 다양한 원인으로 미국은 달러를 유럽으로 흐르게 해야 했다. 일단 유럽에 달러가 유통되면 유럽은 재건에 필요한 자금을 확보하게 되고, 결과적으로 미국의 장기 고객 및 무역 파트너가 된다. 동시에 이로써 달러는 진정한 글로벌 통화와 지급준비금 표기통화가 될 수 있다. 그리하여 미국은 이러한 목적을 실현하고자 유럽에 자금을 대출해 주던 루트를 국제부흥개발은행에서 직접 원조하는 방식으로 바꾸었다. 국제부흥개발은행에서 빌린 자금은 차후에 원금에 이자를 합쳐 돌려주어야 했다. 그래서 유럽은 주머니 사정이 나빠질 것을 우려해 대규모 차입을 꺼렸던 것이다.

미국은 유럽에 충분한 자금을 지원해 유럽의 신속한

*한마디로 빈익빈 부익부 현상을 설명하는 글이다.

재건을 촉진할 의도로 당시 미 국무장관의 이름을 딴 '마셜 플랜(Marshall Plan)'을 마련해 직접 원조에 나섰다. 미국은 1948년부터 1954년 사이 서유럽 국가들에 170억 달러를 제공했다. 동시에 미국은 의도적으로 대규모 무역적자를 실현해 각국이 더 많이 달러를 소비할 수 있도록 했다. 마셜 플랜의 지원에 힘입어 달러가 충분히 유통되었고, 그 결과 달러는 글로벌 기축통화가 되었다. 유럽은 경제 재건에 성공했고, 미국과의 무역거래를 확대해 나갔다. 이로써 유럽과 미국 양 지역의 윈-윈(Win-Win)이 이루어진 것이다.

이때에 이르러 브레턴우즈체제의 틀이 갖추어졌다. 그것은 일종의 삼각관계였다. 이를 간단히 설명해 보면, 미국은 제3세계와의 무역에서 원재료를 획득한 뒤 이를 이용해 완제품을 만든다. 그 후 미국은 유럽에 돈을 제공하거나 유럽이 무역에서 이익을 실현할 수 있도록 한다. 유럽이 이익금을 가지고 재건에 성공해 미국 상품을 매입하면 그 돈은 자연히 미국으로 되돌아오게 된다. 그리고 유럽 각국이 자금을 보유하게 되면 제3세계에서 상품을 매입할 것이다. 이런 시스템하에서 제3세계와 유럽 모두 최종적으로는 미국에 상품을 판매하고 달러를 받게 된다.

미국은 경제와 국력을 바탕으로 삼각관계의 중심에 섰다. 미국은 재력으로 삼각무역을 움직이고, 군사력으로 소련의 위협으로부터 각국을 보호하는 역할을 했다. 미국은 세계의 중앙은행과 패권자(覇權者)로서 지위를 이용해 무소불위의 권력을 한껏 휘둘렀다. 마침내 달러는 전체 서방경제권의 주춧돌로 자리 잡았다.

미국의 적자 뒤에 깔린 세계 각국의 이해관계

달러가 세계 각지로 퍼져나간 뒤 브레턴우즈체제의 위력이 드러나기 시작했다. 세계무역액은 대폭 증가했고, 각국의 재건사업도 가속화되었다. 세계는 곳곳에서 활기를 되찾고 태평성세를 구가하는 분위기였다. 그러나 얼마 지나지 않아 각국은 뭔가가 잘못돼 가고 있으며, 문제의 근원이 바로 미국이라는 사실을 깨달았다.

미국은 1940년대 말부터 지속적으로 무역적자를 기록했다. 처음에는 다들 이러한 사실을 반겼다. 만약 미국이 무역적자를 실현하지 않았다면, 달러는 세계 구석구석으로 널리 퍼지지 않았을 테고, 세계는 화폐 부족으로 경기쇠퇴에 직면했을 것이기 때문이다. 그러나 훗날 미국의 적자가 눈덩이처럼 불어나자 곳곳에서 우려의 목소리가 흘러나오기 시작했다. 미국이 35달러에 1온스의 금을 바꾸어 주려면 반드시 금 보유고가 충분해야 한다. 미국은 제2차 세계대전이 끝난 후 전 세계 금보유량의 60% 이상에 해당하는 260억 달러 규모의 금 보유고를 확보하고 있었다. 미국 정부가 발행한 달러는 신용도가 원천적으로 보장된 것이다. 하지만 미국이 만성적 적자를 기록하자 금 보유고는 빠르게 다른 국가로 이동했다. 이 같은 상황에서 미국은 금 태환 능력을 계속 유지할 수 있을까?

1960년, 미국의 경제학자 로버트 트리핀(Robert Triffin)은 심각한 문제를 지적했다. 로버트 트리핀 교수는 자신의 저서 《금과 달러의 위기: 자유태환의 미래》에서 브레턴우즈체제는 그 자신이 극복할 수 없는 태생적 모순을 안고 있다고 밝혔다. 그는 "달러와 금이 연계되어 있고, 기타 국가의 화폐는 달러와 연계되어 있다. 그래서 달러는 국제기축통화의 지위를 획득했고, 각국은 국제무역 발전을 위해 달러를 결제 및 준비금으로 삼아야 했다. 이로써 미국에서 빠져나간 화폐, 즉 달러는 해외에서 지속적으로 누적되었다. 미국으로서는 장기 무역적자가 발생한 것이다. 달러가 국제기축통화가 될 수 있었던 전제 조건은 달러 가치의 안정과 지속적 상승에 있다. 이는 미국이 장기 무역흑자를 실현해야 한다는 것을 의미한다. 이 두 가지 조건은 서로 모순된 것으로 일종의 딜레마와 같다"라고 서술했다. 이것이 바로 그 유명한 '트리핀의 딜레마'이다. 이러한 상황은 미국이 '세계화폐'를 거절할 당시 케인스 등 경제학자들이 이미 어느 정도 예견한 것이었다. 과연 그들이 우려한 일은 수십 년 후 현실화되고 말았다.

의심할 여지없이 미국의 행위는 달러의 올가미에 그 자신을 묶은 것과 같다. 지속적인 국제수지 적자 이외에 6·25 전쟁과 베트남 전쟁에 잇달아 참전함으로써 미국의 해외군비는 급증했다.

더욱이 1960년대 당시 미국은 내부적으로도 대통령 린든 존슨 (Lyndon Johnson)이 대량의 자금을 민권, 빈곤 반대, 건강의료, 교육 등 분야에 투입해 대규모 사회개혁을 진행했다. 그러나 미국 정부는 국민이 이 비용을 부담하기를 원하지 않았기 때문에 세금을 인상하는 대신 달러를 발행해 예산 문제를 해결했다. 달러를 더 많이 발행할수록 인플레이션은 점점 심각해져 갔고, 특히 고정환율제도하에서 미국의 인플레이션은 세계 각국으로 전파되어 세계 전체가 인플레이션으로 빠져들었다.

내우외환에 빠진 미국은 마치 고장 난 변기처럼 금을 계속해서 외부로 유출했다. 미국은 이미 1960년대부터 보유한 금 비축량으로는 채무를 감당하지 못했으며, 이후 10년 사이 금 유출은 더욱 가속화되었다. 1971년 미국의 금 보유고는 외채의 16% 전후 수준으로 떨어졌고, 이러한 상황에서 달러의 금 태환은 한갓 빈말이 되었다.

이 기간에 각국은 브레턴우즈체제를 유지하려고 바쁘게 움직였다. 하지만 알다시피 브레턴우즈체제의 기초는 35달러로 1온스의 금을 교환할 수 있다는 금 태환에 대한 약속이다. 사람들은 달러를 금처럼 신뢰했기에 달러를 미금(美金)이라고 부르고 금 대신 달러로 값을 지불했다. 이는 곧 시장에서 금 가격은 반드시 1온스에 35달러 전후를 유지해야 한다는 것을 의미했다. 그러나 당시 금도 귀금속으로서 거래되었다. 만약 미국의 금 보유고가 부족하다면, 시장개입을 통한 금 가격 억제는 이루어질 수 없어 금의 시장가격은 브레턴우즈체제가 설정한 공식가격보다 높아질 것이다. 시장가격이 공식가격을 초과한다면 사람들은 달러를 금으로 교환해 시장에서 금을 귀금속으로 팔아 시세차익을 실현할 것이다.

연속적인 적자, 인플레이션에 뒤이어 금 가격이 상승했다. 브레턴우즈체제 회원국들은 달러가치 유지와 금 보유고 유실을 방지하려면 적극적인 시장개입이 필요하다는 사실을 인식했다. 그래서 1961년 미국과 유럽은 '런던골드풀(London Gold Pool)'을 설립했다. 런던골드풀의 취지는 시장에서 금 가격이 너무 오를 경우 각국이 함께 금을 매도하여 금 가격을 낮추고, 그런 다음 금 가격이 하락할 때까지 기다렸다가 각국이 다시 금을 매입하여 보유고로 삼자는 것이었다. 이런 시스템으로 각국은 미국의 금 보유 부담을 완화하고자 했다. 그러나 모두의 노력에도 불구하고 달러의 추락은 막을 수 없었다. 1968년에 이르러 런던골드풀도 더 버티지 못하고 해산을 선포했다.

이 시기에 이르러 인플레이션과 적자로 달러 절하의 징조가 갈수록 뚜렷해졌다. 달러가치의 하락은 브레턴우즈 환율체제의 종말을 의미했기에 많은 이들이 쓸데없는 희망을 품고 버티기에 들어갔다. 사실 이런 대책은 시기적으로 적합하지 않았다. 왜냐하면 이미 1958년 유럽 각국은 충분한 금 보유고를 확보해 잇달아 자유태환을 회복했으며, 각국 화폐로 자유롭게 금과의 태환이 가능하도록 허락했다. 그 밖에 일본도 1964년 엔화와 금의 자유태환제를 실시했다. 심지어 1960년대 중반에 와서 일본과 유럽의 금 보유고는 미국을 초과했다. 이것은 이들 국가가 더는 달러를 보유고로 삼을 필요없이 그들 스스로 문제를 헤쳐 나갈 수 있다는 사실을 의미한다.

그럼에도 1960년대 말까지 달러가 버틸 수 있었던 것은 두 가지 이유 때문이다. 하나는 냉전 시기에 유럽과 일본의 방위를 미국이 전적으로 책임졌다는 것이다. 이 국가들은 소련을 두려워한 나머지 달러가 고평가된 것을 알고도 이를 묵인했다. 그래서 유럽과 일본은 달러가치 하락으로 손실을 입더라도 그 부분을 미국에 바치는 '보호비' 정도로 생각했다. 다른 한 가지 원인은 미국이 계속해서 쇠퇴하는 상황에서 고정환율제도를 유지하면 약세를 보이는 미 달러가 고평가된 가격을 유지할 수 있고, 독일과 일본 같은 수출대국의 화폐는 오히려 저평가된 가격을 유지할 수 있기 때문이었다. 사실 이것은 쌍방의 이해관계가 맞아떨어진 결과였다. 독일과 일본은 화폐 절상 이후 수출이 감소하는 국면을 원하지 않았고, 미국은 달러가치 하락에 따른 지배권 약화를 두려워했다.

왜 달러는 절하의 길을 걸을 수밖에 없었나?

그러나 달러는 이 시기에 이미 몰락 직전의 단계에 이르렀으며, 각국의 도움으로 간신히 생명을 연장하고 있을 따름이었다.

이때 달러의 숨통을 끊어 버린 세력이 출현했다. 그들은 바로 대형은행과 금융기관들로 구성된 금융세력이었다. 이들은 원래의 외환 질서를 완전히 무너뜨렸다. 초기에는 사람들이 대부분 무역과 투자를 위해 외환을 매매했다. 그러나 이들 금융세력은 환투기와 헤지를 위하여 외환거래를 했는데, 이러한 소위 '핫머니'의 목적은 오로지 하나였다. 바로 '이익' 실현이었다. 이들 세력은 브레턴우즈체제가 이미 시대에 뒤떨어진 존재라는 사실을 깨닫고 그 내부에 잠재한 약점을 최대한 이용해 이득을 취하기 시작했다.

이들은 먼저 각국의 경제상황을 분석했다. 만일 한 나라가 무역적자, 재정적자 또는 인플레이션으로 경제상황이 취약한 것으로 인식되면 핫머니는 해당국 화폐로부터 재빨리 철수해 더 견실한 화폐로 갈아탔다. 이후 금융세력은 취약한 화폐는 절하되길, 견실한 화폐는 절상되길 기다렸다. 사실 이것은 완전한 무위험 투자로, 설사 취약한 화폐가 환율공격을 끝까지 버텨 절하되지 않더라도 원래 제자리로 돌아가면 그만이었기 때문에 핫머니로서는 전혀 손실이 없었다. 이렇듯 브레턴우즈체제의 고정환율을 이용해 핫머니는 취약한 화폐들을 마구 공격했다.

1967년, 핫머니는 파운드가 고평가 상태라고 인식하고 파운드를 대규모로 매도했다. 그 결과 파운드의 절하 압력은 몇 배로 증가했다. 영국은행과 도움에 나선 파트너들은 충분한 자금을 확보하지 못해 파운드에 대한 핫머니의 공격을 저지하지 못했다. 그리하여 1967년 11월 18일, 영국 정부는 압력에 굴복해 파운드 절하를 단행했다. 이들 핫머니는 1968년 장기간 고평가 상태에 있던 달러를 공격했다. 브레턴우즈체제를 유지하기 위해 독일 정부는 보유고로 금이 아닌 달러만을 매입할 것을 요구받았다. 이러한 방식으로 달러에 대한 수요를 확대하여 달러의 가치는 잠시나마 유지되었다. 그러나 영향력 있는 독일 정부도 핫머니의 적수가 되지 못했다. 결국 1969년 마르크는 절상되었고 달러는 절하되었다.

한편 런던골드풀의 해산은 황금시장이 정식적으로 자유변동 단계로 넘어가게 하는 역할을 했다. 이로써 설상가상의 상황이 올 것은 불을 보듯 뻔했다. 자유거래로 형성된 금 가격은 큰 폭으로 상승하기 시작하기 때문에 금 가격은 단시간에 1온스당 35 달러로 설정된 공식시세보다 훨씬 높게 올라갔다. 이 시기 다른 국가들도 더는 버티지 못하고 앞다투어 보유 달러를 투매하여 금으로 교환하기 시작했다. 그 결과 미국의 금 보유고는 급속히 감소했고 런던 금 가격은 폭등했다.

1970년대에 이르러 석유가격 폭등으로 미국의 적자와 인플레이션은 갈수록 심각해졌다. 1970년 한 해에만 미국의 금 보유고는 절반 이상 감소했다. 이는 달러가치가 떨어지는 일은 없을 거라던 미국 정부의 약속을 아무도 믿지 않았다는 사실을 대변한다. 달러가치의 하락이 임박하자 대량의 핫머니가 철수하기 시작했으며, 1971년 한 해에만 220억 날러가 이날했다. 이는 달러 절하가 심각한 상태로 달러와 금 가치 사이의 격차가 상당히 벌어졌다는 점을 시사한다. 금융세력이 미국에 최후의 일격을 가해 브레턴우즈 화폐체계를 무너뜨린 것이다.

그러나 1969년에 미국은 국제통화기금으로 하여금 '특별인출권(SDR)'을 만들도록 했다. 이후 미국은 각국에 압력을 행사해 국제통화기금으로부터 특별인출권을 매입해 준비금으로 삼도록 했다. 특별인출권의 가격은 금 및 달러와 같았지만 실물이 있는 것이 아니고 단지 각국이 특별인출권을 매입한 후 돈이 필요할 때는 국제통화기금이 그 돈을 돌려줘 긴급자금으로 사용할 수 있도록 약속한 것에 불과했다. 따라서 특별인출권의 출현은 사실 각국에 일정 수량의 달러를 준비금으로 삼을 것을 강제한 것과 마찬가지였다. 이것은 미국이 공공연히 보호비용을 거둔 것으로 볼 수 있다. 또한 '계속해서 우리의 보호를 받고 싶으면 달러가치 하락에 따른 손실을 기꺼이 감수해라. 우리는 확실한 근거를 토대로 당신의 손실 범위 역시 친절히 알려줄 것이다'라는 의미였다.

이러한 노력도 단지 달러 하락의 발걸음을 늦출 수 있을 뿐이었다. 1971년 8월 15일, 미국이 더 버티지 못하게 되자 닉슨은 일방적으로 달러에 대한 각국의 금 태환을 금지하고, 90일 내에 임금과 물가를 동결해 인플레이션을 감소시킬 것이라고 발표했다. 이와 동시에 수출상품에 10% 부가세를 부과하고 대외원조를 10% 감축하겠다고 밝혔다. 이 말은 각국이 보유한 달러는 이제

금이 아닌 단순한 달러에 불과하다는 의미였다. 교활한 닉(tricky dick)이라는 별명에 걸맞은 닉슨의 행동이었다. 이 결정은 미국의 동맹국도 모르게 이루어졌을 뿐만 아니라, 미 외교부조차 손쓸 겨를도 없었다. 그래서 사람들은 이때의 달러 절하를 가리켜 '닉슨충격'이라고 부른다.

닉슨의 결정은 달러 절하를 더는 저지하지 않겠다고 미국이 투항을 선포한 것이나 마찬가지였다. 그러나 많은 국가는 여전히 이미 무너진 브레턴우즈체제를 유지할 수 있다는 망상에 빠져 있었다. 그들은 1971년 스미소니언 협정(Smithsonian agreement)을 제정하여 금에 대한 달러의 가치를 1온스에 38달러로 절하하고 변동폭을 확대했다(2.25%). 그들은 이 협정으로 달러가 안정되기를 희망했다. 그러나 금융세력은 달러가 이보다 더 많이 절하되어야 한다고 생각했다. 1973년 달러가치는 또다시 10% 절하되어 1온스당 42달러가 되었고, 유가 상승으로 통화팽창이 빠르게 확산되었다. 미국발 인플레이션을 견디지 못하고 각국은 앞다투어 달러에 고정된 환율제도를 포기하고 변동환율제도를 시행했다. 아울러 금융세력의 지속적인 공격으로 브레턴우즈체제는 마침내 역사의 무대에서 퇴장했다.

1976년 국제통화기금 회원국들은 자메이카 수도 킹스턴에 모여 상호 협의로 변동환율제도 및 각국의 화폐제도 선택의 자유를 인정했다. 동시에 외환시장에서 금을 퇴장시키고, 금에 대한 정부 공식가격을 취소했다. 이로써 금이 화폐가 아닌 귀중품으로 취급받아 가격이 시장에서 자유롭게 결정되었다.

달러가치 하락에도 왜 미국은 환율전쟁의 패자가 아닌가?

비록 브레턴우즈체제의 설계는 완벽했지만 결국 붕괴의 운명을 피할 수는 없었다. 그 안에는 트리핀의 딜레마와 같은 치명적 약점과 미국의 무책임함 이외에 또 다른 문제가 잠복해 있었다. 브레턴우즈체제는 고정환율 시스템을 택하여 각국에 환율 안정과 자본의 자유로운 이동을 보장해 주었지만, 다른 한편으로는 각국이 독립적인 화폐정책을 취하지 못하도록 함으로써 모든 국가가 미국에 순종해야만 했다. 각국은 전후에 피폐한 상태여서 억지로 이 조건을 받아들였지만, 재건에 성공하자 자연히 독자적으로 움직이기를 원했다. 그러므로 브레턴우즈체제의 해체는 예정된 결과일 뿐이었다. 브레턴우즈체제는 결국 고정환율제도라는 운명의 굴레를 벗어나지 못한 것이다.

브레턴우즈체제의 흥망을 겪은 뒤 현대 외환시장은 마침내 틀을 갖추었다. 각국은 고정환율제도로 환율체계를 통일하지 않고 각자의 이익에 따라 자신의 상황에 가장 부합하는 제도를 선택했다. 그러나 브레턴우즈체제는 금본위제에서 현대적 환율체계로 바뀌는 과정의 과도기로, 그 영향력은 지금까지도 사라지지 않았다. 이후 논의될 각각의 주제는 모두 브레턴우즈체제에서 단서를 찾을 수 있다.

오늘날의 환율 시스템은 상당 부분 브레턴우즈체제를 계승한 것이다. 비록 달러가 시대의 흐름에 역행하고 금융세력의 집단 공격을 받아 현재는 금과 연계되지는 못하지만 중추로서 지위는 여전히 유지하고 있는 것이 사실이다. 그러므로 달러가 금번 화폐전쟁의 패자라고 말하기는 어렵다. 보유, 계산, 결제 등에서 대다수 국가는 아직도 달러를 선택하고 있다. 세계 최대 경제대국으로서 미국은 국제유동성 충격을 흡수할 능력을 충분히 보유하고 있으며, 여러 국가가 미국 시장의 소비를 자국경제의 성장 엔진으로 생각하고 있기 때문이다.

골리즘 시대에 프랑스 재무장관을 지내고 이후 대통령이 된 발레리 지스카르 데스탱(Valery Giscard d'Estaing)은 일찍이 1960년대에 "달러는 일종의 안하무인적 특권을 가진 것으로 간주되었다"라고 말했다. 오늘날에도 이런 특권은 여전히 존재하고 다방면에서 구현되고 있다. 글로벌 유통화폐의 주인으로서 미국은 낮은 금리로 국채를 판매할 수 있고, 다른 국가들이 맞닥뜨리는 외환에 관련된 위험을 의도적으로 피해갈 수 있다. 달러는 글로벌 기축통화로서 큰 힘을 들이지 않고 도처에서 부를 획득할 수 있다. 또한 달러의 유통은 미국에 정치적 우위를 선사한다. 글로벌 중앙은행으로서 미국 정부는 외환, 유동성 및 금리에 직접 영향을 미칠 수 있어 이로써 달러를 결제통화로 이용하는 국가들의 재정과 화폐정책에 영향력을 행사한다.

그러나 이런 점으로 브레턴우즈체제에 최종 일격을 가한 트리핀의 딜레마는 여전히 해결되지 못한 채 지금까지도 악영향을 미치고 있다. 각국이 아직도 달러와 연계되거나 영향을 받기 때문에 미국은 여전히 대규모 적자로 세계경제의 발전을 촉진할 필요가 있다. 이렇게 되면 틀림없이 1960년대처럼 달러가치 하락과 유동성 범람이 초래될 것이다. 처음으로 이 문제로 쓰라린 경험을 한 나라는 다름 아닌 미국의 극동아시아 동맹국 일본이었다.

2. 일본, 잃어버린 10년:
헤이세이 불황

일본 경제는 과거 20년 동안 마치 늪에 빠진 것처럼 호전될 기미를 보이지 않았다.[*] 일본이 어떻게 곤경에 빠졌는지를 알려면 우선 그 근원까지 거슬러 올라가야 하며, 그 발단은 미국에 대한 이야기부터 시작된다.

**레이건의 감세 정책이 미국
경제에 미친 영향**

브레턴우즈체제 붕괴로

> [*] 잃어버린 10년은 버블경제 붕괴 이후인 1991년부터 2002년까지의 극심한 장기 침체를 말하며, 흔히 헤이세이 불황이라고도 부른다. 최근에는 잃어버린 20년으로도 묘사하면서 일본 경제의 장기 불황을 비유하기도 한다.

변동환율이 실시되자 미국은 큰 이득을 얻지 못했다. 1970년대 전반에 걸쳐 미국 정치가들은 정책 오류를 남발했고, 그 결과 '스태그플레이션(stagflation)'이 유발되었다. 스태그플레이션은 스태그네이션과 인플레이션의 합성어로 높은 물가, 실직, 경기후퇴 등의 현상이 나타나지만, 동시에 인플레이션이 심각한 상황을 말한다. 1970년대 이전만 해도 이런 현상은 불가능한 것으로 여겨졌다. 인플레이션은 유통되는 화폐가 상품보다 많아서 일어나는 현상으로, 이러한 과잉유동성은 경제가 높은 성장을 이룰 때 발생한다. 그런 까닭에 경기후퇴 시기에 인플레이션이 발생하는 원인을 이해할 수 없었던 것이다.

그러나 밀턴 프리드먼 등 경제학자들은 높은 경제성장률을 보인다고 반드시 인플레이션이 나타나는 것은 아니며, 때로는 원자재가격 상승이 물가폭등을 불러일으킬 수 있다고 주장했다. 이들의 주장은 곧 현실로 나타났다. 1970년대 석유수출국기구(OPEC)가 석유가격을 터무니없이 높이 책정하자 미국의 물가는 폭등하기 시작했다. 미국은 석유에 대한 의존도가 상당히 높아 가격이 얼마이든 석유 소비를 줄일 수는 없었던 것이다. 따라서 물가는 폭등했고 뒤이어 임금도 상승했다. 이때 석유수출국기구는 미국인의 소득이 확대되는 것을 지켜보며 석유가격을 계속 올리기 시작했다. 미국은 부득이하게 물가상승에 맞춰 임금을 또다시 인상했다. 이렇듯 물가와 임금이 물고 물리면서 상승을 지속한 결과 미국인의 보유달러, 즉 소득은 증가했지만 실제 그

것으로 획득할 수 있는 석유량은 변화가 없었다. 그 결과 달러가치는 하락하고 인플레이션은 심화되었다. 또한 번 돈은 많아졌지만 생산력은 변함없어 경제성장은 이루어지지 못했다. 그 밖에 임금이 상승함에 따라 기업의 생산비용은 갈수록 늘어났지만 기업의 수익은 제자리걸음이었다. 기업들은 점점 고임금을 감당할 수 없어 감원을 시작했다. 그렇지 않으면 도산이라는 최후의 결과가 그들을 기다리고 있었기 때문이다.

석유가격의 상승은 미국에 두 가지 심각한 타격을 입혔다. 한 가지는 석유와 임금이 번갈아 상승한 탓에 인플레이션이 나타났다. 다른 한 가지는 기업의 수익 악화와 경기침체로 감원 태풍이 불어 대량의 실업이 발생했다.

이 같은 문제는 1980년대까지 지속되었다. 미국 대통령에 당선된 레이건은 감세정책으로 경제를 부양하려고 했다. 이것이 지금도 여전히 언급되고 있는 '레이건 경제학'으로, 레이건 경제학의 밑바탕에는 감세가 모든 것을 해결해 줄 것이라는 사고가 깊게 깔려 있다. 레이건 경제학의 논리를 살펴보면 대개 다음과 같다. '일단 감세로 총수요가 증가하게 되면 공급도 따라서 확대된다. 이로써 경제가 활성화되어 경제 성장이 실현될 것이며, 경제가 성장하면 정부는 세수를 늘릴 수 있다. 그래서 최종적으로는 감세에 따른 재정손실보다 재정이익 규모가 더 커 이익만 존재하지 손해는 없는 환경이 조성되는 것이다.' 많은 사람이 '세상에 공짜는(free lunch) 없다'는 사실을 체험하면서 살지만, 레이건과 공화당, 보수파들은 세상에 공짜는 있다는 논리를 믿고 감세로 해결하지 못할 일이 없다고 생각했다.

하지만 레이건 경제학이 효과가 있다 해도 단지 경기침체에 한해서일 뿐 인플레이션을 해결할 수는 없었다. 인플레이션은 마법을 써서 한번에 사라지게 하지 않는 한 점점 깊어지는 성향이 있다. 당시 폴 볼커 미 연방준비제도이사회 의장은 인플레이션의 심각성을 깊게 인식했다. 달러가치가 계속 떨어진다면 사람들은 미국 경제를 신뢰하지 못할 것이고, 이로써 미국에서 투자할 사람도 사라질 것이며, 뒤따라 경기침체가 미국을 강타할 것이다. 그래서 폴 볼커는 기준금리를 매우 높게 책정하고 긴축화폐 정책으로 달러금리를 급속히 올렸다. 그 결과 '긴축화폐와 적극적 재정'이라는 정책조합은 '스태그플레이션' 완화라는 측면에서 어느 정도 효과를 거두었다.

그럼에도 이 정책은 미국 경제에 심각한 문제를 야기했다. 세상에 공짜가 없다는 법칙은 레이건도 바꾸지 못한 것이다. 감세로 미국 경제가 부양되었지만 세수는 감소했다. 정부 재정수입이 감소한 것과 더불어 레이건이 감세로 미국이 부자가 된 듯이 돈을 마구 써 대 예산은 블랙홀에 빠진 것처럼 돈이 일순간 사라져 버렸다. 미국 정부의 적자는 신속히 늘어나 천문학적인 수준이 되었다.

그러나 미국 정치인들은 적자문제를 심각한 골칫덩이로 보지 않았으며 레이건을 숭배하기에 바빴다. 당시 가장 난제는 적자가 아니라 고금리였다. 금리인상과 유동성 축소로 인플레이션은 안정을 찾아가기 시작했지만, 디플레이션 때문에 약간의 경기쇠퇴 징조를 보였던 것이다. 더욱이 각국의 유휴자금과 핫머니들이 고금리를 쫓아 미국에 몰려들어 호시탐탐 기회를 엿보고 있었다. 이들 자금은 미친 듯이 달러를 매수했으며, 그로써 달러 가격은 점점 상승했다. 레이건이 첫 임기 4년을 마칠 때 달러가치는 인플레이션으로 상실한 부분을 기본적으로 만회했다. 그러나 달러가치 상승이 모든 방면에서 긍정적인 것은 아니었는데, 달러가치가 상승하자 미국상품의 가격이 비싸져 대외수출에 어려움이 생겼다. 이와 반대로 미국인들의 소비욕구는 폭발하여 해외 상품을 대량으로 사들였다. 무역적자는 갈수록 확대되었지만 미국은 인플레이션을 우려해 금리를 인하하지 못했다.

인플레이션의 공격에 함락되지 않기 위해 미국은 무역 역조가 심화되어 적자가 갈수록 쌓이는 것을 빤히 지켜볼 수밖에 없었다. 1984년 미국의 경상수지 적자는 역사상 최대치인 1,000억 달러를 기록했다. 다만 이 시기 미국의 인플레이션은 어느 정도 완화되어 통제 가능한 범위가 되었다. 이제 최대 공공의 적은 무역적자로 변했고, 경제 성장이 정부의 최우선 과제로 떠올랐다. 그리하여 일본이 무대에 등장하게 된 것이다.

G5 경제선진국, 그들의 룰(RULE)

미국의 처음 교섭 상대국은 일본뿐 아니라 유럽도 포함되었다. 앞에서 밝혔듯이, 유럽과 일본은 대미 수출로 상당한 이익을 보았다. 미국은 경제가 악화되자 가장 먼저 이들을 떠올렸다. 그리고 긴축정책으로 달러가치가 너무 높아진 상태이므로 정상적 수준으로 회귀할 수 있도록 두 동맹국이 힘을 보태라는 메시지를 보냈다.

미국이 세계경제의 버팀목이라는 사실을 감안하면 미국 경제의 악화는 누구에게도 이로운 일은 아니며, 이것은 곧 세계에 불황을 불러오는 결과를 초래할 뿐이다. 그리하여 일본과 유럽은 미국의 협박과 회유에 넘어가 미국의 요구에 동의했다. 1985년 9월 22일, 세계 5대 경제대국(미국, 일본, 서독, 영국, 프랑스, G5 경제선진국이라고도 부름)은 뉴욕에 있는 플라자 호텔에 모여 '플라자 합의(Plaza Agreement)'를 체결했다. 플라자 합의의 목적은 달러를 절하하고 이들 국가의 화폐는 절상해 미국의 막대한 무역적자 문제를 해결하는 한편, 달러가치의 하락으로 미국상품의 경쟁력을 높이고 미국 경제를 촉진하는 것이었다.

플라자 합의를 체결한 뒤 G5 경제선진국은 외환시장에 공동으로 개입했다. 각국이 총 100억 달러를 갹출해 일제히 달러를 투매하기 시작하자 달러의 가치가 계속해서 큰 폭으로 떨어졌다. 1985년부터 1987년까지 달러 대비 엔화 환율은 50% 이상 절상되었다. 단지 환율만 놓고 보면 플라자 합의의 소기의 목적은 달성된 셈으로 달러 절하는 성공적으로 이루어졌다.

그러나 달러 환율은 단순히 표상일 뿐 플라자 합의의 이면에는 달러 절하로 미국 국제수지의 균형을 맞춘다는 목적이 깔려 있었다. 이러한 관점에서 보면 플라자 합의는 기본적으로 실패로 돌아갔다. 미국과 유럽 간의 무역적자는 감소했지만, 일본에 대한 적자는 그다지 개선되지 않아 일본은 여전히 막대한 대미 무역흑자를 실현하고 있었다. 이런 결과가 나타난 주원인은 미국의 대일 무역적자가 환율과 큰 관계가 없었기 때문이다. 더 큰 원인은 일본이 다양한 관세장벽을 시행해 미국제품의 수입이 제한되었고, 일본은 플라자 합의를 이유로 이런 관세장벽을 철폐하지 않았던 것이다. 그 밖에 플라자 합의에서 동의한 각종 정책이 현실적으로 관철되지 않았다는 문제도 존재했다. 일례로 레이건 정부는 과거처럼 돈을 물 쓰듯이 썼으며, 각종 재정적자를 본체만체했다.

그리고 플라자 합의가 어느 정도 성공을 거두었어도 실제로 큰 효과를 보기는 어려웠을 것이다. 일본과 유럽이 대미 무역에서 계속해서 흑자를 보고 있었기에 그 화폐 가치는 상승했을 것이기 때문이다. 이 책 첫머리에서 무역흑자국의 화폐 가치는 상승하고, 무역적자국의 화폐 가치는 하락한다는 사실을 설명했다. 그리고 이러한 시장 상황으로 환율의 조절시스템이 작동해 결국 양국의 무역이 균형을 이룬다는 사실을 언급했다.

그러므로 플라자 합의가 없었더라도 달러약세, 엔화강세 국면은 곧 나타났을 것이다. 실제로 플라자 합의 이전에 이미 이런 경향이 드러나기 시작했고, 플라자 합의는 그것을 연장하는 역할을 했을 뿐이다. 여기서 상황을 한번 짚어보자. 만약 그 당시 달러의 본질가치가 높았다면, 플라자 합의에 따른 달러 하락은 시장법칙을 위반하는 것으로 G5 경제선진국이 달러를 매도해도 그 효과는 기껏해야 일시적인 것에 불과하다. 이들 각국이 달러를 계속 매도하지 않는다면 달러는 빠르게 하락세를 멈추었을 것이다. 심지어 원래의 합리적인 가격 수준에 도달할 때까지 달러는 빠르게 상승 반전되었을 것이다.

그러므로 플라자 합의가 환율 측면에서 성공을 거둔 것은 현실적인 추세가 상당 부분 그렇게 흘러갔기 때문으로 분석된다. 달러 절하라는 목적에서도 플라자 합의는 임무를 100% 완성하지 못한 것이나 마찬가지다.

달러 절하 이외에 플라자 합의는 또 다른 기능을 가지고 있었는데, 바로 달러 하락의 변동폭과 속도를 통제한다는 것이다. 그러나 각국의 정부가 간여하고 난 뒤 달러가 약세 기미를 보이자 투기세력들은 끊임없이 달러를 매도하기 시작했다. 그 결과 달러의 하락폭이 G5가 예상한 범위를 훨씬 초과해 버렸다. 이러한 결과로 국제 외환시장에서 각국이 가격 통제를 위해 마련할 수 있는 자금은 한계가 있으며, 그 능력도 제한적이라는 사실을 알 수 있다. 마치 정규군이 유격대를 이길 수 없는 것과 같은 이치다. 외환시장 전체를 놓고 보면, 정부가 투입할 수 있는 자금은 활활 타오르는 장작더미에 물 한 잔 붓는 양 정도에 지나지 않으며 순식간에 시장에 잠식될 가능성이 매우 크다.

이때 각국은 달러 하락은 분명 필요하지만, 대폭락으로 이어진다면 세계경제에 악영향을 끼친다는 사실을 인식하기 시작했다. 글로벌 기축통화로서 달러가치의 안정은 유지될 필요가 있었다. 당시 미국은 금리인상과 달러가치 하락으로 스스로 일어설 수 있었지만, 자국 경제가 고금리의 영향권에 놓이는 걸 싫어했다. 그래서 1987년 각국은 다시 파리에 모여 또 하나의 합의를 체결했다. 이것이 '루브르 합의(Louvre Accord)'다.

루브르 합의는 내용만 보면 플라자 합의와 별 다른 차이가 없다. 여기에 모인 각국은 레이건 정부를 압박해 미국이 재정적자를 반드시 감축할 것을 요구했고, 달러가치의 안정을 위하여 다시 한번 시장개입에 나설 것을 동의했다. 플라자 합의와 비교해 루브르 합의는 달러가치의 안정이라는 목표를 대체로 실현했다.

환율 부문에서의 성공 이외에 미국도 이후 적자 문제에 칼질을 시작했다. 하지만 이때 이미 레이건은 임기를 만료하고 퇴임한 이후였다. 레이건을 대신해 상황을 수습한 이는 레이건 행정부에서 부통령을 지낸 조지 허버트 워커 부시(George Herbert Walker Bush)였다. 조지 허버트 워커 부시는 선거에서 승리한 후 절대 증세를 하지 않겠다고 밝혔다. 그러나 재정적자가 감당할 수 없을 정도로 확대되자 그는 걸프전쟁 승리로 얻은 인기를 발판으로 삼아 증세를 감행했다. 결국 그의 도박은 실패로 끝나고, 클린턴이 조지 허버트 워커 부시를 누르고 미 대통령에 당선되었다. 클린턴은 부시가 펼친 증세정책의 효과로 이득을 보았다. 미국의 재정수지는 곧 균형상태가 되었고, 심지어 흑자를 기록했다.

1990년 전후 달러가치는 조정을 마쳤으며, 미국 경제도 정돈을 끝냈다. 미국은 경제발전을 위한 모든 준비가 완료된 상태에서 1990년대 하이테크 물결이 가져다줄 번영을 기다렸다. 바로 이 시기에 일본은 고꾸라지고 말았다.

달러 금리 조정으로 왜 일본 경제는 아수라장이 되었나?

플라자 합의와 루브르 합의 모두 그 취지는 미국 국내경기 조절을 돕는 것이었다. 그렇다면 두 합의는 어떻게 일본을 번영에서 쇠락의 길로 몰고 갔을까?

앞 장에서 환율은 무역뿐만 아니라 자본의 이동에도 영향을 미친다고 서술했다. 플라자 합의와 루브르 합의가 비록 일본의 지속적인 대미 흑자를 막지는 못했지만, 달러 금리가 조정됨으로써 세계자금 흐름에 큰 영향을 미친 것은 사실이다. 달러가치가 하락함에 따라 달러로 표기된 자산의 가치도 하락했다. 그 결과 대량의 핫머니가 달러를 이탈했고, 엔화는 그들의 도피처가 되었다. 이에 따라 모두들 엔화가 절상될 것으로 예측하고 대량의 자금이 일본시장에 유입되었다.

한편 엔화 절상은 일본 경제에 영향을 미쳤다. 달러 하락으로 수출업체가 벌어들인 돈의 가치가 떨어졌고, 엔화가치가 갈수록 상승함에 따라 일본제품은 가격이 올라 수출이 점점 어려워졌다. 그래서 일본인들은 자금을 국내로 돌려 자국에서 소비하길 원했다. 일본인의 소비와 핫머니의 유입이 맞물려 일본 국내에서는 주식시장과 부동산시장 등에서 투기 열기가 달아올랐다. 모두가 일본은 돈도 있고 인구가 많지만 토지는 협소해 부동산 가격이 반드시 오를 것이라고 장담했다. 그래서 사람들은 모든 자금을 토지 매매에 쏟아부었다. 토지 매매가 빈번해지자 토지가격은 갈수록 높아졌다. 거래가 이루어질 때마다 부자들이 쏟아져 나왔다. 부자가 늘어날수록 소비도 확대되었고, 경제는 호황을 누렸으며, 주가도 따라서 치솟았다. 이렇게 번 돈은 다시 토지 매입과 건물 신축에 투자되었다. 은행도 부동산 투기를 부채질했다. 은행은 토지를 안전자산으로 보고 가치가 계속해서 오르는 토지를 담보로 삼아 채무자들에게 자금을 대량 대출해주었다. 당시 도쿄 23개 구역 부동산 가격을 합하면 미국 국토 전체를 살 수 있을 정도였다.

더욱이 일본은 사방팔방으로 돈을 뿌리기 시작했다. 미국의 각종 자산을 고가로 매입했는데, 그 가운데는 록펠러 빌딩을 비롯해 각종 기업도 있었다. 이에 비하면 각종 명화, 골동품, 스포츠카 등은 가랑비 정도에 불과했다. 당시 일본인들은 부동산 가격이 오르기만 하면 경제는 잘 돌아갈 것으로 생각했다. 모두 '설사 토지가격이 실제가치를 넘어서면 어때? 구매할 사람이 길게 줄을 선 상황인데'라며 마음을 놓았다. 또한 사업보다 투자가 훨씬 더 수익성이 높고 위험이 낮다고 생각하여 모든 자금을 끌어모아 투기에 나섰다. 1989년 일본 버블경제는 마침내 정점에 도달했다. 일본의 각종 경제 지표는 모두 사상 최고치를 경신했다. 일본 상업지의 대명사인 긴자의 부동산가격은 1제곱미터에 이미 1억 엔(100만 달러)을 기록했다.

하지만 정점에 도달한 그 찰나 일본 경제는 균열을 보이기 시작했다. 실물경제와 금융 및 부동산 부문이 뚜렷한 격차를 보인 것이다. 또한 자산 가치가 점점 상승함에 따라 사람들은 자산에 기대어 수익을 실현하는 방법이 미덥지 못하다는 사실을 발견했다. 사람들은 점차 1제곱미터에 100만 달러라면 임대료를 얼마로 책정해야 원금을 회수할 수 있을까? 하는 의문을 품었다. 당시의 소득 수준 및 생산 수준으로는 자산 폭등을 더 지탱할 수 없었다. 유일한 희망은 자신보다 더욱 멍청한 사람이 나타나 101만 달러에 1제곱미터의 토지를 사는 것뿐이었다. 가격이 상승할수록 이런 멍청한 사람은 줄어들었고, 막차를 탄 사람은 1제곱미터에 101만 달러나 하는 토지를 들고 자신의 재산이 사라지는 것을 눈뜨고 지켜봐야 했다.

버블이 곧 붕괴될 단계에 이르자 일본 정부도 현 상황이 장기간 지속되지 못할 것을 인식했다. 일본 정부는 앉아서 버블 붕괴를 지켜보느니 스스로 그것을 터뜨려 버블의 부작용이 더 확대되는 것을 방지하고자 했다. 그리하여 일본 중앙은행은 금리를 인상하고, 은행에 대출 축소를 지시해 유동성을 줄이기 시작했다. 버블은 더 많은 자금의 투입을 전제로 팽창하는데, 일본 정부가 긴축화폐 정책을 취하자 버블은 그 즉시 붕괴했다. 일본 증시는 1990년부터 대폭락하기 시작했으며, 대기업들도 이를 피할 수 없었다. 증시 붕괴에 뒤이어 부동산시장 붕괴가 찾아왔고, 버블경제는 종말을 맞았다. 일본 경제는 완전히 아수라장이 되었고, 10년이라는 긴 세월을 허비하며 쇠퇴의 길을 걸었다.

일본 버블경제의 진정한 주범

일본에 왜 버블이 발생했을까? 버블경제가 나타난 근본 원인은 과잉유동성이 보기 드문 투자 기회를 노리고 자산가격을 계속해서 상승시켰기 때문이다. 비록 엔화 절상으로 과잉유동성이 발생했지만, 치명적인 인수는 환율이 아니라 일본 중앙은행의 잘못된 판단이다.

초기 단계에서 엔화 절상으로 일본이 받은 부정적 영향은 미미했다. 이는 단지 엔화 절상에 따른 적응 과정에 불과했으며, 시장의 첫 번째 자동조절일 뿐이었다. 엔화 절상으로 일본제품의 가격은 상승했고, 이로써 수출 중심의 일본기업은 새로운 환경에 적응할 수밖에 없었다. 환율 조정 범위가 크지 않아서인지 실제로 일본 경제는 엔화 절상에 빠르게 적응했다. 그러나 일본 정부는 오히려 이것을 인식하지 못했다. 정부의 엔화 절상에 대한 두려움은 뿌리가 깊어 일본 정부는 엔화 절상으로 일본이 30~40년 동안 쌓아 올린 경제 성장의 성과가 단숨에 날아갈까 우려했다.

그래서 엔화 절상과 동시에 일본 정부는 뜻밖에도 금리인하를 실시했다. 이로써 엔화가치가 상승하는 동시에 시장에서의 유동성은 갈수록 확대되어 일본인의 수중에 있는 돈은 폭발적으로 팽창했다. 과잉유동성 이외에 악화된 수출 환경은 풀린 자금을 증시와 부동산시장으로 인도했다. 또한 자금의 일부는 사치품 구입에 사용되었다. 이것이 바로 버블이 시작된 근본 원인이다.

이후 각국은 인플레이션에 대응하기 위해서 일제히 금리를 인상했으며 일본은행도 금리인상을 준비했다. 본래 일본의 위기는 그리 심각한 수준이 아니었고, 소 잃고 외양간을 고쳐도 괜찮을 정도였다. 금리를 인상해 긴축화폐정책을 시행했다면 그 후에 위기는 피해갈 수 있었을 것이다. 그러나 마침 하늘의 조화인지 미국과 일본에 의외의 일이 발생했다. 바로 '블랙먼데이'가 세계 증시를 강타한 것이다. 1987년 10월 19일 단 하루 만에 뉴욕의 다우존스지수는 22% 이상 폭락했다.

당시 사람들은 이때의 증시 대폭락이 몇몇 '리스크 관리' 전문가의 소행이라는 사실을 전혀 몰랐다. 원래 이들 전문가는 포트폴리오 자산의 가치를 보존하는 가장 효율적인 방법은 증시가 하락할 때 따라서 매도하고 상승할 때 따라서 매수하는 것이라고 생각했다.* 이런 매매전략을 택한다면 증시가 하락폭이 얼마이든지 자산의 손실 범위를 제한할 수 있고, 상승할 때는 시장 수익률을 좇아갈 수 있다. 그리하여 그들은 정해진 절차에 따라 컴퓨터가 자동으로 매매를 처리하도록 프로그램을 만들었다.

월 스트리트 투자은행이 프로그램 트레이닝 기법을 처음 소개받았을 때 그들은 이것을 거절했다. 왜냐하면 그들은 프로그램 테스트 기간에 효과가 좋아서 모(某) 모(某) 투자은행이 사용하고 있다고 소문이 퍼져 명성에 흠집이 나기를 원하지 않았기 때문이다. 그들은 다른 투자은행들이 분명 자신들을 실력도 없는 사기꾼이라고 비난할 것이라고 생각했다. 하지만 투자은행들은 이후 이 프로그램이 효과적이고 이론적 개념도 합리적이라는 사실을 깨달았다. 그래서 이들은 매매에 프로그램을 사용하기 시작했으며, 심지어 다른 투자은행에 이것을 추천하기까지 했다.

프로그램 매매는 빠르게 월 스트리트 전체에 퍼졌다. 하지만 이때만 해도 리스크 관리 전문가들은 비극이 곧 일어날 것이라는 사실을 몰랐다. 블랙먼데이 당일, 정확한 이유도 없이 일부 주식이 매도되었다. 시장 움직임이 약간 컸기 때문인지 투자은행의 위험관리 프로그램이 돌아가기 시작했고, 결국 정해진 절차에 따라 매도한 것이다. 그에 따라 다른 투

* 전문 용어로 포트폴리오 보험(Portfolio Insurance) 전략이라고 한다. 매매행위는 프로그램 트레이닝으로 내량으로 농사나말석으로 실현된다.

자은행의 프로그램 매매도 작동하기 시작했고 연이어 매도량이 출하되었다. 모두 동일한 시스템을 사용하고 있었던 탓에 빠르게 연쇄작용이 일어나 결국 수습할 수 없을 정도의 대규모 매도량이 쌓였으며 주식은 폭락하기 시작했다. 누구도 그 정확한 원인을 알지 못한 채 컴퓨터의 결정에 따라 매매가 이루어졌으며, 증시 대폭락은 얼떨결에 출현한 것이다.

사람들은 블랙먼데이를 구조적 문제로 보지 않고 우연히 발생한 사건쯤으로 생각했지만, 미국과 일본 정부의 생각은 달랐다. 미국은 이것이 경제위기의 징조일 수도 있다는 두려움에 일본 정부의 금리인상을 원치 않았다. 일본 정부가 금리를 인상한다면 돈은 미국에서 일본으로 역류할 테고 이는 경제쇠퇴를 조장할 것이기 때문이다. 동시에 일본 정부는 엔화강세에 큰 두려움을 갖고 있었다. 자신이 금리를 인상하면 유럽 및 미국 자금들이 일본으로 몰려와 엔화 가치를 한층 더 상승시켜 국내의 과열된 경기를 진정시킬 수 없다고 생각했다. 그래서 미국의 건의에 따라 일본은 계속 저금리 정책을 유지했으며, 이 결정으로 국내 투자와 내수가 촉진되기를 희망했다. 이전의 금리인하 때는 구제 가능성이 존재했지만, 이번에 일본 정부가 금리를 인상하지 않은 것은 그야말로 치명적인 오판이었다. 이때부터 일본의 국내 유동성은 폭발적으로 팽창했으며 수습될 가능성은 한참 멀어졌다. 이 모든 것의 씨앗은 프로그램의 결정에 따른 매매로 리스크를 낮출 수 있다고 생각한 몇몇 미국 리스크관리 전문가의 손에서 뿌려졌다.

일본 정부가 금리를 인상하지 않은 것은 앞에서 서술한 경제적 요인 이외에 인플레이션 징후가 없었다는 점도 크게 작용했다. 일본 정부는 인플레이션이 없다는 것을 국내에 과잉유동성이 없다는 뜻으로 해석했는데, 그 이유는 과잉유동성의 가장 뚜렷한 징조가 바로 물가 상승이기 때문이다. 그러나 일본 정부는 엔화강세로 수입품과 원자재 가격이 상대적으로 하락했다는 사실과 이로써 물가가 안정을 유지했다는 점을 전혀 인식하지 못했다. 그래서 물가안정 시대에 금리를 큰 폭으로 인상하는 조치를 사람들에게 이해하도록 하는 것은 쉬운 일이 아니었다. 심지어 화폐정책의 실수로 양호한 경제를 악화시킬지도 모른다는 두려움마저 느꼈다. 일본 정부 내에서 이러한 오판에 대한 책임을 기꺼이 짊어질 사람은 없었기에 일본 정부는 저금리 정책을 줄곧 유지함으로써 차후의 위기를 잉태하게 된 것이다. 그래서 엔화 절상은 유동성 과잉을 유발했을 뿐만 아니라 유동성 과잉이라는 사실 자체도 덮어 감추어 버렸다.

그 밖에 일본 정부와 기업 사이의 정경유착도 버블의 주원인 중 하나다. 일본은 자본주의 국가로 불리고 있었지만, 정부가 경제를 주도하는 측면이 강했고, 경제 전반에 걸쳐 정부가 개입했다. 일본 경제가 빠른 성장을 보이자 유럽과 미국조차도 일본식 자본주의(즉 정부 주도의 자유시장)가 가장 효율적인 모델이라 여기고 그들을 본받아야 한다고 생각했다. 그렇지만 일본은 정부와 기업의 관계가 너무 밀접하면 기업에 대한 정부의 감독 기능이 제대로 발휘되기 힘들다는 점을 간과했다. 기업은 언제나 화폐가 많이 풀리고 시장유동성이 증가하는 상황을 원한다. 하지만 정부는 기업과 처지가 다른데, 정부는 반드시 장기 경제계획과 조절을 담당해야 한다. 하지만 일본 정부는 기업의 입김에 좌우되어 자신이 해야 하는 본연의 임무를 망각했다.

버블 붕괴가 일본에 가져다준 결과

일본의 버블 붕괴 결과는 형용할 수 없을 정도로 참혹했다. 막대한 부가 한순간에 사라져 버렸는데, 1제곱미터당 100만 달러에 달하던 긴자의 부동산 가격은 2004년에 이르러 원래 가격의 1% 수준도 안 되는, 즉 만 달러 밑으로 추락했다. 버블이 비교적 덜 심했던 주택의 가격도 10% 수준으로 떨어졌다. 많은 일본 기업들과 투자자들은 가격이 상승하는 단계에서 과도하게 투자한 탓에 버블 붕괴 이후 막대한 채무를 짊어지게 되었다.

각종 자산가격이 붕괴된 결과, 은행이 설정한 질권은 한 푼의 가치도 없는 상태로 변해 버렸다. 일본 대형은행들이 보유한 불량대출이 속속 드러남에 따라 일본 금융은 심각한 타격을 입었고, 일본 경제 발전을 지탱하던 장기 신용체계는 마비상태에 빠졌다.

경제악화로 은행 수익성이 추락하자 일본의 은행들은 사면초가의 상황에 놓였다. 사업 환경이 이미 악화될 대로 악화되어 누구에게 대출을 해 주든지 상환되기가 힘들었던 것이다. 또한 대다수 기업이 채무 과다로 파산의 문턱을 헤매고 있어 은행으로부터 돈을 차입하려고 하지 않았다. 오히려 조금이라도 수익이 나면 서둘러 대출금을 갚으려 했고, 은행에서 대출을 받아 시설에 투자하고 생산시설을 확장하는 기업은 없었다.

일본인들은 또 다른 측면에서 돈이 필요하지 않았다. 그들은 경제 상황이 좋지 않은 것을 보고 소비를 줄였으며, 그 여파로 국내 수요와 화폐 유통이 모두 감소하여 디플레이션이 유발되었다. 내수의 감소로 기업은 어쩔 수 없이 제품 가격을 인하했으며, 제품 가격 인하로 기업의 수익성은 갈수록 하락했고 직원 수는 점차 감소했다. 제품 가격이 하락하자 소비자들은 가격이 재차 떨어지길 기다리며 더욱 소비를 줄였다. 상품 재고가 쌓이자 기업은 결국 가격을 다시 인하했고, 이런 악순환이 경제 전반에 걸쳐 쉼 없이 이어졌다.

이리하여 소위 '유동성 함정'이 형성된 것이다. 유동성 함정이란 시장에서 유동성이 모두 사라져 유동성 부족분을 메울 방법이 없다는 뜻이다. 일반적으로 경제가 악화되기 시작하면 정부는 금리를 인하해 화폐공급과 유동성을 증대하고, 이로써 경제를 부양한다. 그러나 일본에서는 시민과 기업들이 더 많은 유동성을 필요로 하지 않았기 때문에 금리인하가 전혀 소용이 없었다. 일본 중앙은행은 심지어 제로 금리 수준까지 이자를 낮추었다. 즉, 은행에서 공짜로 자금을 대출해 주고 대출금을 이용해 이익을 실현하면 모든 이익이 대출자에게 돌아간다는 뜻이다. 이익은 대출자가 가지고 위험은 은행이 부담하겠다고 하는 것과 다름없다. 그럼에도 어느 누구도 은행에서 돈을 빌려 투자하고 소비할 생각을 하지 않았다(이후 일본의 저금리를 보고 오히려 외국인들이 일본에서 돈을 빌려 해외에서 투자했다). 폴 크루그먼(Paul Krugman) 등의 경제학자는 심지어 일본 정부가 제로 금리를 유지하는 한편, 의도적으로 인플레이션을 조장해야 된다고 말했다. 인플레이션이 출현한다면 실질금리는 마이너스 상태로 떨어져 돈은 갈수록 가치를 상실한다. 만약 시민들이 소비하지 않고 기업들이 투자하지 않는다면, 본인의 부가 하루하루 사라져 가는 것을 눈뜨고 지켜봐야 된다는 의미다. 이는 상당히 극단적인 조치로 그 효과가 어떨지는 지금까지도 알 방법이 없다.

일본의 이 10년은 '잃어버린 10년'으로 불리는데, 이 기간에 일본 경제가 기본적으로 정체상태에 빠졌기 때문이다. 이때 은행과 기업은 경영부실로 파산상태에 직면했으며, 정부는 경제가 한층 악화되고 실업률이 상승하는 것을 막기 위해 재정을 투입하여 식물인간과도 같은 상태에 빠진 기업들을 부양했다. 일본 정부는 튼튼한 재정 기초를 바탕으로 기업들을 지원하고, 대공황 당시 루스벨트 정부처럼 기초 인프라 부문에 대규모 자금을 투입해 경제를 촉진하고 취업을 확대해 나갔다. 하지만 정부의 구제정책은 약간의 시간을 벌어 줄 수 있을 뿐이었다. 인프라의 건설은 마치 주민이 몇천 명밖에 없는 조그만 촌락에 거창한 대교를 설치하는 것과도 같았을 뿐, 일본 경제의 근본적인 문제를 해결해 주지는 못했다. 심지어 일본인들은 일본이 안고 있는 근본적인 문제가 무엇인지조차 몰랐다. 이후 중국이 경제대국으로 부상함에 따라 일본은 중국에 대한 수출로 잠시 한숨을 돌렸지만, 미 서브프라임 모기지(subprime mortgage, 비우량주택담보대출) 사태와 글로벌 경제위기로 일본은 원점으로 되돌아갔으며, 다시 식물인간의 상태로 빠져들기 시작했다. 세계 제2의 경제대국이 결국 환율로 인한 미궁 속에 갇히고 만 것이다.

일본 경제의 붕괴는 미국의 조작일까?

일본의 붕괴로 미국의 경쟁자가 하나 줄어든 것은 사실이다. 그래서 많은 사람이 미국이 환율전략으로 일본을 무너뜨린 것이라고 말했다. 또한 플라자 합의, 루브르 합의, 블랙먼데이 등 일련의 사건을 연결지어 이것이 일본을 제거하려는 미국의 의도적인 계략이라고 생각했다. 그러나 이러한 논리는 상당한 오류를 가지고 있다. 이것은 마치 개별 사건들을 발생한 순서로 놓고 사건들 사이에 인과 관계가 존재한다고 주장하는 것과 같기 때문이다. 이러한 주장은 어제 내가 마이크로소프트 주식을 매입했고, 오늘 마이크로소프트 주식이 올랐는데, 그렇기 때문에 내가 마이크로소프트 주식 가격이 오르는 데 일조를 한 것이라고 주장하는 것과 같다.

종합해 보면, 달러 절하는 미국의 자위적 수단으로 그 목적은 미국의 국내경제 회복과 적자 감소에 있었다. 엔화 절상은 이런 정책의 부산물일 따름이다. 미국이 일본을 파멸시킨다고 미국에 무슨 이익이 있을까? 미국이 일본과 유럽의 재건에 무상원조를 제공함으로써 자국의 경제를 회복할 수 있었는데 이제 와 자신이 이룬 것을 파괴할 이유는 없었다. 우리는 모두에게 좋은 것이 진정으로 좋은 것이라는 무역의 가장 기본적인 원리에서 이 사실을 확인할 수 있다. 미국과 일본은 경쟁자이자 무역 파트너로, 한 나라가 빈곤해지면 상대국도 빈곤해질 수밖에 없다. 미국이 자살특공대도 아니고 왜 함께 죽는 길을 택하겠는가?

백번 양보하여 설령 미국이 일본을 무너뜨릴 의도를 가지고 있었더라도 조건이 성숙되지 않으면 성공할 수 없다. 첫째, 인위적 조작이 아닌 자유시장에 의해 엔화가 절상되어야 한다. 그렇지 않다면 금융세력은 엔화강세를 인정하지 않고 엔화를 공격해 기존 구간으로 되돌려 놓았을 것이다. 둘째, 블랙먼데이가 일어나기 몇 년 전부터 미국은 이와 관련된 전략적 배치를 시작하고 프로그램 개발을 진행했어야 한다. 그리고 개발이 끝났을 때 모든 투자에 이 프로그램의 사용을 요구하고, 월 스트리트와 투자자들이 국가 이익을 위해 막대한 경제손실을 감수하도록 동의를 이끌어냈어야 한다. 또한 이러한 사전작업이 완료된 뒤 미국 정부는 일본이 금리인상을 결정하려는 그 시점에 미국 증시가 무너지도록 모든 상황을 조종하여 최종적으로 일본의 금리인상 움직임을 저지했어야 한다.

한편 미국이 의도적으로 증시를 조작해서 20% 이상 손실을 입도록 만들고, 마침내 일본 금리인상을 저지했더라도, 일본에서 꼭 버블이 발생한다는 보장은 없다. 나아가 일본 경제 붕괴는 더욱 언급할 필요가 없다. 사실 엔화 이외에 다른 나라의 화폐도 달러 대비 절상되었지만 큰 문제는 없었다. 왜냐하면 버블은 통제가 가능하고 그 나름의 규율을 가지고 있기 때문이다.

버블의 역사는 매우 오래되어 경제학자들은 일찍부터 그것을 연구했다. 이들은 버블을 다섯 단계로 나눌 수 있다고 생각했다. 첫 번째 단계는 변혁으로, 상인들이 해상무역을 준비하든 프랑스가 미시시피 지역을 개발하든, 혹은 한 사람이 인터넷으로 사업을 실시하든 사람들에게 이 하나가 세상을 바꿀 것이라는 인상을 심어준다. 두 번째 단계는 흥미로, 사람들은 모두 '와! 인터넷, 이것 정말 괜찮은걸. 새로운 세계가 펼쳐진 것 같아. 인터넷을 이용하는 네티즌은 분명 증가할 거야. IT 테마주는 폭등할 것이 확실해!'라고 생각한다. 세 번째 단계는 광풍, 즉 버블이 정점에 달한 단계다. 이때 사람들은 '인터넷이 무엇이든 나와 무슨 상관이야. 닷컴이라는 글자만 들어가면 바로 그 주식을 매수하는 거야. 지금은 부동산보다는 IT 테마주가 대세니까 말이야!'라고 생각한다. 하지만 이때는 이미 하락세로 넘어가고 있는 국면이다. 네 번째 단계는 회의로, 사람들은 새로운 것이 소문만큼 가치가 있는지 의심한다. 즉, 인터넷 기업의 시가총액이 몇억 위안의 가치가 있는지 회의를 품기 시작한다. 일부 자금은 이 단계에서 철수를 시작한다. 마지막 단계는 붕괴다. 모두들 상황이 이상하다는 것을 인식하고 인터넷이 좋다고 떠벌리던 이들은 모두 갈팡질팡한다. 인터넷 기업들의 장밋빛 미래가 대다수는 거짓이었다는 사실이 밝혀지고 투자자들은 미친 듯이 IT주를 투매한다. 버블은 급속히 붕괴되고 대량의 부가 공중으로 사라져 버리는 것이다.

일본에 버블이 한창 진행될 당시 변혁은 엔고(円高)였다. 일본인들은 수출에 의존한 경제는 이미 한계에 도달했으며, 세상은 바뀌어야 한다고 느꼈다. 엔화강세로 물가가 떨어지자 사람들은 모두 만족했다. 또한 국내 부동산과 자산이 잇달아 상승하자 사람들은 엔고 현상을 긍정적으로 보았다. 그리고 버블이라는 광풍이 불어닥칠 때 사람들은 부동산 가격이 중력을 상실한 것처럼 하늘 끝까지 상승할 것으로 믿었다. 1989년 긴자 상업지 부동산 가격이 1제곱미터에 100만 달러까지 상승했어도 사람들은 여전히 더 상승할 것이라고 생각했다. 네 번째 단계에 이르러 사람들은 경제발전은 없고 소득과 임대료가 이 정도 수준에 불과한데 어떻게 1제곱미터에 100만 달러까지 가격이 오를 수 있지? 이건 미국보다 몇십 배 높은 가격이잖아 하며 회의를 품었다. 똑똑한 사람들은 상황이 이상한 것을 이미 간파하고 매도에 나섰다. 마지막 단계인 5단계에 모든 것은 붕괴되고 일반인도 버블을 인식하게 되었다. 정부는 개입에 나서고 투자자들은 일제히 보유자산을 투매했다. 일본 경제가 완전히 붕괴된 것이다.

이 관점에서 보면, 엔화강세는 확실히 일본 붕괴의 시발점이었다. 하지만 변혁과 버블 사이에 필연의 관계는 없다. 버블이 생성되려면 천시(天時), 지리(地理), 인화(人和)가 모두 필요하다. 사실 일본 정부의 정책 오류와 저금리 유지가 바로 일본 붕괴의 진정한 원인이다. 광풍이 불기 이전 어느 시점에서도 일본 정부는 버블을 터뜨려 후폭풍을 제한할 수 있었다. 그러나 일본 정부의 잘못된 상황 판단은 느슨한 통화정책이 버블이 형성되는 완벽한 조건을 제공하도록 하는 결과를 불러왔다.

그러므로 일본의 잃어버린 10년은, 미국이 원인을 제공했지만 근본적으로는 마치 사무라이가 할복하듯이 일본의 자해가 부른 결과다. 이것은 마치 영화 〈씬 레드라인: The Thin Red Line〉의 한 장면처럼 군관이 수류탄을 던질 때 핀을 잘못 뽑아서 스스로 자신을 죽인 것과 별 차이가 없다. 우리는 일본의 경험으로부터 환율이 일종의 표상일지라도 그것이 도대체 무슨 추세를 대표하는지 파악하기 쉽지 않다는 사실을 알 수 있다. 세계에 수많은 경제학자가 있지만 엔화 절상이 초래할 결과를 꿰뚫어 보고 일본의 붕괴를 막은 이는 없었다. 환율전쟁의 위력이 무서운 것도 바로 여기에 있다. 환율의 영향력이 막대하다는 사실은 누구나 알고 있지만, 구체적으로 환율을 어떻게 다루어야 하고, 환율 변화로 경세가 어떻게 운행될지는 아무도 알지 못한다.

그렇지만 모든 환율전쟁이 본인의 잘못으로 초래된 것은 아니다. 대양의 다른 편에 위치한 또 다른 섬나라, 한때 태양이 지지 않았던 제국이 직면한 전쟁은 인위적으로 계획된 공격으로 야기되었다.

3. 태양이 저문 제국, 영국

일본이 잃어버린 10년에 들어서기 시작할 무렵, 영국도 환율 때문에 초래된 금융위기를 겪고 있었다. 하지만 일본이 '자신이 부른 재앙'에서 살아남지 못한 것과 달리, 영국의 외환위기는 조지 소로스라는 세계적인 투자 귀재가 면밀히 계획한 것이었다.

투자 귀재 소로스의 투자 비결

조지 소로스는 헝가리 출생의 유대인으로 영국에서 학업을 마쳤고, 이후 1956년 미국으로 건너가서 금융계에 발을 디뎠다. 소로스는 자신을 단순한 투자자가 아닌 철학가로 생각했다. 그는 자신의 스승인 세계적인 철학자 카를 포퍼를 숭배했으며, 카를 포퍼의 사상으로부터 자신만의 독특한 사고를 발전시켰다.

소로스는 자신의 투자이론을 '반사이론'이라 이름 붙였다. 반사이론에서는 인간은 세계를 객관적으로 인식할 수 없기 때문에 전통경제학에서 말하는 '이성적 인간'은 존재하지 않으며, 그래서 전통경제학 이론에 치명적인 오류가 존재한다고 여긴다. 전통경제학에 따르면, 한 자산에 대해 지불하는 가격은 투자자가 자산에 대한 충분한 이해를 바탕으로 결정하는 것이라고 한다.●

베이징에서 중고주택을 매입할 때 주택의 월세가 2,000위안이라는 푯말을 보았다고 하자. 국제적인 관례에 따르면, 월세와 주택 가격의 비율은 1:200이어야 하므로 이 지표를 토대로 주택 가격을 산정하면 40만 위안이 된다. 그러면 주택 매입에 따른 연 수익률은 6% 전후로 나오고, 이것은 미국 국채를 매입했을 때보다 높은 수익이다. 그 이유는 주택은 국채처럼 팔고 싶을 때 언제든지 팔아치울 수 있는 것이 아니므로 유동성과 안정성이 미국 국채보다 떨어지기 때문이다. 그래서 전통경제학 이론에 따르면, 주택가격 40만 위안은 합리적인 가격

● 쉽게 풀이하면, 투자자는 이성적인 인간으로 본인이 구매하길 원하는 자산의 가치를 잘 알고 있으며 항상 그 가치에 대응되는 가격을 지불한다는 의미다.

이 되는 셈이다.

그런데 소로스는 이러한 가설이 오류라고 생각했다. 오류의 근원으로 그는 경제학자들이 늘 장기추세를 가정하고 "장기추세로 보면…"이라는 식으로 사고한다는 점을 지적했다. 케인스도 일찍이 경제학자들의 이런 논조를 풍자해 "장기적으로 보면 사람은 모두 죽는다"라는 말을 남겼다. 그래서 소로스는 장기가 아닌 단기의 시장 변동에 주목했다.

소로스는 개별 투자자들은 모두 자신의 주관적 관점과 편견을 가지고 있으며, 그들의 관점과 시장은 서로 영향을 주고받는다고 지적했다. 앞에서 월세 2,000위안짜리 주택의 가격이 상승한다면 2,000위안이라는 월세를 신경 쓸 사람은 없을 것이다. 우리가 관심을 가지는 것은 주택 가격 상승에 따른 매매차익이지 월세는 아니다. 그래서 만약 1년 후 누군가 해당 주택을 50만 위안에 매입할 것이라는 사실을 안다면, 지금 45만 위안을 주고서라도 이 40만 위안짜리 주택을 매입하면 이익을 실현하는 것이다.

우리의 이런 행동은 다른 사람들에게 영향을 미칠 것이다. 사람들은 우리가 45만 위안을 주고 40만 위안의 가치를 가진 주택을 사는 것을 보고 '앞으로 주택의 가격이 상승할 것 같다'고 생각할 것이다. 그래서 누군가 46만 위안을 지불하고서라도 먼저 해당 주택을 매입하려 한다. 이것을 지켜본 또 다른 사람은 47만 위안, 48만 위안…… 이런 식으로 가격을 더 높이 불러 주택 가격은 상승하게 된다.

결국 해당 주택의 가격은 실제로 50만 위안에 거래되고 앞에서 예상한 상황이 현실화되는 것이다. 그러나 만약 우리가 월세가격 하락을 전망하고 주택의 가치를 40만 위안 밑이라고 생각해도 동일한 현상이 벌어진다. 우리가 주택 매입 가격을 낮게 부르면 다른 사람들도 뒤이어 가격을 낮게 부를 테고, 최종적으로는 월세와 주택 가격 모두 하락하게 된다.

이런 현상을 '양떼효과'라고 하는데, 한 사람의 행위가 다른 많은 사람에게 영향을 미치는 현상을 말한다. 양떼효과는 선순환을 일으켜 가격을 갈수록 높게 만들 수도 있고, 악순환을 초래하여 가격을 점점 떨어뜨릴 수도 있다. 가격이 상승하든지 또는 하락하든지 진행과정은 극단적으로 흐르게 마련인데, 모두 '상승하면 사고, 하락하면 파는' 원리를 따르기 때문이다. 상승국면이라면 가격이 정점에 도달하여 추가상승이 불가능할 때, 즉 꼭짓점에서 매수하는 것은 유일하게 잘못된 선택이다. 꼭짓점을 제외한 다른 구간에서는 투자자가 임의로 매수해도 올바른 선택이며, 꼭 특정지점을 고집할 필요는 없다.

꼭짓점이 아니라면 언젠가는 더 높은 가격을 부담하고 물량을 매수하고자 하는 세력이 나타날 테고 따라서 여러분은 이익을 실현할 수 있게 된다. 하락국면이라면 단 하나의 옳은 선택은 가격이 바닥까지 떨어져서 더 하락할 공간이 없을 때 매입하는 것이다. 바닥구간을 제외한 지점에서 임의로 자산을 매입한다면 손실을 입을 테고, 가격이 추락하는 것을 지켜봐야만 할 것이다.

어딘지 모르게 귀에 익은 이야기이지 않은가? 일본 경제의 흥망성쇠와 시장에서의 가격등락 모두 소로스의 이론으로 설명할 수 있다. 그러나 단순히 이러한 소로스의 이론에 입각해 부를 실현할 수 있을까? 소로스는 투자의 관건은 바로 대중보다 한 발 앞서 사전에 추세를 발견하느냐에 달려 있다고 생각한다. 다만 선동과 같은 시장조작 행위도 시세에 순응하면서 작전을 펼쳐야 성공 확률이 높아진다.

따라서 어떠한 선동과 조장도 반드시 사실에 기반을 두어야 하며, 적어도 대중에게 실현될 가능성이 있고 믿을 만하다는 신뢰를 심어줄 때 전망하는 추세를 현실화할 수 있다. 40만 위안짜리 주택의 가격이 50만 위안으로 상승하는 것은 가능하다. 하지만 국민소득이 그대로인 조건에서 40만 위안짜리 주택의 가격이 500만 위안으로 상승하는 것은 불가능에 가깝다.

여기서 잠깐 조지 소로스의 인생 여정을 살펴보자. 소로스는 1970년 이전 스스로 독립하여 퀀텀펀드를 설립했다. 이후 그는 자신의 투자이념을 현실로 옮겼다. 그는 부동산 산업, 일본 경제, 석유 부문 및 군수복합체 산업의 미래가 밝다고 전망했으며, 매번의 투자를 모두 성공으로 이끌었다. 소로스는 일시에 금융계의 전설로 떠올랐다. 만약 누군가 1970년대에 소로스에게 10만 달러를 맡겼고 이 돈이 복리로 투자되었다면, 연수익률은

30%를 넘어섰을 것이며, 현재는 수억 달러 이상으로 변해 있을 것이다. 물론 소로스도 이 과정에서 상당한 이득을 보았을 것이다. 2009년 소로스는 33억 달러의 수입을 올려 최고 수입을 기록한 헤지펀드 매니저라는 영예를 다시 차지했다. 포브스는 소로스의 재산을 130억 달러 이상으로 추정하고 있는데, 이것은 그가 과거 30년간 기부한 70억 달러는 제외한 금액이다.

막대한 부를 소유하고 있지만 소로스의 가장 큰 바람은 자신의 반사이론과 학술적 공헌이 모두에게 인정받는 것이다. 하지만 대다수 정통파 경제학자들은 소로스를 거들떠보지도 않고 그를 월 스트리트의 일개 펀드 매니저 정도로 여긴다.

그의 저서 《금융의 연금술》도 마땅히 받아야 할 인정을 받지 못했다. 많은 사람은 그의 성공이 이론의 정확성이 아닌 직감과 운에 기인한다고 여긴다.

심지어 소로스의 아들도 소로스의 성공이 하늘의 도움이 있었기에 가능했다고 생각했다. 그의 아들이 한 말에 따르면, 소로스가 투자를 선택할 때 몸이 본능적으로 반응한다고 한다. 만일 투자 전망이 좋지 못하다면 소로스의 등에서 경련이 일어나 그가 움직일 수 없을 때까지 지속된다는 것이다. 반대로 투자 전망이 밝으면 그의 등에서는 아무 반응이 일어나지 않는다고 한다. 그래서 소로스는 자신의 신체 반응으로 어디에 투자해야 할지를 알 수 있다는 것이다.

소로스는 모든 사람에게 반사이론의 정확성을 증명하길 원했다. 그래서 막대한 수익도 올리면서 명성도 얻을 수 있는 투자 대상을 찾아 나서기 시작했다. 이때 퀀텀펀드에서 일하던 금융천재 스탠리 드러큰밀러(Stanley Druckenmiller)는 소로스가 그토록 갈망하던 사냥감을 마침내 발견했다. 그것은 바로 파운드였다.

1990년대 초 독일과 영국의 경제 상황은 어떻게 달랐나?

네 가지 환율제도를 소개할 때 이미 언급했듯이, 유럽의 많은 국가가 유럽의 정치 및 경제적 통일을 희망해 상당히 오래전부터 유로화 발행을 계획했다. 이들 국가는 유럽통화제도(EMS)를 이용해 유럽환율제도(ERM)를 설립했으며, 다양한 화폐의 환율을 모두 고정해 각국의 중앙은행에서 시장개입으로 지정된 환율을 유지하도록 했다. 영국도 유럽환율제도에 가입해 파운드를 다른 유럽 화폐들과의 고정환율에 연계했다.

유럽환율제도(ERM)는 연계환율제도에 속한다. 그래서 파운드는 유럽 각국의 화폐들과 연계되었고, 각국의 자금은 고정된 환율에 따라 이동이 가능했다. 그런데 연계환율제도에 참가한다는 것은 영국으로서는 화폐정책의 독립을 포기한 것이나 마찬가지였다. 그 이유는 화폐정책을 반드시 다른 유럽 국가들과 보조를 맞추면서 실시해야 각국 화폐 사이의 환율이 요동치지 않도록 관리할 수 있기 때문이다.

유럽의 여러 화폐 가운데 가치가 가장 높은 것은 마르크였다. 이것은 당시 유럽에서 독일의 경제규모가 가장 컸기 때문이다. 그래서 유럽환율제도에 가입한 국가들은 독일 중앙은행의 눈치를 보았다. 우선 독일 중앙은행이 금리를 인상한 경우를 생각해보자. 만약 영국 중앙은행이 독일 중앙은행과 보조를 맞추지 않고 저금리 정책을 유지한다면 모든 투자자가 파운드를 매도하고 마르크를 매입할 것이다. 이는 투자자들이 높은 금리를 이용해 더 많은 이익을 실현하길 원하기 때문이다. 이렇게 마르크의 수요가 증가하면 마르크의 가치는 자연히 상승한다. 이때 영국이 환율 안정을 유지하려면 보유한 마르크를 매도하여 마르크 공급을 확대하거나 또는 파운드도 마르크를 따라서 절상되도록 내버려 두어야 한다. 영국 중앙은행이 마르크를 발행할 수 없다는 점을 감안하면 영국은 금리를 인상해 파운드 가치가 올라가도록 해야 한다.

같은 원리로 독일 중앙은행이 금리를 내린다면 뒤이어 영국 중앙은행도 금리를 내려야만 환율연계 범위를 유지할 수 있게된다. 그러므로 각국 중앙은행이 화폐 연계에 동의한 것은 유럽 최고의 경제대국인 독일에 자국의 금리를 결정하도록 맡긴 것과 다를 바 없었다.

상황이 이러하자 연계환율제도의 단점이 곧 드러났다. 유럽 각국은 경제발전 수준과 경기주기 등이 서로 달라 모든 국가에 적합한 통일된 화폐정책을 만들어 내기란 결코 쉽지 않았다. 그래서 독일을 중심으로 한 체계 속에서 다른 나라들은 독일의 의향과 수요에 따라 자신의 화폐정책을 조절할 수밖에 없었으며 이로 인한 부작용은 피할 수 없었다.

1990년대 초는 동독과 서독이 막 통일된 뒤였다. 독일인들은 수십 년간의 분단된 역사를 겪고 마침내 단일 국가를 이루었다는 데 환호했다. 그러나 곧 통일에 따른 문제점들이 속속 드러났다. 특히 서독 사람들의 불만이 더 컸는데, 그들은 동서독 통일로 강대한 게르만 국가를 건설할 수 있을 것이라 여겼다. 하지만 막상 뚜껑을 열어본 결과, 동독이 외형은 강국이지만 속은 텅 빈 상태로 도처에 문제가 산적해 있다는 사실을 발견했다. 서독은 동독과의 통일로 어떤 이득도 얻지 못했고, 오히려 상당한 짐을 짊어져야 했다. 많은 지역의 기초시설조차 서독이 자금을 지원해 재건해야 했다. 하지만 국가의 이익이 가장 우선이기에 동독이 상대적으로 빈곤하다고 해서 계속 분단된 상태로 있을 수도 없었다. 그래서 독일 정부는 재정지출을 확대해 동독을 서독처럼 현대화할 생각을 하고 있었다. 재정지출을 확대함에 따라 독일 정부의 재정이 빈약해져서 채권발행 압력이 가중되었다. 그래서 독일 정부는 채권을 원활하게 발행하려고 금리를 큰 폭으로 올렸다.

금리인상은 당시 독일의 이익에 부합된 것이었는데, 영국의 상황은 이와 완전히 달랐다. 당시 영국은 경제쇠퇴 상태여서 금리인하로 경제발전을 촉진할 필요가 있었다. 그러나 영국 중앙은행은 파운드가 마르크의 환율과 대등하게 유지되게 하려고 독일 중앙은행과 보조를 맞추어 금리를 인상할 수밖에 없었다. 이것은 마치 건강이 악화된 사람에게 영양 보충은커녕 음식 섭취를 더욱 줄일 것을 요구한 것과 같다. 그러면 결과적으로 이 사람은 영양 불량으로 병이 더욱 깊어질 것이다. 영국 경제가 바로 그러한 상황에 놓여 있었다. 영국 경제는 저금리와 유동성 공급이라는 영양분을 공급받지 못해 계속해서 부진을 면치 못했다. 많은 사람이 영국이 유럽환율제도에 계속 남을지를 두고 의심을 품기 시작했다. 그러나 영국 정부의 태도는 다음과 같이 단호했다. '앞길에 얼마나 많은 난관이 존재하든지 우리는 유로존의 일원으로 남을 것이다.'

영국의 정치적·경제적 역량, 정부의 의지 등에 비추어 대다수 사람은 영국 정부가 자신의 공언을 실현할 것을 믿어 의심치 않았다. 그런데 한 사람이 영국을 뒤흔들어 놓을지는 생각지도 못했다. 영국의 중앙은행인 영란은행(Bank of England)은 오랜 역사를 보유한 은행으로, 세계 각지의 중앙은행은 모두 영란은행을 모방해 설립되었다. 그런 만큼 영란은행을 무릎 꿇게 하는 것은 불가능한 일로 여겨졌다. 그러나 소로스에게 주어진 기회는 이 같은 불가능에서 탄생했다.

소로스는 어떻게 파운드를 무너뜨렸나?

소로스의 퀀텀펀드도 다른 사람들처럼 영국이 직면한 난제를 이전부터 알고 있었다. 그러나 대다수 사람과 달리 그들은 이것이 기회가 될 수 있다고 생각했다. 당시 퀀텀펀드의 스탠리 드러큰밀러는 각종 데이터를 분석한 뒤 파운드는 절하될 수밖에 없으며, 영란은행은 난공불락의 요새도 아니고 종이호랑이일 뿐이라고 판단했다. 단지 스탠리 드러큰밀러 한 사람의 의견이었지만 소로스는 분석 결과를 꼼꼼히 살펴보고 나서 그의 판단이 정확하다고 생각했다. 한 발 나아가 소로스는 영국이 조만간 경제악화로 파운드를 절하할 것으로 내다봤다. 그는 파운드를 공격할 사전 포석을 깔아 놓고 적절한 때가 오기를 기다렸다. 만약 이쯤에서 그쳤다면 소로스는 일반 투자자에 머물렀지 최고의 투자천재는 되지 못했을 것이다. 그는 대중들의 눈에 금융선지자로 비치기를 원했다. 그래서 소로스의 퀀텀펀드는 어떤 식으로 자기의 역량을 총동원해 파운드를 거꾸러트릴지 곰곰이 헤아려 보았다.

환율전쟁에서 자금은 무기다. 자금을 더 많이 확보하는 자가 전쟁의 승자가 된다. 그래서 소로스는 자신의 수중에 있는 자금을 총동원했을 뿐만 아니라, 다수의 금융기관과 신용제공에 관한 협약을 맺었다. 자신의 총알을 모두 소진하면 이들로부터 계속해서 자금을 수혈하려는 의도가 깔려 있었다. 이후 소로스는 곳곳에 루머를 퍼트려 다른 투자자들도 파운드가 절하될 것으로 믿게 만들었다. 이렇게 되면 그들도 파운드 절하 압력을 가중하는 데 동참할 것이기 때문이다.

모든 준비가 끝나자 1992년 소로스는 파운드를 공매도하기 시작했다. 파운드의 공급량을 확대함으로써 파운드 하락을 유도한 것이다. 동시에 그는 곳곳에서 작전을 벌이고, 각종 TV와 신문 등에서 파운드가 곧 절하될 것이라고 말했다. 다른 투자자들도 파운드를 함께 매도하도록 만들어 영란은행에 압력을 가할 목적에서였다. 너도나도 파운드를 매도한다면 영란은행은 외환보유고를 이용해 파운드를 매수해야만 파운드의 과잉공급을 막아 환율 안정을 유지할 수 있었다. 하지만 소로스의 자금 동원력이 막강한 데다 소로스에게 선동된 사람들이 가세한 탓에 이들이 매도한 파운드 물량은 거의 천문학적 수준에 이르렀다. 영란은행은 파운드가치를 유지하려고 몇 주 만에 500억 달러를 소진했다.

계속 이렇게 간다면 영란은행은 외환보유고를 조만간 전부 소진할 것이 분명했다. 영국은 파운드 환율의 안정을 위해 마지막 카드를 내밀었는데, 그것은 바로 금리인상과 외환의 차입으로 외환보유고를 충당하는 것이었다. 영국 재무성 장관 라몽은 성명을 내고 파운드 환율 안정을 위해 영국 정부가 150억 달러를 차입할 계획이라고 밝혔다. 그러나 소로스는 이러한 발표에도 전혀 주눅이 들지 않았다. 후일 소로스는 이때를 회상하며 당시 퀀텀펀드는 100억 달러 이상의 파운드를 매도했지만 여전히 150억 달러의 파운드를 매도할 신용을 확보하고 있었다고 밝혔다. 동일한 포지션을 택한 다른 투자자들의 자금을 더한다면, 영란은행이 더 많은 자금을 확보해 방어에 나서도 당해 낼 수 없는 상황이었다.

또한 금리인상도 해결책은 되지 못했다. 금리인상으로 투자자의 파운드 수요를 늘려 파운드 가치를 높일 수는 있지만, 당시 영국은 쇠퇴기에 접어들어 저금리로 경제를 촉진해야 할 상황이었다. 그러므로 금리를 다시 인상할 수도 없는 처지였다. 금리 재인상은 수출에 타격을 입히는 것은 물론 영국으로 하여금 투자를 감소하게 하는 결과를 불러올 것이다. 이로써 영국의 경기쇠퇴는 더욱 가속화되고 대규모의 경기침체가 형성될 것이다.

결국 영국 정부는 어쩔 수 없이 파운드 방어를 포기했다. 1992년 9월 16일, 영국은 유럽환율제도에서 탈퇴했고, 파운드는 자유변동환율로 바뀌었다. 영국인들은 이날을 가리켜 '검은 수요일'이라 부른다. 파운드 방어 포기로 파운드 가치는 빠르게 하락했으며, 파운드를 매도한 사람들은 풍성한 수확을 거두어들였다. 반대로 이들이 매도한 물량을 대량 매수한 영국 정부는 막대한 손실을 입었다. 통계에 따르면, 영국 정부는 검은 수요일 단 하루 만에 33억 파운드의 손실을 기록한 것으로 나타났다.

하지만 같은 날 소로스는 파운드 매도로 10억 달러의 순이익을 올렸는데, 거기에 스웨덴 크로나, 이탈리아 리라에 대한 투기에서 얻은 이익을 더한다면 총 20억 달러를 단번에 움켜쥔 셈이다. 소로스는 파운드 공격의 최대 수혜자가 되었으며, 이로써 '영란은행을 무너뜨린 인물'이라는 별명을 얻게 되었다.

소로스의 파운드 공격은 영국에 재앙이었을까?

소로스는 영란은행 공격으로 신화와 마귀라는 두 가지 상반된 평가를 받았다. 하지만 이런 평가들은 모두 과장된 측면이 있다. 소로스는 그리스의 극작가 에우리피데스*가 묘사한 '해결의 신'이 아니다. 에우리피데스의 희곡은 종종 극 후반부에 와서 이전 줄거리와 전혀 상관없는 신 혹은 영웅을 등장시켜서 이야기를 다른 방향으로 몰아 모든 문제를 해결하곤 한다. 일례로 그의 작품 〈알케스티스(Alkestis)〉에서는 알케스티스가 사랑하는 남편 아드메토스를 대신하여 죽는 인물로 등장한다. 작품은 후반부로 갈수록 비극적으로 흐르고 알케스티스는 죽을 수밖에 없는 운명에 놓인다. 그러나 사건 전개가 최고조에 달했을 때 에우리피데스는 문득 생각을 바꿔 알케스티스를 구제하기로 결심한다. 그래서 갑자기 헤라클레스를 등장시켜 그로 하여금 알케스티스의 생명을 구하게 한다.

이것은 희곡에서는 하나의 장치로 간주될 수 있다

* Euripides, BC 484~BC 406. 아이스킬로스, 소포클레스와 함께 그리스 3대 비극 작가로 불린다.

(단 이런 기법은 많은 이들의 비판을 받았고 그중에 아리스토텔레스도 포함된다). 그러나 현실에서 우리는 모든 상황을 뒤집을 수 있는 영웅을 찾기가 매우 어렵다. 소로스와 같은 뛰어난 사람도 해결의 신이라고 보기는 힘들다. 우리가 사는 세상에서 일어나는 많은 일들은 느닷없이 발생하는 것이 아니라, 사전 배경과 그 일이 일어나게 된 논리가 존재한다.

파운드가 무너진 경우에도 원래 파운드는 약세로 접어들고 있었으며, 소로스는 단지 그 과정에서 이익을 취했을 뿐이다. 따라서 소로스가 그 당시 파운드 운명의 궤도를 바꾼 것은 아니며 단지 발생할 상황을 좀 더 앞당긴 것뿐이다. 소로스를 비롯해 다른 금융대가들 모두 이미 정해져 있는 사실을 바꿀 능력은 없다. 이것이 바로 파운드가 무너진 후 프랑스 프랑도 투기꾼들에게 두 차례 공격을 잇달아 받았지만 오히려 프랑스 정부에 모두 섬멸을 당한 이유다. 그래서 프랑스는 영국과 달리 성공적으로 유로존에 가입했다. 만일 한 화폐에 대한 공격이 일종의 경제법칙을 위반하는 행위라면 공격자의 역량이 아무리 뛰어나다 해도 실패는 불을 보듯 뻔하다.

이런 관점에서 보면, 소로스는 '해결의 신'이 아니라 셰익스피어의 〈맥베스〉에 등장하는 마녀와 더 비슷하다. 맥베스는 원래 스코틀랜드 던컨 왕의 영주로 야심만만한 장군이었다. 반란군을 평정하고 귀환하는 길에 그는 세 마녀와 마주쳤는데, 그 마녀들로부터 왕좌에 오를 것이라는 예언을 듣게 된다. 마녀의 예언을 듣고 야망에 불타던 맥베스는 마침내 왕을 살해하고 왕위를 찬탈한다. 그러나 하늘의 도리를 역행한 대가로 맥더프의 칼에 죽음을 맞이한다.

맥베스의 비극은 그의 본성에서 원인을 찾을 수 있다. 마녀가 출현하지 않았다고 해도 그는 야심을 실현하기 위해 조만간 반란을 일으켰을 것이다. 마녀는 그의 행보를 재촉하는 역할을 했을 따름이다. 파운드의 운명도 이와 마찬가지였다. 영국 경제는 원래 자체적으로 문제를 안고 있었기 때문에 파운드의 절하가 필요했다. 소로스는 마치 마녀처럼 그 결과를 사전에 꿰뚫어 보고 그 과정을 앞당기는 역할을 했을 뿐이다.

그러나 〈맥베스〉의 비극적 결말과 달리, 파운드는 무너졌지만 영국은 오히려 아름다운 결말을 맞이했다. 파운드 절하로 영국은 체면을 잃었고 겉으로는 손해를 입었다고 떠들었지만, 실제로는 본전을 잃지는 않았다. 심지어 소로스와 벌인 환율전쟁에서 패배했다는 이유로 장관 자리를 잃게 된 라몽도 파운드 절하는 당시 쇠퇴하는 영국 경제에 가장 필요한 일이었다고 밝혔다. 영국은 파운드 절하로 빠르게 재기했다. 수출과 국내투자 모두 뚜렷이 개선되었고, 경제는 빠르게 발전했다.

결과만 놓고 보면, 파운드 절하로 손해를 본 사람은 없다. 소로스는 이번의 환율전쟁에서 승자가 되었고, 영국 정부는 패자였지만 그 대가로 경제회복이라는 그들의 목적을 달성했다. 이러한 결말은 셰익스피어의 '끝이 좋으면 다 좋다(All's well That

Ends Well)'는 문구로 형용될 수 있을 듯싶다. 그러나 모든 환율전쟁이 행복한 결말로 끝난 것은 아니다. 다음에서 환율전쟁의 만성적 피해자인 두 나라를 소개한다.

4. 라틴아메리카의 비극

이민지역으로 북미, 유럽, 라틴아메리카 가운데 한 곳을 고르라면 당신은 어디를 선택하겠는가? 사람마다 기호가 다르기는 하지만 매년 발표되는 자료와 이민자들의 선택을 바탕으로 예상해 보면, 대다수는 북미와 유럽을 선택할 것이고, 중남미를 선택하는 사람들은 극소수에 불과할 것이다. 그 이유는 매우 간단하다. 북미와 유럽의 생활 환경이 자신이 살고 있는 곳보다 좋기 때문이다.

그러나 100년 전으로 거슬러 올라가 같은 질문을 던진다면 그 답은 지금과 달라질 수 있다. 당시는 중남미의 생활 환경도 북미, 유럽에 비해 뒤지지 않았다. 심지어 사람들은 북미와 중남미를 놓고 어느 곳을 선택해야 좋을지 깊게 고민했는데, 그때는 중남미 국가들이 미국처럼 풍요로웠다.

19세기 라틴아메리카 각국은 수백 년 동안 자신을 통치하던 스페인과 포르투갈로부터 잇달아 독립했다. 이 시기 라틴아메리카는 활력이 넘쳤으며 천혜의 조건과 풍부한 자연 자원 덕택에 주민들의 생활은 매우 풍족해 유럽에서 생활이 여의치 않은 사람들이 대거 멕시코와 아르헨티나 등지로 몰려들었다. 이런 역사적 배경이 있어 현재 남미 축구 선수들이 유럽에 가도 외래용병처럼 대접받지 않는 것이다.

개인의 역량에 따라 구체적 모습은 달라지겠지만 북미가 아닌 중남미를 택한 사람들은 대체로 운이 없었다고 볼 수 있다. 북미는 선진국이 되었지만 라틴아메리카는 제자리를 맴돌며 지금까지도 개발도상국에 머물러 있다. 그 가운데서도 가장 추락속도가 빠른 나라는 아르헨티나라 할 수 있다. 아르헨티나는 20세기 초까지만 해도 세계 10대 경제부국이었지만 지금은 제3세계 국가로 전락했다.

북미와 중남미의 격차가 이렇게 벌어지게 된 이유는 무엇일까? 여기에는 두 가지 원인이 존재한다. 첫째는 라틴아메리카 국가들의 시운이 좋지 못했고, 둘째는 그들이 진취적이지 못했기 때문이다. 여기서 시운이 좋지 못했다는 뜻은 이들 국가들이 원재료 수출국으로서 글로벌 경제가 위기에 놓일 때마다 경제가 타격을 받았다는 의미다. 세계 경기가 침체를 보임에 따라 그들에게서 원재료를 살 국가가 없었던 것이다. 그중 가장 치명타를 입은 시기는 대공황 때로 부자가 더 여윳돈이 없다는 말처럼 당시 자본주의 국가들은 자신들의 안위를 돌보기도 힘겨웠다. 따라서 그들에게 원재료를 공급하는 라틴아메리카의 경제 상태는 좋을 수가 없었다.

그러나 모든 국가가 세계 경기 변동에 따른 영향을 받았다. 그러므로 이러한 이유만으로 왜 라틴아메리카만 유독 제자리걸음을 걷는지 설명하기는 어렵다. 이러한 관점에서 살펴보면, 가장 근본적인 원인은 라틴아메리카의 제도에서 찾을 수 있을 것이다. 북미 국가가 정치와 경제에서 자유 노선을 걸은 것과 달리 라틴아메리카는 일반적으로 보모 노선을 걸었다. 그렇다면 보모 노선이란 무엇일까? 이것은 바로 라틴아메리카의 통치자가 자신의 백성을 어린애처럼 보고 일의 경중을 가리지 않고 모든 것을 국가가 결정하는 것을 말한다. 국가를 자신의 보모로 둔 것도 나쁘지는 않았다. 민중의 모든 요구가 기본적으로 만족되었기 때문이다. 임금이 부족하다고? 문제없어, 임금을 올려줄게! 복지가 부족하다고? 이 또한 문제없어, 복지를 확대할게! 이렇게 국민들이 원하는 것은 기본적으로 모두 이루어졌다.

다만 이상의 제도가 양호하게 운영되려면 반드시 한 가지 전제조건이 만족되어야 한다. 그것은 바로 막대한 양의 돈을 가지고 있어야 한다는 점이다. 중남미 국가가 1년에 생산과 무역으로

100위안의 수익을 올린다고 가정해 보자. 국민 복지에 우선 75위안이 필요하다. 하지만 권력을 쥐고 있는 부패관료도 이때 75위안을 원하고 있다. 그러면 국가가 가진 부로는 이들 두 집단을 모두 만족시킬 수 없다.

중남미 국가에서는 실제로 돈이 부족했고, 국민을 부양하는 것만으로도 정부는 재정적자에 빠졌다. 이때 중남미 국가들은 한 가지 절묘한 해결책을 생각해 냈다. 외국인에게 높은 이자를 주고 돈을 빌리는 방법이었다. 원래 국가가 보유한 돈이 50위안에 불과하다면 외국으로부터 100위안을 빌리면 충분하지 않을까? 이후에 외채를 갚지 못해도 그건 차후에 걱정할 문제고 지금은 우선 먹고 마시고 보자라는 생각이 그들 사이에 만연했다.

그러나 이것은 현재의 상황을 모면하려는 임기응변에 불과했다. 외국인들은 곧 문제점을 발견했으며, 이후로는 아무리 높은 금리를 준다고 해도 돈을 대출해 주지 않았다. 상황이 이 지경에 이르자 더 물러날 곳도 없었다. 그리하여 중남미 국가들은 지폐를 대량으로 찍어내 임금을 지불하고 주민의 각종 복지를 개선하는 데 사용했고, 각종 채무는 대충 갚아지는 대로 갚았다. 그 결과 외국인들은 분노하며 "다시는 여기 안 와!"라는 말을 남기고 떠나 버렸다. 시민들도 폐지와 같은 지폐를 들고 분노하여 시위와 반란을 일으켰다. 그래서 중남미 국가들은 파산과 새로운 정권이 들어서는 악순환을 반복적으로 겪었다.

이쯤에서 왜 외국인은 그렇게 속으면서도 또다시 중남미에 투자하는지 궁금해하는 사람들이 있을 것이다. 하지만 외국인은 수시로 바뀌었다. 예컨대 중남미에 투자한 외국인은 유럽인에서 아랍인으로 변화했다. 아랍은 1970년대 석유로 떼돈을 벌었다. 당시 미국은 심각한 인플레이션을 겪고 있었는데, 아랍인은 손안에 있는 달러가 하락하는 것을 지켜보고만 있기를 원하지 않았다. 그래서 사방으로 투자할 기회를 찾아다녔다. 비록 라틴아메리카의 역사가 운이 없었지만 이것도 기회라면 하나의 기회였다. 중남미 국가의 부채는 750억 달러에서 3,150억 달러로 빠르게 증가했고, 이전과 다름없이 국민과 부패관료를 먹여 살렸다. 채무가 늘어남에 따라 한층 더 참혹한 붕괴가 찾아왔다.

이것이 바로 만성적인 붕괴를 겪으며 흘러온 20세기 라틴아메리카의 경제사다. 아르헨티나의 외채 디폴트 역사는 심지어 1890년으로 거슬러 올라간다. 경제 붕괴와 함께 찾아온 환율 폭등으로 부를 다른 안정적 화폐로 이동할 새도 없이 이 지역의 부는 일순간에 완전히 사라져 버렸다. 새로운 화폐가 옛 화폐를 대체하는 일은 반복되었고, 경제 붕괴도 끊이지 않고 재현되었다.

칠레의 성공적인 경제개혁과 그 배경

이런 악순환은 1970년대까지 지속되었고, 마침내 새로운 역량이 등장해 기존의 국면을 바꾸려는 시도에 나섰다. 오래전부터 중남미의 부자들은 자녀를 미국으로 유학 보내는 사회적 관습이 있었다. 하버드, MIT 등에서 학업을 마친 뒤 귀국한 유학파는 자국의 정상적이지 않은 상황을 지켜보고 미국에서 배운 선진 이념을 국내로 들여와 개혁할 생각을 품었다. 마침 당시 칠레는 피노체트 장군이 막 정권교체를 이룬 상태였다. 피노체트의 지원 아래 이들 젊은 유학파들은 경제학자 밀턴 프리드먼이 주창한 신자유주의 경제를 전면적으로 채택했다. 그들은 환율안정화, 무역자유화, 경제시장화, 재산사유화 등의 정책을 적용함과 동시에 정부 재정지출과 적자, 인플레이션율과 관세를 감소시켰다. 칠레는 순수이론을 기초로 한 정책의 실험의 장이 된 것이다. 그러나 예상 밖으로 신자유주의가 효력을 발휘해 칠레 경제가 단시간에 회복되기 시작했고, 경제성장률은 아시아의 네 마리 용과 어깨를 나란히 했다. 게다가 외국 자본이 끊임없이 유입되면서 칠레는 비약적인 발전을 이루어 경제와 국민 생활 수준이 나날이 개선되었고, 마침내 자본주의 시장의 총아가 되었다. 미국을 더욱 기쁘게 한 것은 경제발전에 힘입어 1990년 피노체트 군사정권이 물러나고 민간정부가 들어선 것이다.

칠레의 상황을 지켜본 중남미 국가들은 내심 씁쓸함을 느꼈다. 가장 상심한 나라는 아마 아르헨티나였을 것이다. 이웃 빈국인 칠레가 부국으로 발돋움할 때, 자신은 여전히 만성적 붕괴를 겪고 있으니 어찌 슬프지 않겠는가? 아르헨티나는 100년 전 세계 10대 경제부국에서 지금은 세계 몇 위인지도 헤아릴 수 없을 지경에 이른 것이다. 베론 정부 때부터 아르헨티나는 전면적인 보모화를 실시하고 관세를 높여 기본적으로 고립주의를 택했다. 아르헨티나의 부채는 빠르게 쌓여 갔고, 1980년대 말에는 외채가 이미 1,550억 달러까지 불어났다. 각종 부담을 해결하기 위해 돈을 마구 찍어내면서 아르헨티나는 엄청난 인플레이션을 겪었다. 1989년 한 해의 인플레이션율은 5000%에 달했고, 환율은 재차 폭등하면서 멈출 줄을 몰랐다. 이 기간에 아르헨티나는 새로운 기록을 세웠는데, 당시 아르헨티나의 화폐 가치 절하가 심각하여 정부조차 지폐를 찍어낼 종이와 잉크를 살 수 없었다. 인쇄소 노동자들도 이미 파업 중이었던 것이다. 정부가 지폐를 인쇄하지 못할 지경까지 이른 것은 세계 역사상 처음 있는 일이다.

국가가 풍전등화의 상황에 놓이자 미국에서 귀국한 아르헨티나 유학생들도 칠레를 전례로 삼아 워싱턴 컨센서스(Washington Consensus)에 언급된 정책들을 시행했다. 그 밖에 칠레를 부지런히 모방한 국가로는 멕시코를 들 수 있다. 멕시코는 미국과 접경하고 있어 미국의 신자유주의 경제를 배우기에 다른 중남미 국가들보다 더 유리했다. 그들은 신자유주의 경제체제라는 묘약으로 칠레처럼 다시 한번 부국이 될 수 있기를 꿈꿨다. 신자유주의의 성공을 경험한 미국도 그들의 개혁을 힘껏 지원했다. 그러나 이번에는 성공을 거두지 못했다. 멕시코와 아르헨티나 경제는 또다시 붕괴하고 말았다. 그 주범은 바로 환율이었다.

멕시코의 테킬라 위기는 왜 발생했나?

칠레 개혁이 성공할 수 있었던 원인은 매우 중요한 정책이 뒷받침되었기 때문이다. 그것은 바로 환율안정화다. 칠레는 왜 환율 안정이 필요했을까? 무역, 차입 혹은 투자유입 등 경제를 활성화하는 행위들은 그 나라의 환율이 안정될 때에만 외국인들이 그 지역과 거래를 하기 때문에 비로소 이루어진다. 그러나 중남미는 만성적 붕괴로 대외신용도가 상당히 좋지 못했다. 그래서 칠레 등 중남미국가들은 반드시 모든 수단을 동원해 환율을 안정시켜야 했다. 그렇게 해야만 비로소 외국인들이 부를 축적할 기회를 다시 한번 제공했기 때문이다.

칠레의 성공 사례를 보고 멕시코와 아르헨티나도 그들을 따라서 조치를 취했다. 멕시코는 연계환율제도를 채택해 페소(peso)와 달러를 직접 연계하는 정책을 시행했다. 멕시코와 달리 아르헨티나는 1달러에 1페소로 달러와 페소를 동일가격으로 놓기로 결정했다.

이것은 상당히 가혹한 조치로, 1달러에 1페소로 환율을 고정한 것은 기본적으로 달러화를 실시한 것이나 마찬가지였다. 이것은 아르헨티나가 금본위제 시대와 유사하게 자신들은 이제 달러를 준비금으로 삼아 달러를 기초로 페소를 발행한다고 세계에 공표한 것과 같다. 이 조치로 아르헨티나의 중앙은행은 독립적인 화폐발행권을 상실했고, 권한은 미국과 보조를 맞출 책임을 진 화폐국으로 넘어갔다. 즉, 아르헨티나는 자발적으로 자국의 화폐정책을 워싱턴에 맡긴 것이다.

멕시코와 아르헨티나는 이렇듯 강력한 환율안정 조치를 취하는 한편, 워싱턴 컨센서스의 기타 조치도 채택함으로써 양국 경제는 일시에 대량의 해외 유휴자금을 끌어들였다. 그러나 양국은 연계환율과 고정환율을 채택한 뒤 곧바로 하나의 문제에 직면했다. 1990년대 초 미국 경제가 안정세를 보임에 따라 달러가치는 끊임없이 상승했다. 달러와 연계되었으므로 이들 국가의 페소도 강세를 보였다. 페소가치가 급등한 결과, 국제시장에서 멕시코와 아르헨티나의 상품가격이 상승했고, 이로써 수출량은 감소했다. 이와 동시에 양국의 국민도 자국 화폐가 강세를 보이자 상대적으로 값이 싼 수입품을 대량으로 사들였다.

이러한 사실은 환율이 변동되지 못한다면 그 나라의 진정한 경제 상황을 파악할 수 없고, 적절한 조절정책도 집행할 수 없다는 점을 알려준다. 멕시코와 아르헨티나는 당시 표면적으로는 경제가 활성화되는 것처럼 보였지만, 사실상 내부적으로는 치명적인 문제가 곪고 있었다. 멕시코의 경우에는 이 문제가 낮은 경제성장률로 불거졌고, 아르헨티나는 높은 실업률로 현실화되었다. 그러나 매우 오랜 기간 국제 유휴자금은 워싱턴 컨센서스가 효력을 발휘해 중남미 경제가 비약하기 시작할 것이라 굳게 믿었다.

이러한 낙관론은 1994년까지 지속되었지만, 정세가 갑자기

돌변했다. 멕시코에서 정권이 교체될 때 약간의 소란이 발생했는데, 원래는 별것 아니었지만 안 그래도 멕시코를 불안한 시선으로 바라보던 투자자들은 이 사건으로 일순간 불안에 휩싸였다. 투자자들은 멕시코 정부의 재정적자, 대량의 외채, 수출악화, 저성장 등의 문제를 주목하기 시작했다. 그리하여 일부 투자자들이 멕시코 페소를 매도하고 시장 철수를 단행했다.

멕시코 페소 환율은 달러와 연계되었으므로 투자자들이 페소를 대량 매도하면 멕시코 중앙은행에서 투자자들의 매도물량을 받아서 환율 상승을 방지할 필요가 있었다. 문제는 멕시코 정부에 충분한 외환이 없다는 것이었다. 또한 멕시코는 여전히 재정적자 문제로 골머리를 앓고 있었다. 멕시코 정부는 환율을 유지하기 위해 달러를 투입했고 그럴수록 보유 달러는 줄어들었다. 달러보유고가 감소하자 투자자들은 멕시코 정부가 더는 그들이 매도하는 페소 물량을 받아내지 못할 것이라 우려했다.

그리하여 멕시코 페소는 소위 소로스의 반사이론에서 말하는 악순환의 굴레로 빠져들었다. 시장개입에 나설수록 멕시코 중앙은행의 보유 달러는 감소했고, 투자자들은 달러보유고가 사라진다면 페소 환율은 상승할 것이라고 생각했다. 그래서 페소를 매도하는 사람은 갈수록 늘어났고, 멕시코 정부의 달러보유고는 나날이 감소했다. 사람들은 멕시코 정부가 페소 절하를 용인하고 다시 연계환율을 조정할 것이라고 전망했다. 페소 환율 상승이 *서의 기성사실화되자 사람들은 오히려 마음이 한결 편안해졌*

다. 이전부터 사람들은 멕시코 페소가 고평가 상태라고 보았기 때문에 페소가 절하된다면 환율방어에 소비될 달러는 감소할 것이고 경제문제도 발생하지 않을 것으로 판단했다. 그 밖에 페소 환율 상승으로 페소 유동성은 늘어날 테고, 이로써 경제는 촉진되고 멕시코 수출상품의 가격이 하락해 경쟁력이 높아질 것으로 생각했다. 상황이 이렇게만 진행된다면 페소 절하는 파운드 절하 때와 마찬가지로 화로 복을 얻는 격이었다.

1994년 12월, 멕시코 중앙은행은 모두의 바람대로 연계환율 조정을 발표했고 페소는 절하되었다. 하지만 절하폭은 모두가 기대했던 바에 훨씬 미치지 못했다. 그래서 사람들은 이 정도로는 불난 집에 물 한 바가지 붓는 정도밖에 안 된다고 생각했다. 또한 멕시코가 직면한 문제들은 여전히 해결되지 않았고 기껏해야 시간을 좀 더 번 것에 불과하다고 판단했다. 사람들은 페소가 더 절하되어야 한다고 생각한 것이다.

그 결과 본래는 바람직한 일이었던 페소 절하가 오히려 투자자들의 불안감을 더욱 자극했다. 예상에 못 미치는 페소 절하로 사람들은 또 한 번의 절하가 눈앞에 다가왔다고 믿게 되었고, 시장에서는 페소 투매 열기가 한층 고조되었다. 다시 다가올 페소 절하를 기다리면서 사람들은 멕시코 정부의 외채문제를 또다시 주목했다. 과거 중남미 국가들은 빈번히 인플레이션으로 외채문제를 해결했기 때문에 현재는 외국에서도 현지 화폐가 아닌 달러로 결제자금을 받는다. 그래서 인플레이션과 외채는 관련이 없었고, 외국인으로서는 인플레이션보다는 외채가 더욱 주요한 변수였다.

모든 결제를 달러로 하면서 외국인은 인플레이션을 우려하지 않았고, 멕시코 정부는 낮은 금리로 돈을 빌릴 수 있어 양쪽 모두 이 시스템에 만족했다. 그러나 페소 환율이 큰 폭으로 상승하고 멕시코 정부의 외환보유고가 갈수록 감소하는 상황에 이르자 사람들은 멕시코 정부의 상환 능력을 의심하기 시작했다.

이런 상황에서 멕시코는 만기가 도래하는 대량의 달러채무를 다음 연도에 갚아야 했다. 멕시코 정부 앞에는 두 가지 길만이 놓여 있었다. 하나는 다른 사람에게 돈을 빌리는 것이고, 다른 하나는 지폐를 더 발행해 페소를 달러와 바꾸는 것이었다. 페소의 가치가 폭락하는 상황에서 누구도 멕시코 정부에 돈을 빌려주길 원하지 않았다. 만약 과거처럼 멕시코가 디폴트(채무 불이행)를 선언해 버리면 본전도 못 찾을 가능성이 높았기 때문이다. 그래서 멕시코 정부는 후자, 즉 지폐를 발행해 돈을 갚는 방법을 선택할 수밖에 없었다.

만약 멕시코 외채가 10달러이고, 현재 달러 대비 멕시코 페소의 환율이 1:10이라면, 멕시코 정부는 100페소를 발행해야만 10달러의 외채를 갚을 수 있다. 그러나 이때 시장에서는 멕시코 정부의 달러보유고가 텅 비었다는 사실을 이미 알고 있었다. 그래서 투자자들은 멕시코 정부가 외환시장에 방출한 페소를 본인들이 매입하지 않는다면 멕시코 정부는 10달러의 외채를 갚을 수 없을 것이라고 생각했다. 즉, 투자자들은 페소 환율의 추가 상승에 베팅한 셈이다. 따라서 페소 환율은 더욱 상승했으며 멕시코 정부는 200페소를 발행하여 10달러를 교환할 수밖에 없었다. 앞서의 과정이 반복될수록 멕시코 정부의 화폐발행 규모는 확대되었다. 모든 사람이 페소 환율 상승을 전망하고 페소 매입을 늦추자 페소가치는 사람들의 예상대로 큰 폭으로 떨어졌다.

멕시코 정부가 더는 연계환율제도를 유지할 수 없고 외채 상환이 불가능해지자 페소는 폭락했고, 페소화 자산을 보유한 사람들은 인플레이션과 페소 환율 상승으로 손실을 입을까봐 우려했다. 그리하여 그들은 달러로 교환하기 위해 서둘러 페소를 투매했다. 이들의 투매로 그렇지 않아도 좋지 못한 상황은 악화 일로를 걸었다.

각종 압력에 시달리던 멕시코 정부는 결국 환율시장에 대한 통제력을 상실했다. 페소 환율은 천정부지로 상승했으며, 페소가치는 50% 폭락했다. 외환위기로 멕시코 경제는 심각한 타격을 입었으며 거의 붕괴상태에 놓였다. 사람들은 이 사건을 가리켜 '테킬라 위기(Tequila crisis)'라고 부른다(테킬라는 멕시코의 특산 술이다).

환율위기 후 멕시코와 아르헨티나의 운명

페소의 위기는 여기서 끝나지 않고 빠르게 주변 국가로 퍼져나갔다. 멕시코에 붙은 불은 빠르게 아르헨티나로 번졌다. 아르헨티나에 투자한 투자자들은 처음에는 아르헨티나 정부가 외환보유고가 충분하고 멕시코 페소와 달리 아르헨티나 페소는 가치가 폭락하지 않을 것이라 굳게 믿었다. 또한 아르헨티나가 여전히 미국과 고정환율을 유지할 능력이 있다고 생각했다. 그렇지만 사람들의 뇌리에는 모든 중남미 국가가 별 차이가 없고 신뢰할 수 없는 역사를 가진 나라들이라는 인상이 깊게 박혀 있었다.

멕시코에서 문제가 터지자 사람들은 급히 자신이 보유한 페소를 달러로 환전했다. 아르헨티나 정부는 멕시코와 달리 충분한 달러를 보유하고 있었다. 아르헨티나는 입법으로 달러를 기반으로 아르헨티나 페소를 발행하도록 제정해 놓았기 때문이다. 쉽게 말해서, 1달러가 아르헨티나 중앙은행에 입고되어야 1페소가 발행되는 시스템이었다. 그래서 멕시코와 달리 달러 환전에는 전혀 문제가 없었다. 사람들이 우려하는 문제는 달러보유고가 충분하느냐가 아니라 달러가 모두 철수한다면 아르헨티나에서 유통되는 페소도 사라진다는 점이었다.

우리는 화폐의 유통이 경제의 기초라는 사실을 잘 알고 있다. 시장에서 화폐가 유통되지 않는다면 물물교환 시대로 돌아가는 것과 같다. 아르헨티나가 직면한 문제는 바로 이것이었다. 달러가 있을 때만 페소 발행이 가능했기에 달러가 떠난 상황에서는 아르헨티나에 남아 있을 화폐는 없으며 경제도 완전히 붕괴상태에 놓이게 된다. 원래 유동성이 축소되면 중앙은행에서 화폐를 발행해 이 문제를 해결할 수 있지만, 아르헨티나의 경우에는 중앙은행이 화폐 공급량을 조절할 수 없었다. 만성적 인플레이션을 방지할 목적으로 시행된 대책이었고, 많은 경제학자로부터 절묘한 수단으로 여겨지던 조치가 이제는 오히려 아르헨티나 경제의 치명적 약점으로 부각된 것이다.

사람들은 지금처럼 페소가 지속적으로 매도되고 달러가 유출된다면 아르헨티나 경제는 머지않아서 위기에 빠져들 것이라고 생각했다. 유동성 부족으로 경기쇠퇴가 표면화될 것이기 때문이다. 경제위기에 대한 불안감으로 페소의 매도 속도는 더욱 빨라졌고, 누구도 석기시대로 되돌아갈 국가에 자신의 부를 남겨 놓길 원하지 않았다. 아르헨티나도 멕시코처럼 더 버티지 못하고 곧 손을 들었다.

하지만 멕시코와 남미는 모두 미국의 뒷마당으로 특히 멕시코는 막 북미자유무역협정에 가입한 상태였다. 그러니 이 두 국가가 붕괴되도록 미국이 손 놓고 지켜볼 턱이 있겠는가? 무역상대국의 붕괴가 자국에 미치는 영향은 백해무익일 뿐이다. 또한 미국은 다른 측면에서도 이를 원하지 않았다. 그들이 야심차게 내놓은 워싱턴 컨센서스의 열렬한 두 신도가 파산함으로써 워싱턴 컨센서스가 실패로 끝나길 원하지 않았던 것이다. 그래서 미국과 세계은행은 공동으로 멕시코와 아르헨티나에 각각 500억 달러와 120억 달러를 제공해 멕시코가 외채를 갚고 아르헨티나가 페소를 발행할 수 있도록 원조했다. 이리하여 두 국가의 위기는 점차 완화되었다. 위기가 라틴아메리카를 강타했지만 다행히 그들은 살아남았다. 심하게 타격을 입은 경제도 서서히 회복되었다.

환율위기의 진정한 원인

테킬라 위기를 겪은 후 많은 사람이 위기에 대해 논했다. 그들은 위기의 시발점이 멕시코의 환율위기 과정에서 보여준 정부의 실책과 투자자의 비이성적 행동이라고 생각했다. 칠레라는 성공 사례가 있었기에 누구도 감히 워싱턴 컨센서스의 잘못이라고는 말하지 못했다. 멕시코와 아르헨티나의 위기는 그들이 제대로 모방하지 못한 결과라고 생각했다.

뒤이어 찾아온 경제회복으로 사람들은 예전의 일을 곧 잊었다. 그러나 2001년 아르헨티나는 또다시 붕괴를 겪기 시작했다. 이번에는 달러강세가 원인이었다. 달러강세로 아르헨티나 페소도 따라서 절상되었다. 공교롭게도 이때 아르헨티나의 최대 경쟁국인 브라질 화폐는 가치가 30%나 폭락했다. 이것은 엎친 데 덮친 격이어서 브라질 상품과 비교해 아르헨티나의 가격 경쟁력은 크게 떨어졌으며, 이로써 수출은 악화될 수밖에 없었다.

아르헨티나의 경제는 큰 타격을 입었다. 사람들은 모두 페소와 달러를 1:1의 비율로 두는 것은 맞지 않는 정책이라고 생각했다. 양국의 경제력과 사회상황이 다른 상태에서 아르헨티나의 동화정책을 미 연방순비제노이사회에 맡기는 것은 이성적 선택이라 할 수 없다. 멕시코와 달리 미국은 아르헨티나의 최대 교역 상대국이 아니다. 그러므로 아르헨티나가 달러와 연계해 양국의 무역을 유지할 필요는 없었다. 환율연계는 아르헨티나가 자신의 페소가 달러만큼 안전하고 안정적이라는 믿음을 투자자들에게 심어주려는 조치일 뿐이었다.

하지만 이는 미국 경제의 호황으로 달러가 유로화 대비 절상될 때 아르헨티나의 페소도 동반 절상되는 결과를 낳았다. 페소 강세로 아르헨티나 상품의 수출가격이 높아져 수출은 감소했다. 이러한 현상은 미국의 화폐정책이 아르헨티나에 적합하지 않다는 사실을 증명한다. 그래서 투자자들은 아르헨티나가 수출상품의 가격경쟁력을 회복할 때까지 페소는 반드시 절하될 것으로 생각했다. 사람들이 페소 절하를 전망하고 페소를 매도하기 시작했기 때문에 페소 절하 압력이 한층 가중되었다.

이때 사람들은 아르헨티나의 대규모 외채를 주목했다. 일단 페소가 절하되기 시작하면 아르헨티나도 1994년의 멕시코처럼 인플레이션으로 외채문제를 해결하는 수밖에 없다. 외채에 대한 우려로 아르헨티나의 신뢰도는 더욱 떨어졌고, 페소 투매는 갈수록 확대되었다. 투자자들이 위험지대, 즉 아르헨티나에서 서둘러 자금을 회수함에 따라 자금의 유출은 심각해져 갔다. 투자 유입도 없고 수출도 되지 않자 아르헨티나는 달러와 페소의 1:1 교환비율을 포기했고, 페소가치는 70% 이상 폭락했다. 곧이어 심각한 인플레이션이 또다시 아르헨티나를 강타했고, 거리에는 정부에 항의하는 시위대들로 넘쳐 났다. 이와 동시에 페소가치 폭락으로 외국은행에서 외화를 빌린 기업들은 채무를 갚지 못해 파산이 줄을 이었다. 아르헨티나 정부 역시 외채를 갚지 못하여 2001년 810억 달러에 달하는 채무에 대해 디폴트를 정식으로 선언했다. 아르헨티나가 대공황으로 빠져들기 시작한 것이다.

아르헨티나는 2002년 페소 절하 덕분에 경제가 신속히 회복되기 시작했지만, 국민의 생활이 피폐해진 것은 부정할 수 없는 사실이다. 아르헨티나가 다시 붕괴된 것을 보고 사람들은 워싱턴 컨센서스의 필요성에 회의를 품게 되었다. 공언한 만큼 워싱턴 컨센서스가 효과적이지 않고, 칠레의 사례는 단지 운이 좋았을 따름이라고 여겼다.

그러나 많은 신자유주의 경제학자는 아르헨티나와 멕시코 자체의 문제가 상당히 심각했다는 점을 지적했다. 일례로 환율부문에서 환율연계로 이들 국가의 화폐가 고평가된 상태였고, 정부의 채무가 불합리하고 외채가 너무 많아 이들 국가의 외환보유고로 동시에 두 가지 문제를 처리할 수 없는 상황이었다. 이와 동시에 이들 국가의 경제구조 자체도 문제가 있었는데, 거기에 더해 이전부터 신용도가 좋지 못해 투자자들이 이들 국가의 정부를 전혀 신뢰하지 않았다. 이런 상황에서 일단 약간의 위기 신호만 비쳐도 투자자들이 모두 불안감에 휩싸였다. 투기세력은 이런 심리적 요인을 이용해 위기를 부채질했고, 이로써 문세만 발생하면 부자자들은 바로 시장에서 철수해 버렸다. 그리하여 투자자들의 신뢰를 상실한 라틴아메리카에 남겨진 길은 붕괴뿐이었다.

다만 문제의 모든 원인을 라틴아메리카의 역사와 구조적 결함 탓으로 돌리는 것은 너무 일방적인 주장이다. 만약 한 나라의 경제가 견실하다면 해당 화폐는 투기세력의 공격대상이 되지 않을까? 설사 공격을 당한다 해도 환율문제가 경제를 붕괴상태까지 몰고 갈 것인가? 하는 의문을 던지지 않을 수 없다. 이 문제에 답하려면 우선 아시아 이야기부터 서술할 필요가 있다.

5. 아시아를 강타한 금융위기

　　중남미 지역의 경제가 고성장을 기록한 시기도 있었지만, 1990년대 외국인들이 가장 선호한 국가는 만성적 붕괴를 겪는 중남미 국가들이 아닌 고도성장을 지속한 대만, 한국, 싱가포르, 홍콩 등 아시아의 네 마리 용이었다. 아시아 국가들은 이들 국가의 성장을 목격하고 멕시코와 아르헨티나가 칠레를 본받은 것처럼 아시아 네 마리 용을 성장모델로 삼았다.

　　칠레가 워싱턴 컨센서스 노선을 걸은 것과 달리 아시아 네 마리 용의 경제적 특징은 매우 독특했다. 그들은 일본식 수출주도형 모델을 본받았다. 정부가 인위적으로 환율을 높게 형성시켜 낮게 평가된 자국 통화를 기초로 수출을 확대한 것이다. 동시에 높은 금리로 국내저축을 장려하고 인플레이션을 제한했다. 또한 높은 성장률을 바탕으로 해외투자를 끌어들여 경제성장에 필요한 자금을 확보했다. 이런 일련의 정책을 실시한 결과, 국내실업률은 하락하고 경제는 빠르게 성장했으며 투자기회가 끊임없이 생성되어 다시 해외 투자자금을 흡수하는 선순환 구조가 확립되었다. 이러한 모델이 대성공을 거두자 태국을 비롯한 아시아 각국은 아시아 네 마리 용의 성장모델을 모방했다.

태국시장에 외자 유입이 미친 영향

태국은 아시아의 네 마리 용처럼 경제의 중점을 수출과 외자 유치에 두는 성장노선을 추구했다. 국내자본 부족으로 태국은 대량의 자금을 해외로부터 끌어들일 필요가 있었다. 그들은 이 해외자금을 기반으로 공장을 건설하여 상품을 수출하고, 현지에 투자해 경제를 촉진하고 국민의 생활 수준을 높일 계획이었다. 그리하여 1992년 태국은 자본시장에 대한 통제를 철폐함으로써 해외자금이 자유롭게 태국 국내로 유입될 수 있도록 했다. 다만 자본시장 개방과 동시에 태국 정부는 바트화 환율의 안정을 위해 바트화를 달러와 연계했다.

자본시장을 개방한 이후 많은 외국인이 태국에 대한 투자를 긍정적으로 전망해 대량의 외환이 유입되었다. 그럼, 이 외환은 어떻게 유입되었을까? 한번 짚어 보기로 하자. 가령 태국의 '판스이(潘石屹)'●가 주택을 건설하려고 하는데 자금이 부족한 상황으로 유일한 선택은 은행에서 돈을 빌리는 것이다. 이때 한 일본은행이 태국의 시장 전망과 그의 사업 능력을 인정하여 그가 진행하는 사업에 관심을 보였다. 그 일본은행은 손익을 따져본 결과, 일본경기가 침체인 상태에서 대출 리스크는 높고 수익성은 떨어지는 국내기업보다 태국의 '판스이'에게 돈을 빌려주는 것이 더 유리하다고 판단했다. 그 이유는 현재 태국의 경기가 매우 좋으니 태국의 판스이는 분명 돈을 벌 것이고, 그럼 빌린 돈을 제때에 갚을 확률이 매우 높을 것으로 생각했기 때문이다. 또한 태국의 판스이도 태국은행보다는 일본은행으로부터 돈을 빌리길 원했는데, 이는 태국은행보다 훨씬 낮은 금리로 자금을 빌릴 수 있기 때문이다. 당시 일본은행은 상당한 여유자금을 보유하고 있었지만 국내경기가 좋지 못하여 경기를 활성화할 목적으로 낮은 금리로 대출을 제공했다.

그리하여 태국 판스이는 일본은행으로부터 대출을 받았는데, 대출받은 돈이 엔화여서 바트화로 환전을 해야 했다. 그래서 태국 판스이는 외환시장에서 엔화를 매도하고 바트화를 매입했다. 다른 시장들처럼 외환시장도 수요와 공급에 따라 가격이 결정되는데, 태국 판스이가 엔화를 팔면 엔화의

> ● 판스이는 SOHO 중국 CEO로 건설부문에서 사업의 기초를 세웠다. 저자는 태국에 중국의 판스이와 같은 인물이 있다고 가정하고 사례를 들고 있다.

공급이 늘어나서 엔화가치는 하락할 것이고, 바트화를 매입하면 바트화의 수요가 늘어나서 바트화가치는 상승할 것이다.

　태국 판스이 한 사람만 있다면, 일본으로부터 빌린 돈이 태국의 환율에 미치는 영향은 미미할 것이다. 하지만 수천, 수만의 태국 판스이가 일본은행에서 돈을 빌리고, 여기에 더해 일본기업이 수천 개의 태국 '왕스(王石)'*와 같은 이들이 설립한 기업 지분을 매입한다면, 그것이 외환시장에 미치는 영향력은 상당히 클 것이다. 바트화를 매입하기 위해 태국 외환시장에 많은 외환이 공급된다면 분명히 바트화는 태국에서 더는 투자이익을 실현할 수 없을 때까지 강세를 보일 것이다. 그러나 이때는 이미 태국상품의 가격이 매우 비싸진 까닭에 수출이 잘 안 될 것이고, 태국인들도 바트화강세 영향으로 해외상품을 다량 수입했을 것이다. 결론적으로 말해, 환율 하락에 따른 일련의 증상들이 모두 표면화되는 셈이다.

　이러한 상황을 피하고 바트화가치가 안정되기 위해서는 태국은행(태국 중앙은행)이 반드시 바트화 발행을 늘리고(바트화 공급량 확대) 엔화를 매입하여(엔화수요 확대) 엔화 대비 바트화 환율이 하락하지 않도록 유지해야 한다. 그리하여 태국에 대출을 해 주고 투자한 결과의 하나는 태국의 외환보유고 증가(엔화 매입에 따른 효과)와 유통화폐 수량의 확대(바트화 발행을 확대한 효과)를 초래하는 것이다.

* 왕스는 중국의 선두 부동산개발 업체인 완커의 CEO다.

이것은 곧 태국은행이 바트화 환율 안정을 유지하기 위해 화폐정책을 포기한 것과 다름없다. 태국 국내에 얼마만큼의 화폐가 유통될지는 태국은행이 아닌 해외 유휴자금이 결정하게 되기 때문이다. 유휴자금이 태국에 유입되기만 하면 태국은행은 반드시 바트화 발행을 늘려 환율을 안정시켜야 하는 셈이다. 그래서 외자의 규모가 태국에서의 바트화 유통량을 직접적으로 결정하게 된다.

일반적 상황에서 태국은행은 금리를 조절하여 화폐유통을 통제할 수 있다. 만약 바트화가 너무 많이 풀렸다고 판단되면, 태국은행은 금리를 인상해 유동성을 낮출 수 있다. 태국은행은 실제로 이렇게 화폐정책을 집행했다. 해외자금이 유입될 때 태국은행은 바트화를 공급해 환율이 균형을 이루도록 할 것이다. 그러나 바트화가 시중에 유통된 이후로는 태국은행은 채권을 발행할 것이다. 이는 정부가 자금을 빌리는 방식으로 유동성을 동결하는 것과 같다. 정부가 회수한 자금을 사용하지 않는다면, 그 자금은 시장에서 퇴장한 것이나 마찬가지다. 태국은행은 이와 같은 방식으로 유통자금을 통제하길 원했다. 그런데 이런 식의 화폐정책은 태국 국내의 금리가 상승하는 결과를 가져온다. 왜냐하면 태국 정부가 채권을 발행한다는 것은 바트화 수요가 많아진다는 뜻이고 화폐수요가 늘어나면 자연히 금리는 올라가기 때문이다.

첫 장에서 정부의 금리조절 정책에 대해 살펴보면서 금리인상은 화폐 가치가 올라간다는 의미로 자금수요를 감소시킨다는 사실을 언급했다. 태국의 국내금리가 인상되면 태국화폐의 가치가 올라가는 데 그칠 뿐 국외의 금리에는 전혀 영향을 주지 못한다. 그래서 태국 판스이는 아마 해외의 금리가 여전히 국내보다 낮아서 태국 국내에서 자금을 차입하는 것은 실속이 없다고 느낄 것이고, 국내의 금리가 상승할수록 그에게는 해외자금이 더욱더 매력적으로 다가올 것이다. 그래서 태국은행은 채권 매매로 유동성 관리라는 목적을 달성할 수 없었으며, 오히려 태국 판스이로 하여금 해외자금을 차입하도록 만들었을 뿐이다. 상황이 이렇게 되자, 해외로부터 태국으로 유입되는 자금은 갈수록 늘어났고, 태국은행은 더 많은 바트화를 발행해 환율 안정을 유지해야 했다. 아울러 태국 국내에도 화폐유동성은 나날이 확대되었다.

외자의 대규모 유입에도 왜 태국은 경제 악순환을 겪어야 했나?

태국으로서는 해외차입 혹은 해외투자 유입은 원래는 유익한 일이었다. 태국에 유입된 초기 해외자본은 태국에서 공장을 건설하고 경제를 발전시켰으며 다양한 긍정적 효과를 낳았다. 이들의 자금을 이용하여 태국은 수출기반을 다졌으며 일부 계층은 부를 쌓을 수 있었다. 부유층의 등장으로 소비는 늘어났고 취업기회가 증가했다. 경제 전반에 걸쳐 선순환이 일어났으며 국민

소득은 향상되었다. 소득이 늘어나자 태국의 판스이는 엔화를 차입해 대규모로 주택을 건설했다. 이런 식으로 돈이 돈을 벌고 수익이 또 다른 수익을 낳아 태국 경제는 번영을 구가했다.

그러나 경제규모가 점점 커지고 국민 소득이 높아지자 태국의 경제모델에 문제점이 드러나기 시작했다. 우선 돈이 있는 태국인들은 점점 더 많은 수입품을 구매하기 시작했다. 그 밖에 태국 노동자의 임금 상승으로 태국 제품이 갈수록 비싸졌다. 이 두 요인이 결합되어 태국의 수출은 이전과 달리 위축되었고, 심지어 무역흑자에서 무역적자로 돌아서기 시작했다.

또한 태국 경제가 고성장을 보임에 따라 해외자금도 수익을 거둘 목적으로 몰려들었다. 그러나 태국은행의 금리조절 정책은 효력이 없었기 때문에 태국은 자금유입을 통제할 수 없어 결국에는 유동성 과잉 현상이 나타났다. 유동성 과잉으로 태국에 대한 투자는 점점 리스크는 높아지고 수익성은 낮아지기 시작했다. 태국 판스이의 처지에서 생각해 보면 이러한 현상은 불가피하다는 사실을 발견할 수 있다.

예를 들면, 태국 판스이는 경제발전으로 100명의 부자가 탄생한 것을 보았고, 이들은 모두 1만 위안을 주고 대저택을 매입하길 원했다. 그리고 태국 판스이는 그들의 소비욕구를 만족시키기 위해 50만 위안을 들여 대저택 100채를 지었다. 이때 차입금리가 높지도 그렇다고 낮지도 않다면 태국 판스이는 은행에서 50만 위안을 빌려 100채를 지을 것이나. 그런 다음 대저택을 팔아서 대출금과 이자를 갚을 것이고, 그 나머지는 자신의 수익이 될 것이다.

한편 금리가 아주 낮은 수준이라면, 태국 판스이는 50만 위안이 아니라 500만 위안을 빌려 주택을 1,000채 지을 것이다. 태국 경제가 빠르게 발전하거나 태국이 세계적인 관광지로 선정된다면, 중국의 신귀족, 원저우의 부동산 투기꾼들, 휴양을 원하는 외국의 부호들이 이 1,000채를 충분히 소화할 것이다. 그럼 태국 판스이의 수익은 50만 위안이 아니라 500만 위안 수준으로 늘어날 것이다. 설사 주택이 팔리지 않더라도 최소한 주택을 지을 때 뇌물 등으로 떨어지는 것은 있을 것이다. 그래서 차입 금액을 더 늘리는 것은 태국 판스이에게는 손해 보는 장사는 아니며, 설사 주택을 못 팔더라도 최종적으로 손실을 보는 쪽은 채권을 인수한 일본은행이다.

그래서 많은 태국인이 다시 올 수 없는 기회라 생각하고 힘껏 외국에서 돈을 빌렸다. 그 가운데는 태국 권력자들이 상당수 포함되어 있었고, 그들은 직권을 이용해 대규모로 돈을 차입했다. 심지어 친인척까지 모두 동원해 차입 액수를 늘렸다. 이들은 사업 프로젝트를 위해 차입한 것이 아니라 처음부터 뒷돈을 챙길 목적으로 달려든 것이다. 이러한 광풍이 휘몰아치는 가운데 설사 프로젝트가 있다 해도 그리 믿을 만한 것이 아니었다. 괜찮은 사업 아이템은 이미 진행되고 있었고, 대다수가 빌린 돈으로 도처에 거액을 투자했는데, 그 방식은 예를 들면 다음과 같았다.

일반 두부공장에 거액의 자금을 투입해 유기농 식품회사로 둔갑시킨 뒤 이 기업을 증시에 상장하여 주식투자자와 외국투자자의 돈을 끌어모았다.

이렇게 진행된 사업의 결말은 불을 보듯 뻔했다. 결국 태국에서 실시된 많은 투자 프로젝트가 중단되고 말았다. 투자 프로젝트가 점점 엉망이 되는 모습을 지켜보면서 외국인들도 태국에서 수익을 올리기 어렵다는 점을 깨달았다. 그래서 외국인들은 점차 태국에 대한 투자와 대출을 축소했다. 태국에서 진행된 많은 프로젝트는 사업성이 있어서가 아니라 돈으로 쌓아올린 것이었기에 일단 돈이 떨어지자 그 즉시 중단될 수밖에 없었다. 위에서 말했던 두부공장도 유기농 식품회사에서 곧 원래의 평범한 두부공장으로 복귀되었다. 다시 말해, 해외자금이 줄어들수록 태국에서 중단된 프로젝트는 점점 늘어났고, 이로써 외국인들은 더욱 불안을 느끼고 자금투입을 한층 더 줄였다. 그래서 경제 전반에 걸쳐 악순환이 형성되었다.

이런 상황에 이르자 외환과 바트화를 교환하려는 외국은행은 감소했고, 바트화의 수요도 따라서 감소되었다. 그럼에도 많은 태국인이 뒷돈으로 배가 불러 바트화로 해외상품을 마구 수입했다. 바트화의 공급은 갈수록 왕성하고(태국소비자의 구매욕구), 바트화의 수요는 오히려 하락하기만 했다(철수한 외국투자자).

태국의 바트화는 어떻게 금융세력의 먹이가 되었나?

바트화 공급은 늘고 수요는 감소함에 따라 태국은행은 이전과 다른 상황, 즉 '바트화가 너무 많아서 바트화가치가 떨어지면 어쩌지?'라는 문제에 직면했다. 태국은행은 몇 년 전 해외자금이 태국으로 유입될 때 대량의 바트화를 매도하여 외환을 회수했다. 지금은 상황이 바뀌어 바트화가치 안정을 위해 외환보유고로 바트화를 매입해야 했다. 바트화 수요와 외환 공급 확대로 바트화 환율의 안정을 보장하는 것이다.

그러나 이전 바트화를 매도하고 외환을 매입할 당시와 차이점은, 그 당시는 바트화를 공급하는 입장이어서 태국은행이 무한한 총알을 보유하고 있었던 데 반해, 이번에는 외환보유고로 바트화를 매입하는 상황이어서 태국은행의 공급능력이 제한적이라는 점이었다. 태국은행이 엔화, 달러 등을 마음대로 찍어낼 수 없는 상황이어서 외환보유고 한도 내에서 바트화를 매입할 수밖에 없었다. 그래서 사람들은 지금의 기세로 바트화가 시장에 풀린다면 언젠가는 외환보유고가 떨어질 것이고, 그때 가서 태국은행은 개입을 중단할 수밖에 없으며, 바트화는 필연적으로 폭락할 것이라 생각했다.

이때 태국이 여전히 연계환율제도를 유지하려면, 태국은행 앞에는 두 가지 카드가 존재했다. 첫 번째 카드는 채권발행으로 바트화 유통량을 축소하는 것으로, 즉 금리를 인상해 해외자금 유입을 촉진하는 것이다. 그러나 태국 내 많은 프로젝트가 중단된 탓에 경제 전망이 낙관적이지 못한 상황이어서 금리인상은 문제점을 안고 있었다. 이치대로라면 이때 태국은 금리인상보다는 금리인하로 경기를 부양하는 쪽이 옳은 선택을 하는 것이다. 만약 정책을 거꾸로 가져가 금리를 높여 바트화가치를 유지한다면, 원래 부진을 면치 못하고 있던 경제는 더욱 악화되고 말 것이다.

채권발행 이외에 두 번째 카드는 바로 기존의 연계환율제도에서 자유변동환율제도로 변경하여 바트화 환율을 시장수급에 따라 자유롭게 변동하도록 두는 것이다. 하지만 이 카드도 난제를 내포하고 있었다. 경기과열 당시 많은 태국기업이 외채를 끌어다 사용했는데, 이 모두가 바트화가 아닌 외화 단위의 대출금이었다. 일례로 태국 판스이가 일본은행으로부터 빌린 자금은 엔화로, 일본은행에 대출금을 갚을 때는 엔화로 지불해야 했다. 이때 태국이 자유변동환율을 시행한다면, 태국은행이 개입할 수 없어 바트화는 반드시 절하될 것이다. 바트화 절하로 태국기업이 외채를 갚지 못하고 파산할 것은 명약관화했으며, 대량의 기업파산은 태국을 경제혼란으로 몰고 갈 것이다.

태국은행은 진퇴양난에 빠졌고, 이 두 카드도 모두 버리는 패가 되었다. 태국은행이 결정을 내리지 못할 때 세계 각국에서 파란을 일으키던 금융세력이 등장했다. 이들 금융세력은 원래는 겅세석 아군이었다. 바트화가치가 안정적이었던 시기에 태국에 대량의 외환을 가져와 태국 경제 발전에 도움을 주었고, 태국과 이들 금융세력은 윈-윈(Win-Win)의 관계로 서로에게 이득을 안겨 주었다. 태국은 해외자금을 얻었고, 이들 금융세력은 태국이 제공하는 높은 금리를 즐겼다.

그러나 이제 상황이 완전히 바뀌었다. 금융세력은 태국 경제의 근본적인 문제를 꿰뚫어보고 있었고, 바트화가 절하될 것이라는 사실을 인식했다. 이런 상황에서 그들은 이제 전략을 바꾸어 태국은행에서 바트화를 빌려 이 바트화를 외화로 바꾼 뒤 바트화가 절하되기를 기다렸다. 바트화가 절하된다면, 이들은 외환으로 바트화를 환전하여 태국은행에 대출금을 갚음으로써 폭리를 취할 수 있는 것이다. 금융세력의 농간으로 외환시장 내 압력은 한층 가중되었는데, 이들이 바트화를 빌려 외환으로 교환한 것은 바트화 공급을 늘리고 절하압력을 확대한 것과 같았기 때문이다. 이렇게 되자 태국은행은 부득이하게 더 많은 바트화를 매입하고 더 많은 외환을 방출하여 바트화의 가치를 유지해야 했다. 그래서 태국은행이 보유한 외환보유고의 감소는 더욱 빠르게 진행되었다. 외환보유고가 갈수록 줄어들자 바트화 절하압력은 나날이 가중되었고, 금융세력의 농간은 더욱 기승을 부려 결국에는 악순환이 조성되었다.

1997년 7월 2일, 태국은 결국 더 버티지 못하고 연계환율을 철폐하고 자유변동환율제를 도입한다고 발표했다. 당일 달러 대비 바트화 환율은 큰 폭으로 상승했으며, 금융시장과 태국 경제는 혼란에 빠졌다. 태국은 다급히 금리를 인상하고 환율 보호에 나섰지만 바트화는 여전히 50% 절하되었다. 외국투자자들은 원래부터 투자 과잉 문제를 우려의 시선으로 지켜보고 있었는데, 이제 바트화가 큰 폭으로 절하되자 빠르게 태국에서 철수했다. 또한 고금리는 태국 국내경제에 쇠퇴를 불러왔다. 이러한 세 가지 악재가 겹쳐 태국 경제는 마치 무에타이로 세 방을 얻어맞은 듯 무너져 다시는 일어나지 못했다.

금융세력의 공격에 맞선 홍콩의 방어 전략

바트화 붕괴는 동남아 금융위기를 야기했다. 투자자들은 크든 작든 아시아 각국이 모두 태국과 같은 문제를 안고 있다는 사실을 깨달았다. 투자자들의 믿음이 흔들리기 시작하자 금융세력은 하늘이 내려 주신 기회를 놓치지 않았다. 그들은 프랑스 포병 전략을 구사하듯 도처에서 아시아 국가들을 공격하기 시작했다. 오래지 않아 필리핀, 인도네시아, 말레이시아도 잇달아 함락되고 말았다. 연이어 각국 화폐도 대폭 절하되었는데, 그중 인도네시아의 피해가 가장 컸고 경제는 공황에 빠졌다. 국제통화기금도 혼란을 진정시키기 위해 나설 수밖에 없었다.

이들 개발도상국 이외에 금융위기의 폭풍은 경제가 비교적 앞서 있던 국가들도 휩쓸었다. 싱가포르와 한국이 차례로 공격을 당했다. 한국의 원화가치는 폭락해서 궁지로 몰렸고, 한국 정부는 국제통화기금에 구제금융을 요청했다. 심지어 경제대국인 일본조차 이 영향을 피할 수 없었다. 1990년대 초 버블 붕괴로 일본은 저금리 정책을 계속 유지하고 있었다. 저금리 정책의 목적은 경기촉진에 있었지만, 자금은 오히려 국내가 아니라 다른 아시아 국가들로 빠져나갔다. 일례로 태국에 유입된 해외자금 가운데 상당수가 일본계 자금이었다. 결국 아시아 지역의 경제악화로 일련의 일본은행과 증권회사가 파산했으며, 엔화도 대폭절하되었다.

동시에 금융세력은 홍콩을 노리기 시작했다. 홍콩달러와 미국달러의 환율은 연계되어 있었다. 당시 홍콩 경제는 쇠퇴 현상이 나타나고 있었지만, 미국 경제는 활기를 띠고 있었다. 그래서 연계환율의 시각에서 보면, 홍콩달러는 이미 상당히 고평가된 상태였던 것이다. 그리하여 금융세력은 홍콩달러를 대량으로 공매도했다. 금융세력의 맹렬한 공격에 직면해 홍콩 정부는 기존 연계환율을 바꾸지 않을 것이라고 거듭 강조했다. 홍콩 정부는 시장개입에 나섰으며, 홍콩달러를 매입하고 금리를 지속적으로 인상하여 홍콩달러 환율을 보호했다.

형세가 불리함을 안 금융세력은 작전을 바꿨다. 그들은 매일 규칙적으로 홍콩달러를 대량으로 매도해 사람들에게 홍콩 정부를 굴복시키겠다는 자신들의 결심을 비쳤다. 또한 그들은 나팔수들을 고용해 미디어에 부정적 소식을 퍼트려 홍콩달러가 대중의 신뢰를 잃도록 작전을 폈다. 이는 패닉 상태에 빠진 사람들이 서둘러 홍콩달러를 외화로 바꿀 때 그 가운데서 막대한 이익을 실현하려는 의도에서였다. 동시에 금융세력은 후속 대책으로 홍콩주식과 옵션을 대량으로 매도했다. 금융세력의 속셈은 다음과 같았다. '만일 홍콩 정부가 홍콩달러의 환율을 보호하기 위해 금리를 인상하면 이로써 유동성이 축소되고 주식이 폭락할 것이니 공매도한 주식으로 이익을 취할 수 있고, 반대로 홍콩 정부가 홍콩달러 방어를 포기하면 홍콩달러는 큰 폭으로 절하될 것이고 그럼 공매도한 홍콩달러로 이익을 취할 수 있다.'

결론적으로 홍콩 정부가 어떤 조치를 취하든지 금융세력은 손해 없이 이익만 획득하게 되는 구조였다.● 홍콩 정부는 도저히 금융세력을 상대할 수 없게 되자 갑자기 금융규칙을 바꿨다. 자유경제체제인 홍콩에서 정부는 기본적으로 시장행위에 간섭하지 않는다. 이 때문에 홍콩 정부는 그들의 공격 앞에서 손과 발이 묶여 그처럼 애를 먹었고, 금융세력은 마음껏 공세를 펼쳤던 것이다. 하지만 금융세력은 개도 급하면 담을 뛰어넘고 토끼도 급하면 사람을 문다는 사실을 망각했다. 유럽도 전쟁 때문에 금본위제에서 탈퇴했고, 미국도 채무 때문에 브레턴우즈체제를 탈퇴했는데, 홍콩이라고 금융세력의 공격으로부터 자신을 보호할 목적으로 게임의 규칙을 바꾸지 못하겠는가?

홍콩 정부는 자신의 금융관리제도를 신속히 바꿔 홍

● 공매도는 하락에 베팅하는 전략으로, 가치가 떨어질수록 이익을 본다. 즉, 주식이 폭락하든지 또는 홍콩달러가 절하되면 이익을 획득하는 포시션이다.

콩달러와 주식에 대한 공매도를 금지했을 뿐만 아니라, 외환기금을 유용해 주식시장과 외환시장에서 대규모로 주식과 홍콩달러를 매입함으로써 환율 안정을 꾀했다. 금융세력이 홍콩달러와 주식을 계속해서 매도하지 못하자 홍콩 금융시장은 곧 안정되었다. 심지어 홍콩 정부는 이런 과정에서 약간의 이익을 실현했지만, 금융세력은 손실만 입고 철수했다.

금융세력은 홍콩 정부가 게임의 규칙을 바꾼 것은 공정하지 못하다고 목소리를 높였다. 마치 축구경기가 한창 진행되는 가운데 돌연 금융세력에게 슈팅을 못하게 하고 홍콩 정부는 럭비처럼 공을 들고 골대를 향해 달려간 것과 마찬가지이기 때문에 그렇게 패배한 결과를 절대 인정할 수 없다고 금융세력은 항변했다. 이에 대해 홍콩 정부의 태도는 이러했다. "우리는 선수이자 심판이다. 어쩔래? 게다가 금융은 꼬마들의 싸움도 아니고 게임시합도 아니다. 이것은 수천만 명의 생활과 연결되는 것이다. 중요한 시기에는 당연히 결사의 각오로 비상수단이라도 동원하지 않을 수 없다."

누가 옳고 그른지를 떠나 최후의 결말은 '홍콩'이 살아남았다는 것이다.

금융위기가 알려준 커다란 교훈

아시아 금융위기로 많은 국가가 치명적인 타격을 입었고, 수

년간 쌓아올린 성과는 하루아침에 물거품이 되었다. 동남아국가연합(ASEAN)의 국내총생산(GDP)은 금융위기로 30%나 하락했다. 국제통화기금의 개입으로 아시아 각국은 붕괴는 면했지만 그 부작용은 피할 수 없었다. 아시아 각국은 국제통화기금의 워싱턴 컨센서스를 기조로 한 강제적 개혁 조치로 골머리를 앓았다.

아시아 각국이 차례로 경제를 회복했지만, 많은 국가가 당시의 국제통화기금 처사에 매우 분개했다. 이들은 국제통화기금이 강제로 실시한 조치에 반감을 가지고 있었는데, 워싱턴 컨센서스로 그들 국가에 미국의 가치관과 경제이념을 주입했다고 생각했기 때문이다. 당시 많은 미국인이 아시아 각국이 자신의 잘못을 알면서도 인정하지 않고 책임을 회피한다고 생각했다. 그러나 지금 뒤돌아보면, 아시아인들의 관점이 전혀 일리가 없는 것은 아니었다. 미국은 서브프라임 모기지 사태가 불거질 때 워싱턴 컨센서스를 준수하지 않고 대량으로 화폐를 발행하고 채무를 확대해 경기를 부양했다. 그 밖에 노벨경제학상 수상자인 조지프 스티글리츠(Joseph Stiglitz)와 폴 크루그먼 등의 석학들은 국제통화기금의 많은 조치가 케인스 원리에 부합하지 않으며, 경제 상황과 국민의 생활 수준을 더욱 악화시킬 뿐이라고 생각했다.

그러나 아시아 각국은 당시 금융위기로 적지 않은 교훈을 얻었다. 투자자들은 근본적으로 개발도상국을 신뢰하지 않기 때문에 약간의 화폐 절하에도 혼란에 빠지고 약간의 위기 신호만 나타나도 철수할 궁리부터 한다는 것이다. 또한 금융세력은 투자자들의 심리를 꿰뚫고 이를 이용해 투기에 나서고, 결국 투자자들이 우려하는 일은 현실화되어 국가경제가 붕괴된다는 것이다. 즉, 신뢰가 부족할 때는 정확한 조치와 정책조차도 혼란 속에서 현실화되지 못하여 전혀 도움이 되지 못한다. 그래서 그 후 개발도상국들은 경제의 구조적 문제를 개선하고, 가급적 외채를 줄이며, 외환보유고를 확대하여 만일의 사태에 대비해야 한다는 사실을 깨달았다.

아시아 국가들은 경제위기의 주범인 금융세력을 용서할 수 없었다. 아시아 국가들은 이들 금융세력이 자기 나라를 농락하고 수년간 쌓아올린 부를 탈취한 것에 매우 분개했다. 동시에 그들은 화폐거래 자체가 부도덕한 것으로 투기세력이 벌을 받아도 마땅하다고 생각했다. 그러나 이들 금융세력은 오히려 자신들이 투기를 한 이유는 아시아 경제가 본질적으로 문제가 있었기 때문이고, 설사 자신들이 농간을 부리지 않았다 해도 아시아경제의 붕괴는 시간문제일 따름이었다고 변명했다. 그러나 아시아의 각국 정부는 이런 논리를 인정하지 않았다. 이것은 '장기적으로 보면 사람은 죽는다. 그래서 당신에게 총알을 한 방 먹여 더 빨리 사망하도록 해 주겠다'는 논리나 마찬가지이기 때문이다.

심지어 많은 이들은 아시아 금융위기가 정치적 목적을 띠고 있다고 의심을 품었다. 1997년 9월 20일 마하티르 말레이시아 수상은 소로스가 외환시장을 조작하고 있으며, 그 목적은 미얀마를 동남아국가연합에 가입시킨 일을 보복하려는 것이라고 공개적으로 비난했다.

그러나 소로스가 아시아 화폐를 공략했다는 말은, 어떠한 의미도 찾을 수 없는 음모론에 가깝다. 아시아 모든 국가를 공격하기에 소로스의 능력은 한참 미치지 못한다. 그러나 만약 그의 배후에 거대한 존재가 있다면 어떨까? 아시아 금융위기는 정말 음모인 것일까?

6. 러시아에서 온 종결자

중남미와 아시아의 환율위기는 지나갔지만, 이 두 위기에 대한 해석과 분석은 지금도 계속되고 있다. 많은 서구인이 이들 국가가 바른길을 가지 않아서 구조적 문제가 출현했지만 서방 국가들이 냉정하고 침착하게 대책을 마련해 이들 불행한 제3세계 국가를 구제해 준 것이라는 의견을 내놓았다. 이와 또 다른 관점도 존재하는데, 일부는 서방국가들이 이들 국가들이 위기에서 탈출하는 데 도움을 준 것은 사실이지만 잘못된 조치도 적지 않았다고 생각했다. 일례로 폴 크루그먼은 한 국가가 환율위기를 겪었을 때 그 나라 정부에 재정지출 감소를 요구하는 것은 경제 상황을 더욱 악화시킬 뿐이라고 생각했다.

그러나 이러한 두 가지 주류 관점 이외에 음모론도 존재한다. 세계에서 발생하는 모든 붕괴는 서구인이 심혈을 기울여 계획한 것으로 그 목적은 의견이 다른 이와 잠재적 적을 무너뜨리고 상대방의 부를 빼앗는 데 있으며, 환율은 그들의 가장 강력한 무기라는 것이다. 환율을 이용해 상대방을 무너뜨리고 이들이 빈곤에 허덕일 때 서구는 당당히 구세주의 신분으로 등장하여 도탄에 빠진 이들을 구제하는 것이다. 구제에는 당연히 조건이 붙는데 그 내용은 다음과 같다. '빈곤한 당신 국가를 보라. 이미 붕괴되어 폐허만 남아 있다. 이는 당신들 고유의 방법에 문제가 있기 때문이다. 우리의 도움이 필요한가? 기꺼이 도와줄 것이다. 단, 우리의 말에 완전히 복종해야 한다.'

비록 국제통화기금과 세계은행이 돈을 대출해 줄 수는 있지만, 그 전제조건으로 서구사회가 제시한 워싱턴 컨센서스를 받아들여야 한다. 그 내용은 정부채무 감소, 자본 사유화, 무역 및 금리자유화 등을 포함한 열 개의 요구사항을 담고 있다. 이로써 서구사회는 제3세계 국가들을 구제함과 동시에 그들을 자신들의 체계로 끌어들여 평상시라면 절대 고려하지 않을 가혹한 조건을 그들로 하여금 받아들이게 하는 것이다.

위에 서술한 논조를 단순히 실의에 빠진 제3세계 정치가들이 자신들의 잘못을 외국세력에 전가하려는 트집이라고 볼 수는 없다. 실제로 많은 서구인도 그러한 관점에 동의한다. 캐나다 기자인 나오미 클라인(Naomi Klein)은 그녀의 베스트셀러 《쇼크 독트린: 자본주의 재앙의 도래(The Shock Doctrine: the rise of disaster capitalism)》에서 신제국주의 이론을 언급하면서, 서방 정부가 19세기의 행위들을 재현하고 있는데, 이번에는 그 무기가 대포가 아닌 환율이라고 지적했다. 이런 이론과 함께 중남미, 아시아 등 국가들이 겪은 사건을 검증해 보면, 위 논조의 일부는 확실히 타당한 부분이 있는 것이 사실이다. 워싱턴 컨센서스가 얼마나 효과가 있는지 수치상의 증거는 없지만, 환율위기가 찾아올 때마다 서구는 항상 동일한 처방을 내놓는다. 그런데 이번 서브프라임 모기지 사태는 서방국가 자신들은 이 처방을 믿지 않는다는 점을 증명했다. 이러한 사실만 보아도 서방국가가 중남미와 아시아의 문제에 몰두하는 이유는 자신의 이익을 위해서라는 사실을 알 수 있다.

만약 위에서 서술한 이론이 성립된다면, 부상하던 중남미와 아시아가 추락한 이후 서구인의 최대 목표는 아마도 러시아였을 것이다. 지난날 미국과 함께 세계를 양분하던 대국은 소련이 해체된 이후 힘을 잃었다. 그러나 서구인들은 한편으로 유럽정복자인 나폴레옹과 히틀러를 무너뜨린 러시아에 두려움을 갖고 있었고, 다른 한편으로 그들이 갖춘 풍부한 자연자원에 군침을 흘렸다. 잠재적인 적을 꼽으라면 러시아보다 더 큰 적은 없었을 것이고, 부를 탈취할 곳을 꼽아도 러시아보다 더 풍족한 대상은 없었을 것이다. 그러므로 나오미 클라인과 같은 부류의 관점이 옳다면, 서구는 분명 라틴아메리카와 아시아에서 약탈을 완료한 뒤 러시아를 지나칠 수 없었을 것이다.

과연 1998년 러시아 화폐는 급격히 절하되었고 경제는 붕괴되었다. 그러나 서방의 음모자가 생각지도 못했던 점은 그들 자신, 즉 서방의 경제도 하마터면 이로써 무너질 뻔했다는 사실이다. 도대체 무슨 일이 벌어졌던 것일까?

롱텀캐피털의 고수익 전략 배경

미국과 유럽이 붕괴 직전까지 몰린 이야기를 하자면 존 메리워더(John Meriwether)를 언급하지 않을 수 없으며, 그를 논하자면 라이어스 포커(Liar's Poker)부터 말해야 한다. 라이어스 포커 게임은 술집에 가 본 사람들은 모두 한 번쯤은 해 봤을 법한 일종의 카드 게임이다. 게임의 규칙은 다음과 같다. 참가자는 모두 몇 장의 카드를 가지고 있으며, 각자 한 차례 카드를 섞을 수 있다. 이후 순서에 따라 특정한 수가 카드에서 몇 번 나왔는지(예로 숫자 3이 2번, 숫자 4가 4번)를 추측하는 것이다. 자신의 패는 최대한 숨기고 상대의 패를 잘 읽으면서 태연히 거짓말을 하여 상대방이 잘못 추측하도록 유도하는 사람이 승리자가 되는 것이다. 라이어스 포커를 할 때 게임 참가자는 각종 조합의 확률을 신속히 분석하고 상대의 말투와 안색으로 그 마음을 헤아릴 수 있어야 한다. 또한 대담하면서도 세심해야 하고 무엇보다도 허세를 잘 부려야 한다.

이렇게 우수한 계산능력, 관찰능력 및 심리조절능력은 술집에서 놀이를 할 때뿐만 아니라 월 스트리트에서 주식이나 채권을 매매할 때도 필요한 능력이다. 그래서 월 스트리트의 트레이더들은 심심할 때 이와 비슷한 게임을 즐긴다. 수많은 인물 가운데 공인된 고수는 바로 존 메리워더였다. 존 메리워더는 도박에 소질이 있었을 뿐만 아니라 월 스트리트에서 신화적인 존재로 채권 차익거래(Arbitrage)의 아버지로 불린다. 그는 채권부문에서 이름을 날리던 살로먼 브라더스에서 부사장이자 채권 트레이딩 팀장으로 다년간 근무했다. 그러나 1990년대 초 여러 가지 이유로 독립을 결심했다.

존 메리워더는 롱텀캐피털매니지먼트(Long-Term Capital Management, LTCM, 이하 롱텀캐피털)라는 회사를 세우고 살로먼 브라더스에서 함께 일했던 팀원 이외에 각 부문에서 천재들을 끌어들였다. 대표적 인사들을 살펴보면, 학계 인사로 로버트 머튼과 마이런 숄스가 있었고, 정치계 인사인 데이비드 멀린스(David Mullins) 전 연방준비제도이사회 부의장을 영입했다. 특히 로버트 머튼과 마이런 숄스는 노벨경제학상 수상자로 이들은 옵션가격 결정모형의 핵심 공식인 블랙-숄스-머튼 모형을 발명했다. 이들 대가와 살로먼 브라더스에서 실무로 단련된 인재들이 결합함으로써 롱텀캐피털은 그야말로 드림 팀을 구성한 것이다.

투자자금 모집은 이런 드림 팀에는 그야말로 식은죽 먹기였다. 1993년 정식으로 설립된 이후 롱텀캐피털은 큰손들로부터 13억 달러의 자금을 그러모았다. 이 천재들은 비범한 투자성과를 실현하며 1997년 말 회사 총자산을 75억 달러로 불렸다. 뛰어난 투자성과를 거둠에 따라, 이들은 투자자금 부족보다는 자금운영 규모가 너무 커 더 이상 높은 수익률을 보장하지 못할 것을 우려했다. 그래서 1997년 12월 롱텀캐피털은 고객들에게 27억 달러를 되돌려주고 자신의 운용자산 규모를 48억 달러로 낮추었다.

그럼, 롱텀캐피털은 어떻게 그렇게 높은 수익률을 실현할 수 있었을까? 우선 롱텀캐피털은 투자자들이 리스크를 평가하는 것에 익숙하지 않다고 생각했다. 오퍼가격과 예상 리스크 및 수익률은 모두 밀접한 관련이 있는데, 그 가운데 하나의 리스크로 유동성이 있다. 만약 당신이 매입한 자산이 시장에서 잘 팔리지 않는다면, 자산가격의 등락과는 별개로 추가 리스크가 존재한다. 만일 당신이 급히 자금이 필요하다면 어떻게 해야 할까? 이런 우려로 시장에서는 매매가 쉬운 자산을 가리켜 유동성이 높다고 한다. 유동성이 높은 자산은 비교적 리스크가 낮은 것으로 인식돼 상대적으로 가격이 높다. 이와 반대로 유동성이 낮은 자산은 리스크가 높은 것으로 인식돼 상대적으로 가격이 낮다.

롱텀캐피털은 대다수 투자자가 자신이 무엇을 하고 있는지 모른다고 생각했다. 예를 들어 두 종류의 미국 국채가 있는데, 금리는 같은 수준이다. 하나는 1년 만기에 발행량이 많고, 다른 하나는 1년 반 만기에 발행량은 적다. 이론적으로 보면, 이 두 채권의 가격 차이는 그다지 크지 않아야 한다. 왜냐하면 만기 기간을 제외하고 이 두 채권의 차이는 없고, 반년 안에 미국 정부가 파산할 가능성은 극히 낮기 때문이다. 투자자들은 둘 중에서 만기가 짧고 발행량이 많은 채권이 유동성이 비교적 높다고 생각하고 더 높은 가격을 제시한다. 롱텀캐피털은 분석에서 이러한 현상을 발견하고 상대적으로 저평가된 만기 1년 반인 채권을 매입하여 한층 높은 수익률을 실현했다. 그들은 이것이 번화가에서 푼돈을 줍는 것과 같다고 설명했다. 보통 사람은 잔돈 줍는 일을 위험은 높고 수익은 낮다고 포기했지만, 롱텀캐피털은 정밀한 계산을 거쳐 차량에 부딪힐 가능성을 피하고 언뜻 보기에는 위험한 지역에서 안전하게 야금야금 푼돈을 주워 크게 쌓은 것이다.

롱텀캐피털의 또 다른 수익원은 투자자에게 보험을 파는 것이었다. 상품 알고리즘은 상당히 복잡한 듯 보여도 수익 원리는 매우 간단하다. 롱텀캐피털은 복잡한 파생상품 계약에서 시장변동으로 투자자가 손실을 보지 않도록 보장했다. 미래를 예측할 수 없기에 투자자들은 항상 불안한 마음으로 지낸다. 그래서 투자자들은 리스크를 회피할 목적으로 대개 가장 안전한 상품만을 찾는다. 이에 착안해 롱텀캐피털은 높은 시장 변동성으로 투자손실이 발생할 경우 그 투자손실 부분을 자신들이 보상하는 계약을 투자자들과 체결했다. 앞에서 설명한 번화가에서 푼돈을 줍는 것과 같은 원리로, 롱텀캐피털은 투자자들이 비이성적이라고 생각했고, 본인들만 정밀한 계산으로 리스크를 파악할 수 있다고 굳게 믿었다. 따라서 투자자가 지불한 보험료는 공짜로 생긴 돈으로 생각했다. 1998년 롱텀캐피털과 관련된 파생상품 계약 규모는 이미 1조 달러를 넘어섰다.

이익최대화를 위해 롱텀캐피털은 각 은행과 증권기관에서 근 1,250억 달러를 빌렸는데, 레버리지비율(leverage ratio, 기업의 타인자본 의존도를 나타내는 비율)은 20여 배에 달했다. 간단히 말하자면, 롱텀캐피털은 1달러로 20여 달러의 자금을 운용한 것이다. 1달러로 단지 1%의 수익률을 기록해도 여기에 20여 배의 레버리지를 곱할 경우 1%가 아닌 20% 이상의 수익률을 올리는 셈이다.

자신의 판단을 굳게 믿고 전혀 의심하지 않았음에도 롱텀캐피털은 한편으로 보유 포지션에 대한 헤지(가격변동이나 환위험을 피하기 위해 행하는 거래)를 실시했다. 일례로 달러를 매도함과 동시에 미국 국채를 매입했는데, 이렇게 되면 달러가치의 변동과 관계없이 그들은 돈을 벌 수 있었다. 롱텀캐피털의 천재들은 보유 포트폴리오에서 어느 한 해 손실이 발생할 확률을 수억 분의 일로 보았는데, 이는 울트라맨이 지구를 멸망시킬 확률과 비슷하다. 그러나 1998년 이들 천재들이 생각지도 못한 일이 정말 발생하고 말았다.

롱텀캐피털에 치명적 일격을 가한 것은 바로 미국의 숙적, 러시아였다. 그러나 이것에 대해 롱텀캐피털도 러시아의 속셈이 음흉하다고 탓할 수는 없을 것이다. 러시아도 원해서 한 것은 아니기 때문이다. 이렇듯 러시아 루블화(ruble) 붕괴와 함께 롱텀캐피털과 대가들의 명성도 무너졌다.

엄밀히 말해, 루블화의 붕괴는 사실 형식에 불과하다. 러시아의 경제는 여러 가지 면에서 많은 문제를 안고 있었다. 우선 소련 해체 이후 러시아의 생산력은 하락했지만 여전히 많은 국민을 부양해야 했기에 언제나 재정수입보다 재정지출이 더 컸다. 러시아는 연계환율을 이용해 루블화의 안정을 유지했지만, 일정한 범위에서의 변동은 허용했다. 당시 러시아 중앙은행이 설정한 환율구간은 1달러에 5.3루블~7.1루블이었다. 이 말은 러시아 루블화 환율이 5.3루블 아래로 하락하거나 혹은 7.1루블 위로 상승한다면 러시아 중앙은행이 루블화를 매도하고 달러를 매입하거나 또는 루블화를 매수하고 달러를 매도하는 시장개입을 단행한다는 뜻이다. 이 정책이 의미하는 바는 러시아가 연계환율을 유지하기 위해 대량의 외환보유고를 이용해야 한다는 것이다. 그러나 정부가 매년 적자를 실현했고 이에 더해서 외환시장에 자주 개입해야 했기 때문에, 러시아는 천연자원 수출에 노력하는 한편 해외에서 대량의 외채를 조달해야 했다.

당시 대다수 투자자는 러시아에 대해 깊은 신뢰를 갖고 있었다. 그들은 러시아가 비록 잠시 힘든 시기를 겪고 있지만, 기반이 비교적 탄탄하고 많은 인재와 자원을 보유하고 있어 일단 자금만 투입된다면 언젠가는 재기할 수 있을 것이라고 생각했다. 게다가 미국과 유럽이 핵탄두가 몇천 개 있는 러시아가 와해되도록 내버려두지 않을 것이라 판단했다. 러시아가 정말 돈이 떨어져 핵탄두를 팔아 버린다면 미국과 유럽도 감당할 수 없기 때문이다.

그러나 1997년 아시아 금융위기로 세계경제는 큰 타격을 받았고, 이로써 석유 및 금속 수요가 큰 폭으로 위축되었다. 이것은 러시아에 결코 좋은 소식은 아니었다. 당시 러시아는 자원 판매로 번 돈이 수입의 80%를 차지하고 있었기 때문이다. 엎친 데 덮친 격으로 노동자들이 정부에 체불 임금 지급을 요구하는 파업과 소요를 일으켜 러시아 국내는 매우 혼란스러웠다.

내우외환에 빠진 러시아 정부는 원금은 고사하고 심지어 외채에 대한 이자도 지불하지 못할 상황이었다. 러시아 정부는 더 많은 외채를 조달해 눈앞의 위기를 해결하려고 했지만, 모두들 러시아의 상황을 인식하고 있었기 때문에 아무도 돈을 빌려주지 않았다. 러시아 정부는 어쩔 수 없이 계속해서 금리를 인상해 해외자금의 유입을 유도했다.

하지만 금리인상은 독주로 갈증을 해소한 것과 같았는데, 금리를 인상할수록 돈을 빌릴 수 없었고, 더 돈을 빌릴 수 없다면 러시아는 낭떠러지로 몰리는 것이니 마찬가지였다. 그리하여 러시아 금리가 상승할수록 투자자들은 공포감에 휩싸였고 신뢰가 곤두박질쳤다. 신뢰가 땅에 떨어지자 러시아채권 매도가 갈수록 늘어났으며, 채권 가격은 나날이 떨어지고 금리는 상승했다. 채권 투매의 악순환 앞에서는 핵무기의 위협도 소용이 없었다. 투자자들은 오직 돈에만 관심이 있었기 때문에 돈이 없다면 핵전쟁이 일어나든지 말든지 상관할 바가 아니었던 것이다.

1998년 7월에 이르러 러시아는 이미 막다른 골목에 몰려 지불하지 못한 이자가 그들의 월 세수보다도 40% 이상 많았다. 이때 소로스가 또다시 나섰다. 그는 러시아 정부가 루블화를 절하한다면 러시아 중앙은행은 얼마 남지 않은 달러를 연계환율 유지에 투입할 필요가 없고, 이로써 러시아의 재정위기를 잠시 완화할 수 있을 것이라고 밝혔다.

사실 소로스의 이 말은 상당히 일리가 있었다. 이때는 이미 루블화 방어가 의미를 상실했기 때문이다. 채무도 못 갚는 상태에서 굳이 환율을 유지하려고 외환을 투입할 필요는 없었다. 모두들 러시아 위기가 가까이 다가왔다고 느끼고 있었기 때문에 환율을 유지해도 투자자의 신뢰를 회복할 수는 없었다. 매도 먼저 맞는 것이 좋다고 루블화를 일시에 대폭 절하해 근본적인 문제를 해결하는 것이 더 괜찮은 방안이었다. 그런데 소로스의 이러한 발언은 당연히 러시아를 위한 것만은 아니었다. 이때는 이미 투자자뿐만 아니라 금융세력도 루블화 자산을 매도하고 있었다. 소로스도 이 기회를 틈타 루블화 절하로 한몫 단단히 챙길 심산이었던 것이다. 하지만 뜻밖에도 러시아 정부는 1998년 8월 14일까지 1달러에 6.29루블을 단호하게 밀고 나갔다.

그러나 이것은 달러를 낭비한 것에 지나지 않았다. 이는 마치 자신의 목을 매단 후 또다시 쥐약을 먹는 것과 같아 러시아를 더욱 빨리 붕괴의 구렁텅이로 몰아넣었다. 러시아 경제 붕괴가 목전에 다가왔지만, 사람들은 루블화 절하는 외환보유고가 다 떨어져 더는 시장개입을 하지 못할 때에만 발생할 것이라고 생각했다. 다시 말해 러시아 루블화가 절하된다면, 그 의미는 러시아에 더 이상의 외환보유고가 없다는 말이며, 이는 러시아가 더더욱 채무를 상환할 수 없다는 뜻이다. 그래서 모든 투자자가 루블화 절하에 따른 손실을 피하기 위해 루블화, 루블화로 표기된 자산 및 채권을 앞다투어 매도하기 시작했다. 러시아 중앙은행은 부득이하게 더 빠르게 수중의 달러를 사용해 루블화 환율 안정을 꾀할 수밖에 없었다. 1997년 10월부터 1998년 8월까지 러시아는 약 300억 달러의 외환보유고를 소비하여 설정된 연계환율을 유지했다. 환율 안정을 위해 러시아 정부가 시장개입에 나설수록 달러는 줄어들었고, 사람들의 루블화 매도 속도는 더욱 빨라졌다.

이미 시장에는 더 버티지 못하고 루블화 환율이 상승할 것이며, 그렇게 되면 외채를 갚을 수 없을 것이라는 인식이 팽배했다. 8월 13일 러시아 주식시장, 채권시장 및 외환시장은 마침내 붕괴되었나. 러시아 채권금리는 200%에 달했고, 주식시장은

65% 폭락하여 거래가 중지되었다. 다수의 러시아 은행도 파산을 선언했다. 8월 17일 러시아정부는 백기를 들고 다음과 같은 3개 항의 시장구제 조치를 내놓았다. 첫째, 루블화 환율을 기존 1달러에 5.3루블~7.1루블에서 6.0루블~9.5루블로 조정해 변동범위를 확대한다. 둘째, 러시아는 채무재조정을 진행한다. 셋째, 러시아는 90일간 채무상환을 중지한다.

채무상환 중지, 즉 모라토리엄은 러시아가 파산했다고 대외에 선포하는 것과 같다. 또한 환율 변동범위 확대는 루블화 가치가 폭락할 수 있도록 통로를 열어준 것이다. 러시아 중앙은행은 1달러에 7.1루블로 개입구간을 설정했다. 즉, 7.1루블 이상으로 루블화가치가 떨어지기 시작하면 정부가 개입한다는 의미다. 하지만 8월 17일 조치로 기존 7.1루블에서 9.5루블로 30% 정도 범위를 확대함에 따라 러시아 중앙은행의 개입 마지노선은 훨씬 완화된 것이다. 러시아가 모라토리엄을 선언한 것은 루블화의 30% 절하를 정부가 용인하겠다는 신호와 같다. 과연 그 후로 러시아 중앙은행의 통제하에서 루블화가치는 하락세를 보이기 시작했으며, 9월 2일 러시아는 환율제도를 연계환율제도에서 자유변동환율제도로 변경하고 시장 자율에 따라 환율이 움직이도록 했다. 그 결과 9월 21일 루블화 환율은 1달러에 21루블로 상승했고, 루블화가치는 1개월 만에 66% 하락했다. 루블화가치의 폭락으로 인플레이션이 유발되어 그해 러시아 인플레이션은 84%까지 치솟았고, 수입상품 가격은 거의 4배 정도 올랐다. 많은 러시아 국민이 생활용품을 사재기하여 물품부족 현상이 나타났다.

러시아 경제 붕괴로 왜 롱텀캐피털이 무너졌는가?

그럼, 러시아가 롱텀캐피털에 어떤 영향을 미쳤을까? 1997년 말 롱텀캐피털의 전문가들은 아시아 금융위기로 모든 투자자가 불안에 휩싸여 개발도상국 자산을 기피하고 최고의 안전성과 유동성을 보이는 자산만 선호한다고 생각했다. 롱텀캐피털은 투자자들이 과잉반응을 보인다고 생각하고 1998년쯤이면 사태가 진정될 것으로 판단했다. 그래서 그들은 1,000억 달러를 빌려 세계가 안정될 것이라는 쪽에 돈을 걸었다.

결론적으로 러시아는 롱텀캐피털의 뒤통수를 때린 것이다. 롱텀캐피털의 시뮬레이션 모델과 달리 루블화 붕괴로 세계경제는 재차 큰 폭으로 변동했다. 사람들은 러시아 붕괴로 루블화 자산을 포함해 모든 개발도상국 자산을 고위험 자산으로 인식했고, 자금은 최고의 안전성을 자랑하는 미국과 독일 국채로 몰렸다.

이렇듯 롱텀캐피털은 매우 운이 없었다. 잘못된 판단으로 투자손실은 기하급수적으로 늘어났고, 8월 말 롱텀캐피털의 자본 규모는 50% 감소하여 23억 달러로 떨어졌다. 1998년 9월 중순에 이르러 롱텀캐피털의 손실규모는 40억 달러를 초과했고, 남은 자산가치는 단지 6억 달러 정도에 머물렀다.

롱텀캐피털이 이처럼 빨리 몰락한 이유는 그들의 투자가치관이 일반투자자와 완전히 상반되었기 때문이다. 그들은 대개 일반투자자가 꺼리는 자산을 매입했는데, 상황이 악화되자 이 자산들은 더욱 유동성을 상실하게 되었다. 이것은 다음과 같은 비유로 설명할 수 있다. 롱텀캐피털은 그들의 프로그램 알고리즘에 따라 1998년을 긍정적으로 전망했지만, 다른 투자자들은 1997년의 경험을 기초로 1998년도 여전히 혼란스러울 것으로 판단했다. 그래서 투자자들은 수중의 골동품들을 저가에 롱텀캐피털에 넘겨 금으로 교환한 것이다. 롱텀캐피털은 인수한 골동품이 자신에게 수익을 안겨줄 수 있을 것으로 생각했다. 1998년 호황이 도래하면 골동품을 팔아 배로 차익을 남길 수 있을 것으로 판단한 것이다. 하지만 기다리는 호황은 오지 않고 오히려 불황이 찾아왔으며, 그들이 보유한 골동품을 사고자 하는 사람이 전혀 없어 그것은 한 푼의 가치도 없는 물건으로 변해 버렸다.

손실이 계속해서 증가하자 롱텀캐피털에 1,000억 달러를 대출해 준 은행들도 우려를 표명하고, 보유자산을 질권으로 설정할 것을 요구했다. 부정적인 상황에 따른 시장압력과 은행들의 추심요구라는 협공으로 롱텀캐피털은 이미 사경에 이르렀다.

그러나 롱텀캐피털은 여전히 보유자산의 전망을 높게 보고 사람들이 잠시 그 가치를 알아보지 못할 뿐이라고 생각했다. 생존을 위해 롱텀캐피털은 사방팔방으로 보유자산을 팔아 위기를 넘길 때까지 버티려 했다. 이때 소로스와 워런 버핏 등은 롱텀캐피털이 궁지에 몰려 있는 것을 보고 낮게 가격을 제시했다. 선비는 죽어도 모욕은 참지 않는다는 말처럼 롱텀캐피털은 이들의 제안을 거절했고, 이런 모욕을 당하느니 차라리 보유자산을 모두 불태워 버리는 게 낫다고 생각했다.

롱텀캐피털은 자산을 활활 불사르겠다고 생각했지만, 미 연방준비제도이사회는 그것을 지켜보길 원하지 않았다. 이대로 롱텀캐피털이 무너진다면 시장에 미치는 파급력이 컸기 때문이다. 롱텀캐피털이 파산한다면 그의 거래 대상과 금융권 전체가 함께 진흙탕 속으로 빠질 것이다. 롱텀캐피털이 보유한 1조 달러의 계약은 그 살상력이 너무도 강했다. 정말 롱텀캐피털이 파산하면 누구도 1조 달러 계약에 대한 지불이행을 하지 않을 것이고, 그 여파로 미국 은행들도 러시아 은행들처럼 대량으로 파산할 것이다. 은행들의 연쇄 파산은 미국 경제에 대한 투자자의 신뢰를 무너뜨려 최종적으로는 미국 경제를 붕괴시킬지도 모른다. 만약 미국 경제가 붕괴된다면, 일본과 유럽을 포함한 전체 서구사회가 흔들릴 것은 불을 보듯 뻔했다.

그리하여 미 연방준비제도이사회는 다급히 월 스트리트 주요 금융기관의 최고경영자(CEO)들을 초대하여 비밀회의를 개최했다.* 대체적인 내용은 이들 금융기관들이 돈을 갹출하여 롱텀캐피털을 인수한 후 일단 위기를 넘기자는 것이다. 그렇다면 차후 약간의 이익노 기대할 수 있고, 미국 경

> * 리먼 브라더스 사태에서도 미 연방준비제도이사회는 '초대'라는 명목으로 뉴욕 월 스트리트 거물들을 불러 모았다.

제를 강타할 재난도 피할 수 있다고 피력했다. 상황의 심각성을 인식한 이들 금융기관도 의견 조정을 거친 후 미 연방준비제도 이사회의 제안을 받아들였다. 그러나 유독 한 사람만은 강하게 불만을 제기했는데, 그는 바로 베어스턴스의 최고경영자 제임스 케인이었다. 제임스 케인은 "왜 내가 존 메리워더의 손실을 메워 주어야 합니까?"라고 강력하게 이의를 제기했고, 다른 금융기관들은 백방으로 그를 설득했지만 그는 끝내 동의하지 않았다. 그래서 다른 금융기관들은 어쩔 수 없이 돈을 좀 더 내야 했다. 다른 수장들은 모두 제임스 케인의 행위에 분노를 표했으며, 베어스턴스가 불행한 일을 당해도 절대 도와주지 않을 것이라고 맹세했다. 10년 후 그들의 저주가 정말로 실현되었다. 베어스턴스가 파산할 때, 이때 참석했던 주요 금융기관들은 아무도 도움의 손길을 내밀지 않았다.

본론으로 돌아가, 이들 금융기관이 돈을 출자한 후 롱텀캐피털은 결국 위기를 넘겼으며 가까스로 경제안정은 유지되었다. 미 연방준비제도이사회도 적극적으로 시장구제 조치에 들어가 금리를 연속으로 인하하고 유동성을 확대하여 경기를 촉진했다. 미국 경제는 난관을 돌파했으며, 각종 자산을 처분한 후 각 금융기관은 실제로 약간의 이익을 얻었다. 이들은 더 이상 천재들의 장단에 춤을 출 생각이 없었으며, 롱텀캐피털은 빠르게 해체되었다.

롱텀캐피털과 러시아는 모두 비참한 과정을 거쳤지만 희망찬 결말을 맞이했다. 러시아는 빠르게 위기를 헤쳐 나왔는데, 그 주요 동력은 과거 러시아를 곤경에 빠뜨렸던 주범인 석유였다. 이후 2년간 글로벌 유가가 신속히 상승함에 따라 러시아는 곧 무역흑자를 기록했다. 또한 폭락한 루블화로 세계시장에서 러시아 상품은 가격이 낮아졌으며, 이로써 수출은 대폭 증가했다. 그 밖에 시장 유동성이 증가하여 러시아 경제가 활성화되었다.

롱텀캐피털은 세계경제를 붕괴 직전까지 몰고간 죄목으로 해체되었지만, 그곳에 몸담았던 사람들은 괜찮은 인생을 즐겼다. 이후 존 메리워더는 새로운 팀을 꾸려 헤지펀드를 설립했다. 로버트 머튼과 마이런 숄스는 여전히 학계의 거두로 명성을 날리고 있다.

그럼, 이러한 환율위기로부터 우리가 얻은 교훈은 무엇인가? 우선 롱텀캐피털의 '인간의 지혜가 하늘을 이긴다'는 이념은 맞지 않는다. 그들은 겉보기에 화려해서 초기는 그럴듯해 보이지만 최후의 결말은 좋지 못하다. 그들은 미국 경제학자 프랭크 나이트(Frank Hyneman Knight)의 "계산할 수 있는 위험은 두렵지 않다. 두려운 것은 미래의 불확실성이다"라는 명언을 잊은 듯하다. 그러므로 절대 변화가에서 푼돈을 줍지 말아야 한다. 당신이 아무리 똑똑해노 얻는 것보다 잃는 것이 더 많을 것이다.

러시아 사례로부터 우리는 다시 한번 한 국가의 화폐 붕괴 배후에는 실질적 원인이 존재함을 알았다. 러시아의 근본적인 문제는 자원 의존도가 너무 높고 리스크 분산 시스템이 미흡하다는, 즉 경제구조가 너무 단일화되어 있다는 점에 있다. 보유한 자원의 가치가 떨어진다면 러시아는 수입원을 잃게 된다. 동시에 러시아는 국내 재정문제가 산적한 가운데 세수 수입원은 적고 지출의 절약에는 인색해, 전체 재정시스템은 저금리로 충분한 외채를 빌릴 수 있을 때만 별 탈 없이 돌아갈 수 있었다. 또한 러시아는 중앙은행의 시장개입으로 상대적으로 안정된 루블화 환율을 유지했고, 이로써 무역과 외채차입을 원활히 유지했다. 그러나 이들은 리스크를 저평가했으며, 무역, 재정 그리고 화폐 사이의 상호작용을 의식하지 못했다. 하나가 무너지자 다른 두 개도 따라서 무너졌으며, 무역 축소와 재정수입 감소의 상황에서 환율 안정을 유지하지 못했다. 또한 연계환율로 문제는 더욱 심각해졌으며, 러시아는 이때부터 자신의 화폐정책을 뜻대로 집행하지 못했기 때문에 한편으로는 워싱턴의 눈치를 보고 다른 한편으로는 달러보유고를 보면서 조치를 취해야 했다.

러시아와 같이 경제시스템이 불안정한 국가는 붕괴를 거친 후에야 비로소 개혁에 나선다. 1997년 아시아 금융위기의 원인이라는 것도 사실은 그저 죽어가는 낙타를 쓰러뜨린 볏짚 정도에 지나지 않는다. 소로스의 선동도 이와 같다. 근본적으로 구조적인 문제가 있어 위기가 찾아온 것이다. 만일 러시아 경제가 다원화되었고 재무가 양호했다면 그가 아무리 부추겨도 루블화를 근본부터 뒤흔들지는 못했을 것이다.

서구인들에게 경제의 의미

지금까지 우리는 경제와 금융의 다양한 붕괴를 살펴보았으며, 환율전쟁은 빈번히 일어나고 그 장소는 제한이 없어 세계에서 환율의 영향을 피해갈 수 있는 국가는 거의 없다는 사실을 알았다. 대영제국에서 개발도상국에 이르기까지 모두 환율로부터 자유로울 수 없다. 환율은 마치 해양과 같다. 비록 늘 푸른 바다와 맑은 하늘이 펼쳐지더라도 일순간 세찬 파도가 용솟음친다. 해양은 인간에게 끝없는 부를 주지만 또한 물고기 밥이 되게 할 수도 있다.

환율의 해양은 이처럼 광활하여 모든 사건의 원인을 서구인들에게서만 찾기는 어렵다. 물론 서구인이 떼돈을 벌어 인생을 즐기려 하는 경향이 있지만, 그들의 부가 반드시 다른 사람을 괴롭혀 얻은 것이라고 보기는 어렵다. 게임의 원리에 따르면, 이익은 차이가 아닌 절대치에서 나온다. 한 가지 사업이 있다고 생각해보자. 그 사업에서 서구는 5위안을 벌고 제3세계는 3위안을 벌 수도 있고, 서구는 3위안을 벌고 제3세계는 0위안을 벌 수도 있다. 이때 서구는 후자, 즉 서구세계가 제3세계보다 3위안(3-0=3)을 더 번 상황에 대해 신경을 쓰지 않는다. 크게 관심을 가지는 것은 절대수치, 즉 전자인 서구세계가 제3세계보다 2위안(5-3=2)을 더 번 상황이다. 경제와 무역에서는 본질적으로 윈-윈(Win-Win) 상태에 도달할 수도 있고, 심지어는 다층적 이익도 실현될 수 있기 때문에 서구인들은 계급투쟁에 관심이 없고 단지 자신이 벌어들일 수 있는 이익을 중요하게 여기는 것이다.

가령 서구인들이 환율을 이용해 제3세계 사람들을 곤경에 빠트리길 원해도, 그들이 반드시 이것을 실현할 수 있다는 보장은 없다. 설사 그들이 각종 음모와 수단을 동원해 혼란을 일으킬 수 있다 해도 그 자체로 롱텀캐피털과 같은 오류를 범할 수 있다. 즉, 인간의 역량을 높이 평가함으로써 재앙을 불러올 수 있다. 서구인이 환율과 세계경제를 조종할 수 있다면, 왜 그들의 자본주의 세계는 만성적인 붕괴에 놓일까?

또한 서구에는 오직 이익만을 좇는 금융세력이 존재한다. 금융세력의 행위가 국가이익을 대변하는 것은 아니다. 근본적으로 보면, 금융세력은 소위 국가의식이 없다. 자신의 모국이 곤경에 빠져도 평소대로 공격을 가할 것이다. 그래서 미국, 일본, 유럽에 문제가 생겨도 그들도 재난을 피할 수 없는 것이다. 영화〈월스트리트〉의 대사를 인용하면, 금융세력이 비록 위엄이 있고 엄숙해 보여도 재크 선장 같은 해적과 별 차이가 없다. 돈을 벌고 비즈니스를 위해서라면 그들은 자신의 부모를 팔아도 상관하지 않을 것이고, 상품도착과 함께 대금을 지불할 것이다.

경제학과 음모론 중 진정한 승자는 누구인가?

최초의 간단한 무역에서 이후의 중상주의, 애덤 스미스의의 자유주의(Liberalism), 케인스의 경제이론 및 신자유주의(Neo-liberalism)를 거치면서 서방경제학은 수많은 사람의 피와 땀을 바탕으로 비로소 진정한 체계를 이루었다. 그 안에는 잘못된 이론으로 패가망신한 사람들의 피와 땀도 섞여 있다. 경제학은 과학으로 불리고 수많은 복잡한 공식을 가지고 있지만, 경제학과 과학 사이에는 본질적인 차이가 있다. 과학은 우리에게 어떤 조건에서는 반드시 어떤 결과가 일어난다는 사실을 알려줄 수 있다. 그러나 경제학은 단지 과거 발생한 일은 어떤 원인으로 생겨났는데, 내 관점이 반드시 옳다고 확신할 수는 없다는 점만을 알려준다. 학파마다 시각과 관점이 서로 다르기 때문이다. 또한 우리는 미래를 예측할 수 없어 어떤 조건이 어떠한 필연적인 결과를 야기하는지 알지 못한다. 우리는 단지 미래는 아마 이렇지 않을까! 정도밖에 말할 수 없다.

경제학의 부정확성으로 서구에서는 예부터 "경제학자들은 최근 발생한 다섯 차례의 경제쇠퇴 가운데 아홉 차례나 정확히 예측했다"라는 농담이 유행했다. 끊임없이 연구하고 노력해도 미래의 불확정성을 꿰뚫어볼 수는 없다. 그렇다 하더라도 경제학이 전혀 쓸모없다는 의미는 결코 아니다. 경제학은 모든 현상을 예지하는 수정구슬은 아니지만, 많은 보편석 현상을 송합해 결과를 살펴볼 수 있게 한다. 예를 들면, 데이터 관찰과 정밀한 분석으로 경제학자들은 '만일 한 나라가 재정수입보다 재정지출이 더 많다면 그 나라의 화폐는 절하될 것이다'라는 전망을 도출할 수 있다. 하지만 이런 인식도 결국 한계가 존재한다. 그래서 노벨경제학상 수상자도 루블화 폭락을 예측하지 못했고, 미 연방준비제도이사회도 코네티컷주(state of Connecticut)의 조그만 회사가 글로벌 경제를 위기로 몰고 갈 것을 예상하지 못했다.

누군가 '내일 태양이 동쪽에서 떠오른다'고 예측했다고 해서 그 사람이 그 현상을 일으킨 것은 아니다. 소로스는 흐린 날씨를 보고 한 발 앞서 우산을 준비했을 뿐이지 그가 하늘에서 비를 내리게 한 것은 아니다. 환율위기의 근본 원인은 바로 불가항력적인 경제의 자연규칙에 있다. 붕괴될 것은 어떻게 해도 붕괴되고, 서구의 금융세력은 단지 불이 난 틈을 노려 재물을 훔쳤을 따름이다.

그러나 경제를 정확하게 이해하기 위해서 우리는 우선 각양각색의 이론을 배워야 하고 각종 데이터를 읽을 줄 알아야 한다. 경제학 원리를 받아들이는 것은 곧 인간이 만능이 아니라는 점과 규칙에 따라 일해야 한다는 사실을 인정하는 것이다. 그러나 사람은 천성적으로 이러한 두 가지를 좋아하지 않는 경향이 있다. 사람들이 열광하는 것은 간단하면서도 모든 것을 구비한 이론이다. 사람들은 '인류의 능력은 무한하다'는 말을 믿는다.

그리하여 음모론이 출현했다. 일부 서구인들이 환율을 조작하여 세계를 지배한다는 음모론은 매력적인 부분이 있는 것이 사실이다. 우선 음모론은 단순하여 어떤 현상 및 사건도 이것으로 경위를 해석해 낼 수 있다. 앞에서 서술한 몇 차례의 환율전쟁도 음모론으로 해석이 가능하다. 한 국가의 환율이 오르든 혹은 내리든 상관없이 음모론은 획일적으로 해석할 수 있다. '환율 변동은 음모세력이 조작한 결과다'라는 것이 그것이다. 만약 한 현상이 음모론의 기본관점과 부합되지 않더라도 음모론은 스스로 해답을 찾아낸다. 예를 들어 음모론에서는 러시아 붕괴가 미국의 조종에 따른 것이라고 하는데, 그렇다면 그 여파로 미국이 붕괴될 뻔했던 상황은 어떻게 해석할 수 있을까? 이에 대해 음모론은 미국이 고육계를 펼친 것이라고 말할 것이다. 즉, 미국이 자신에게 돌아올 혐의를 벗기 위해 그렇게 한 것일 뿐 최종적으로 미국은 붕괴되지 않았고, 이는 음모를 펼치기 전부터 모든 가능성을 사전에 계산한 결과라는 것이다.

또한 음모론은 "러시아 붕괴는 러시아 정부와 러시아 국민의 잘못이 아니다. 모든 잘못은 서방에 있다"와 같이 책임을 회피할 수 있도록 도움을 준다. 그 원죄는 자연히 소로스와 같은 투기꾼에게로 돌아간다. 결국 우리가 아닌 그들이 루블화 붕괴를 초래했다는 것이다. 한 걸음 나아가 그들 배후에는 세계를 정복하고자 하는 음흉한 세력이 있는데, 그들이 러시아가 영원히 일어서지 못하길 바란다는 것이다.

그리고 음모론과 경제학은 다르나. 이는 상세히 설명할 필요도 없을 것이다. 화폐정책이 환율에 어떤 영향을 미치는지 설명하기 위해 경제학은 우선 공식을 꺼내 든다. 공식을 살펴본 후 믿을 만하다면 그 공식은 경제학의 전제로 일단 성립된다. 이후 경제학자들은 다량의 실제적인 데이터를 수집해 공식에 대입하여 현실에서 발생한 상황과의 적합성을 살펴보고, 이러한 증명 과정을 거친 이후에야 비로소 그 공식을 경제학 이론으로 받아들인다. 하지만 음모론은 이렇게 할 필요가 없이 무슨 일이든 얼버무리면서 넘어갈 수 있다. 그 예로, 국제투기꾼을 언급하면서 보통 그들을 "투기꾼의 수단은 복잡하다" "막대한 자금을 동원할 수 있다" "각국과 떳떳하지 못한 관계를 맺고 있다" 등으로 형용하면서 상세한 설명 없이 모호하게 지나간다. 상세한 설명은 왜 없어? 하고 물으면, "쓸데없는 소리, 이것은 음모야. 음모를 어떻게 속속들이 알 수 있어. 사실 이런 음모가 존재하는 사실을 아는 것만 해도 정말 대단한 일이야"라는 식으로 넘어간다.

음모론의 최대 특징은 그것이 틀렸다고 증명할 수 없다는 데 있다. 당신은 음모론자 앞에 관련 데이터를 꺼내 놓고 러시아의 석유매출이 감소한 원인은 아시아 금융위기 때문이라고 알려줄 수 있다. 그럼 그들은 그런 수치를 믿을 수 없으며 유가 하락을 조장하여 러시아 외환수입을 감소시키기 위해 음모세력이 조작한 것이라고 대답할 것이다. 당신은 또 경제이론을 내세워 러시아처럼 재정적자를 기록하고 외채부담이 높은 나라는 언젠가는 붕괴될 것이라고 말할 수 있다. 그럼 음모론자는 "그런 이론을 어떻게 믿을 수 있어? 이른바 경제이론이라는 것은 서구인이 만들어 낸 하나의 속임수에 불과해. 이런 속임수의 목적은 당신이 보유한 부를 강탈한 후 그것이 당연하고 합리적이라고 느끼게 하기 위해서야"라고 말할 것이다. 이렇듯 음모론의 논조에 부합되지 않는 사실과 이론은 모두 이런 사실과 이론이 존재하는 것 자체가 거대한 음모라는 말로 마무리될 수 있다.

이런 의미에서 음모론과 신앙은 비슷하다고 볼 수 있다. 만일 당신이 신의 존재를 믿는다면, 누구도 신이 존재하지 않는 것을 당신에게 증명하지 못할 것이다. 또한 당신이 신은 선량하다고 믿는다면, 누구도 신은 악하다고 당신에게 증명하지 못할 것이다. 일례로 가족이 병으로 사망했더라도 이것을 신이 내린 일종의 축복이라고 생각할 수도 있다. 단지 신의 축복 방식이 일반인과 달랐을 뿐이다. 좀 과장되게 말해서, 스파게티로 만든 하늘을 날 수 있는 악마가 환율전쟁을 조장한다고 말해도 괜찮다. 스토리 구성요소를 고루 갖추고 있으며, 그것이 잘못되었다고 증명하지 못한다면, 믿거나 말거나 그 주장은 일단 통과되는 것이다.

하지만 경제학은 이렇게 설명될 수 없다. 경제학이 과학적 요소를 담고 있다고 하는 말은 그것이 오류를 인정하는 태도를 갖추고 있다는 것을 의미한다. 다시 말해, 대철학자 칼 포퍼의 '반증가능성(falsifiability)의 원리'에서 제시하듯이, 반증될 수 있는 것이 과학이고 이것은 반드시 착오의 가능성을 인정해야 한다. 쉽게 말해서, 거짓이리고 증명될 수 없는 이론은 동일하게 참이라고도 증명될 수 없다는 것이다.

음모론과 달리 경제학은 오류로 증명될 수 있다. 예를 들면, 자유주의로는 대공황을 설명할 수 없었는데, 이는 자유주의가 근본적인 문제를 가지고 있다는 것을 반증한다. 따라서 대공황은 케인스가 제시한 새로운 이론으로 설명되었다. 이렇게 보면, 법칙에 대한 통합이 늘어날수록 문제에 대한 인식도 더 명확해진다. 경제학은 완벽을 찾는 과정 속에 놓인 영원한 수정주의다. 이 말은 또한 경제학 자체가 불완전하다는 것을 의미한다. 그래서 완전무결한 음모론과 비교하면 약한 일면이 드러난다. 가장 괴로운 것은 경제학이 영원히 그 진면목을 드러내지 않는 음모 세력이 아닌 우리 개개인에게 책임을 묻는다는 것이다.

비록 음모론과 비교하여 여러 가지 면에서 열세에 놓여 있지만, 경제학은 '확률'이라는 강력한 무기를 가지고 있다. 더 신뢰할 만한 경제원리로 설명하면, 환율은 각각의 사람, 각각의 기관, 각각의 정부가 함께 만들어내는 것으로, 경제규칙을 따르고, 한 국가의 경제현황을 보여준다. 또한 외환시장에서 거래하는 모든 참가자는 자신의 이익을 최대화하기 위해 움직인다. 그러므로 그중 어떤 한 세력이 대세를 바꾸고 다 기울어져 가는 국면을 되돌릴 수는 없다. 따라서 환율전쟁을 정교하게 계획되고 배치된 계략이라기보다는 무수히 많은 사익을 추구하는 개인들과 소집단이 참여한 일종의 혼전으로 보는 것이 더 정확할 것이다.

영국의 대철학자 토머스 홉스(Thomas Hobbes)는 《리바이어던

(Leviathan)》에서 사회가 아직 출현하기 이전의 자연 상태에서 생활한 사람들은 야만적으로 세계의 유한한 자원을 쟁취하려고 해서 '만인 대 만인의 투쟁'이 일어났다고 서술했다. 오늘날 환율은 귀금속의 속박에서 벗어나 시장화되었으며, 외환시장은 만인 대 만인의 투쟁 장소로 탈바꿈했다. 세계적 기관, 각국 정부, 금융계의 무법자, 일반 시민 등을 막론하고 이들 모두는 환율전쟁에서 벗어날 수 없다. 다음 장에서는 이와 같은 혼전이 어떻게 조성되었으며, 이것이 우리의 현실생활에 어떤 영향을 미치는지 살펴본다.

4장

환율의 나비 효과:
곳곳에 미치는
환율의 힘

우리는 지금까지 수많은 '환율의 원리'와 전형적인 '환율전쟁'들을 살펴보았다. 이러한 지식들을 토대로 환율이 우리의 일상생활에 어떤 변화를 가져오고 어떠한 영향을 미치는지 분석해 볼 수 있다. 그중 가장 먼저 살펴볼 주제는 최근 뜨거운 감자로 떠오른 위안화 절상 문제다.

1. 환율을 둘러싼 중국과 미국의 게임

미국과 중국의 경제적 협력은 하나의 비밀 약속처럼 긴 세월 유지되어 왔다. 저명한 경제사학 교수인 니얼 퍼거슨(Niall Ferguson)은 '차이메리카(Chimerica)'라는 용어로 이런 관계를 정의 내리고 있다. 또 다른 경제학자는 중국과 미국의 관계를 새로운 브레턴우즈체제라고 말한다. 이 체계의 핵심은 중국 등 아시아 국가들이 의도적으로 자국 화폐와 달러 사이의 환율을 높게 만들어, 즉 자국 화폐의 가치를 떨어뜨려 미국이 아시아 국가들의 상품을 대량 구매하도록 유도함으로써 미국의 무역적자를 조장한다는 것이다. 일반적 상황이라면 달러는 미국의 무역적자로 절하되고 아시아 각국의 화폐는 무역흑자로 절상되어야 한다. 그러나 아시아 각국이 실현된 무역흑자를 달러와 달러화 자산 매입에 투입함으로써 오히려 달러에 대한 수요는 늘어나 달러가치는 떨어지지 않고 상승하게 된다. 다시 말해, 이들 국가의 환율이 하락하지 않고 기존 환율을 그대로 유지하게 되는 것이다.

이런 암묵적인 계약 관계에서 아시아 국가들은 외환시장에 개입함으로써 자국 화폐의 가치를 낮추고 수출을 확대해 자국의 경제성장을 촉진하고 일자리 창출 압력을 완화한다. 한편 아시아 국가는 무역과 미국자산 투자로 얻은 대량의 달러를 낮은 수익률로 미국의 자본시장에 재투자해 미국의 거대한 무역적자로 생긴 손실을 메운다. 그 밖에 아시아 각국이 매입하는 미국 국채 덕분에 미국은 적자문제를 해결하고 경제 촉진에 필요한 자본을 제공하고 신용을 유지하게 된다. 이런 방식으로 세계 최대의 소비국(미국)과 세계 최대의 외환보유국(중국)은 각자 필요한 것을 얻는 균형 관계를 형성했다.

그런데 이런 운영 메커니즘에 문제가 발생하기 시작했다. 바로 위안화 환율이 분쟁의 초점으로 떠오른 것이다. 분쟁의 근원은 미국을 선두로 한 글로벌 경제가 전반적으로 불황에 빠져든 상황에서 중국 경제만 유독 활황을 기록하고 있다는 점이다. 이 시점에서 미국은 비록 위안화 환율이 복수통화바스켓 제도(주요 교역상대국 통화의 가치변동을 감안하여 환율을 결정하는 시스템)로 운영되고 있지만, 현실적으로는 미 달러에 거의 고정되었다는 사실을 주목했다. 미국은 자신이 직면한 문제들과 중국의 번영이 모두 중국 정부가 환율을 조작한 결과라고 생각한다. 그래서 100여 명의 미 하원 의원이 공동성명을 발표해 오바마 행정부에 중국을 '환율조작국'으로 지정하고, 중국 수입품에 대한 고액의 반(反)보조금 관세를 부과할 것을 요구했다.

이것은 마치 덴젤 워싱턴이 주연한 〈트레이닝 데이(Training Day)〉의 한 장면과 같다. 알란조(덴젤 워싱턴 역)의 신분은 마약단속반이지만, 그는 흑백 양 진영에 걸쳐 있는 인물로 마약판매상이라도 그에게 보호비를 상납하면 한 가족처럼 대우했다. 어느 날 알란조는 라스베이거스에서 러시아 마피아 두목을 총으로 쏘아 죽였는데, 러시아 마피아는 이 사건을 무마하는 대가로 그에게 보상금으로 몇백만 달러를 지불하거나 목숨을 내놓으라고 강압했다. 알란조는 러시아 마피아에게 지불할 보상금을 마련하기 위해 어쩔 수 없이 마약판매상을 처치하고 그의 비상금을 빼돌렸다. 알란조는 몇 년 동안 좋은 관계를 유지해 온 마약판매상을 굳이 처리하길 바라지 않았지만 파트너 관계가 자기 목숨보다 중요할 수는 없었다. 그래서 알란조는 마약판매상을 제거하고 당장 눈앞에 닥친 불을 끈 것이다.

현실에서도 이와 같은 상황이 자주 일어난다. 장기간 서로 이익과 혜택을 공유하면서 좋은 비즈니스 관계를 유지하는 것이 중국과 미국에 최선의 선택일 것이다. 하지만 급박한 상황에 직면하면, 우리는 대개 상대방을 희생하고서라도 자신을 보호하려고 한다. 미국의 상황도 이와 다를 것이 없다. 미국은 위안화 절상과 같은 지엽적인 문제로 중국을 압박해 자신의 문제를 해결하려 한다. 워싱턴 정가와 미국인들은 극히 저평가된 위안화로 취업문제, 적자문제, 경제버블 등 일련의 문제들이 발생했다고 보고 우선 위안화 환율부터 손대려 한다. 하지만 저평가된 위안화가 정말로 이 모든 문제의 시발점일까?

위안화 절상은 누구를 위한 게임인가?

미국에서 위안화 절상을 압박하는 가장 적극적인 세력은 노동조합이다. 노동조합은 위안화 절하로 그들의 일자리가 강탈당했다고 생각한다. 미국은 경제위기로 실업률이 현재 10% 전후에 다다를 만큼 취업환경이 극도로 악화되어 있다. 만약 아르바이트와 겸직노동자를 통계에 포함한다면 미국의 실업률은 20%에 육박할 것이다. 그래서 많은 미국인이 실업문제를 내세워 중국 정부에 불공정 경쟁을 중단하고 위안화를 절상하라고 요구하고 있다.

이에 대해 중국은 분노한 미국인들은 단지 진상을 잘 모르는 선량한 군중에 불과하며, 이들이 집단적으로 분노를 표출하고 위안화 절상을 요구하는 것은 다른 세력들에게 조종당하고 있기 때문이라고 생각한다. 이런 중국의 관점은 두 가지 점에서 정확하다고 할 수 있다. 첫째, 대다수 미국인은 정말로 진상을 모르는 선량한 군중으로 미국에는 다른 의도를 갖고 있는 사람들이 많다. 둘째, 미국의 대중매체는 민주당과 공화당으로 나뉜 정치가들에게 자신을 선전할 무대를 제공하는데, 때로는 유명 진행자들도 싸움에 끼어들어 판을 키운다. 민주당 등 자유주의자 진영에는 MSNBC 진행자 키스 올버맨(Keith Olbermann)이 가세했고, 공화당 등 보수주의자 진영에는 폭스뉴스 채널의 글렌 백(Glenn Beck)과 라디오 방송국 사회자 러시 린드버그(Rush Lindberg)가 가세해서 힘을 실었다.

양당은 비록 많은 문제에서 의견이 충돌하지만, 위안화 절상 문제에 관해서는 예외적으로 의견의 일치를 보인다. 이것은 정말 보기 드문 경우다. 기본적으로 미국 국민 모두가 중국이 자신들의 일자리를 빼앗아 갔다고 믿기 때문에 위안화 문제에 관해서는 양당이 공감대를 형성할 수밖에 없다. 정치가들에게는 대중들의 생각에 따라 구호를 외치고 주장을 하는 것이 위험성이 없을뿐더러 대중에게 좋은 인상을 주어 경선에서 더 유리한 고지를 차지할 기회를 제공한다. 게다가 사우스 파크(south park)에서 배웠는지 "중국이 우리의 일자리를 빼앗았어!"라고 괴성을 지른다. 이런 구호를 외치는 것은 정치가 본인들의 많은 문제와 일반 대중의 결함을 덮을 수 있어 자신의 돈을 한 푼도 들이지 않고 유권자의 기분을 맞출 수 있는 방법이다. 그러니 정치가들이 왜 목소리를 높이지 않겠는가?

정치가들은 단지 자신의 이익을 위해 미국 대중의 목소리를 대변한다. '그렇다면 이 문제에 대해 중국이 직접 미국을 설득하면 되는 것 아니냐'고 생각하는 사람들도 있을 것이다. 그러나 이것이 현실화되려면 두 가지 전제조건이 충족되어야 한다. 우선 미국 국민이 반드시 중국이 말하는 이치를 듣기를 원해야 하고, 또한 중국이 말하는 이치를 이해할 수 있어야 한다. 정치가들에게는 도리를 따져봤자 소용없는 일이고, 이것은 오히려 그들에게 더 많은 표를 끌어오려는 수단으로 이용될 것이다. 그러나 만약 미국 국민이 중국이 말하는 내용을 받아들인다면, 미 정치가들은 반드시 상황에 따라 태도를 바꿀 것이다.

그런데 미국 국민에게 이치를 따지는 것이 통할까? 미국인들 가운데 일부는 매우 극단적인데, 마치 누군가가 자신에게 대규모 공격을 가하기라도 하듯 항상 경계를 하고 집에 총을 구비하고 있다. 이런 사람들에게 이치를 따지기는 매우 어려울 것으로 보인다. 또 다른 부류는 그나마 이들보다는 괜찮다. 이들은 지적 수준이 그리 높지 않아서 다른 사람의 말을 그대로 믿는 경향이 있다. 예를 들면, 오바마가 의료개혁을 내건 후 많은 극단주의 인사들이 오바마가 정부의 의료지출을 감소하는 방법으로 모든 노령자를 수용소로 보내고 정부가 임의로 노령자의 양로보험과 의료보험을 사용할 것이라고 말했는데, 이런 말을 듣고 그대로 믿는 사람들도 많았다.

미국은 건국 이래로 개인과 기업이 자신의 이익을 최대화하는 것을 장려했고, 미국 기업들이 업무를 아웃소싱하는 것도 이 원리에 따른 것이라고 미국 국민을 설득할 수도 있다. 더욱이 미국은 레이건 행정부 이래 시장자유화 정책을 널리 확대했고, 국민은 자신의 이익에 따라 행동을 결정하고 있다. 그래서 각 기업은 인원 감축과 아웃소싱에 열을 올린다. 인원 감축으로 확보한 자금은 보통 절반은 기업 확장에 투입되고, 절반은 경영층의 보너스로 지급된다. 인원 감축과 아웃소싱으로 기업이익이 상승하게 되면, 주가폭등으로 주주와 경영층은 결국 더 많은 돈을 거머쥐게 된다.

실업자는 대개 현실을 받아들이고 새로운 직장을 찾게 된다. 이론적으로는 모두에게 이로운 상황이 그려진다. 기업 경영층과 주주는 더 많은 돈을 벌 수 있고, 직원은 자신을 더욱 필요로 하는 직장에서 일하게 되어 미국 경제의 효율성이 높아진다. 그러나 현실은 이와 전혀 다르게 돌아간다. 50세의 실업자가 어떤 훈련을 거쳐야 대학을 갓 졸업한 젊은이들과 경쟁할 수 있을까? 맥도날드에서 햄버거를 굽는 일만 해도 고령의 실업자들은 젊은이의 상대가 되지 못한다. 국민이 어떠한 곤경에 처해도 정부는 기본적으로 개의치 않는다. 실업자를 위한 재활훈련 프로그램도 없고 추가 취업기회도 만들어 내지 못한 채, 정부는 실직한 직장인들에게 모든 것을 내맡기는 것이다. 정부는 부모를 부양하고 자녀를 양육하는 문제에 관해서는 더욱 손을 놓는다. 사실 정부와 자유주의 경제 이론가들은 이런 지엽적인 문제에 신경 쓰기를 귀찮아한다.

고령의 실업자도 완전히 손해만 보는 것은 아니다. 감원을 장려해 최대의 이익을 얻은 주주 가운데에는 헤지펀드와 같은 금융세력도 존재한다. 이런 금융세력의 자금원은 대다수가 정부의 퇴직기금이다. 여기서 정부의 퇴직기금이란 정부가 매년 노동자들의 임금에서 일정한 금액을 공제하여 만든 연금을 말한다. 즉, 노동자들로부터 갹출한 자금으로 만든 기금이 노동자의 감원을 장려하고 감원에 따른 이익에서 쥐꼬리만큼을 노동자들에게 되돌려주는 것이다.

고령의 실업자는 실직으로 자신의 퇴직 계획이 다변화되었다고 생각하지 않으며, 미국 경제의 효율성이 확대될 것으로도 생각하지 않는다. 또한 중국인의 고생과 힘겨운 노동으로 미국의 물가가 하락해 자신들의 생활의 질이 개선되고 임금이 제자리를 맴도는 상황에서도 구매력은 더욱 확대되었다는 점을 생각하지 않는다. 그리고 중국인이 고생해서 번 돈으로 중국이 미국 국채를 매입해 미국연방정부와 각 주, 시 정부 등의 자금조달 비용이 낮아지고 계속된 적자상태에서도 증세를 하지 않고 정부가 운영되고 있다고 생각하지 않는다. 중국인의 돈으로 미국의 국내자금이 풍족해지고 경제가 신속히 발전하여 자신의 주식 등이 상승했다고도 생각하지 않는다.

동시에 실업자 자신들의 책임은 전혀 추궁하지 않는다. 자신들이 장기간 중국의 상품을 구매한 것이 다른 미국 노동자의 실직을 초래했으며, 또한 그들이 고수익 기업만을 쫓아다닌 것이 감원을 장려하고 중국으로 공장 이전을 촉진했다는 점을 생각하지 않는다.

고령의 실업자가 보유한 교육 수준으로는 이 모든 것을 이해할 수 없으며, 그의 처지가 이해하는 것 자체를 가로막고 있다. 그는 단지 자신이 일평생 일한 직장이 현재 중국으로 도망간 사실만을 알 뿐이다. 자신이 다니던 기업은 왜 공장을 중국으로 이전했을까? 그는 아마 자신이 직무를 감당하지 못해서 공장이 중국으로 이동한 것도, 중국인이 일을 더 잘하기 때문도, 또한 중국인의 소득이 낮아 고생을 더 잘 참을 수 있기 때문도 아니라고 생각할 것이다. 단지 중국 정부가 환율을 조작하는 것과 같은 불공정한 수단을 이용해 자신의 직장과 생활을 빼앗아 갔기 때문이라고 생각할 것이다.

"위안화 저평가는 단지 문제의 극히 일부분에 불과하다. 미국인이 실직한 이유는 세계경제의 글로벌화, 미국 정부의 정책, 미국 기업의 전략, 미국 투자자의 편애, 미국 소비자의 선택 때문이다"라는 중국의 말에 미국의 고령 실업자가 진심으로 동의하겠는가? 그들은 아마 미 남부 악센트가 강하게 묻어나는 어조로 "당신이 내 일을 빼앗아 갔어!"라고 소리를 지를 것이다.

실업자의 선입견이 상당히 뿌리 깊은 것을 보고 미국 정치가는 자연히 추세를 좇아 실업의 원인을 전적으로 중국과 위안화 환율의 탓으로 돌릴 것이다. 하지만 미국 정치가와 유권자의 관점이 동일하지는 않다. 상당수 미국 정치가가 미국의 현 상황을 정확히 꿰뚫어 보고 있다. 간혹 세라 페일린(Sarah Palin)처럼 무식한 정치가들도 있지만, 미국의 많은 정치가는 현재 미국 경제가 직면한 문제점을 잘 알고 있다. 그리고 그에 대한 죄인이 있다면 단 한 사람, 바로 미국 정부 자신일 것이다.

미국 정부의 장려하에 이윤만을 추구하는 기업들이 아웃소싱의 단맛을 안 이상, 그들은 결코 과거로 돌아가지 않을 것이다. 위안화를 절상했더라도 그들은 공장을 미국으로 다시 이전하지는 않을 것이다. 그들에게 위안화 절상은 중국 노동임금의 상승을 의미한다. 그래서 기업들은 중국보다 노동비가 더 낮은 지역을 찾아내 그곳에서 또다시 노동자들을 착취할 것이다. 현재도 이런 추세는 이미 뚜렷이 나타나고 있으며, 점점 더 많은 기업이 중국이 아닌 베트남과 인도로 공장을 이전하고 있다. 그러므로 미국이 중국을 압박해 위안화가 절상되어도 미국 실업문제를 해결하지는 못한다. 위안화를 절상하라는 요구는 마치 이후로는 인도의 루피, 베트남의 동(dong)을 절상하라고 하는 것과 다를 바가 없어 근본적인 해결 방안이 되지 못한다.

위안화 환율에 책임을 돌리는 것은 미국 정치가의 이익과도 부합한다. 미국은 이전부터 글로벌화가 참여하는 모두에게 이익을 가져다줄 것이라고 선전했다. 이미 20년간 진행된 글로벌화 과정 속에서 누군가는 이익을 보고 또 다른 누군가는 손해를 짊어진다는 사실을 우리 모두 분명히 알게 되었다. 실업자들은 바로 글로벌화에 따른 손해를 짊어진 패배자들이다. 중국의 싸고 품질 좋은 상품들로 긴 시간 이런 현상들은 감추어졌다. 실직자들은 중국 때문에 자신의 임금이 오르지 않았다는 점과 금융세력들이 모든 부를 쓸어가 버렸다는 사실을 망각했다. 미국정부도 금융세력과 돈을 분배하기에 바빴으며, 실업자들을 위한 충분한 사회보장과 재취업 프로그램을 준비하지 않았다. 그래서 정치가들은 위안화를 속죄양으로 삼아 자신들의 과오를 은폐하는 것이다.

기업들로서는 실업자들을 내세워 위안화 절상을 압박하는 것은 이익만 있고 손해는 전혀 없는 게임이다. 중국에서의 사업비용이 늘어나면 베트남과 인도로 공장을 이전함으로써 기업의 비용 상승을 막을 수 있다. 동시에 위안화 절상 이후 미국 제품은 가격이 상대적으로 저렴해 중국인이 미국 제품을 더 많이 구매한다면 기업의 매출도 늘어날 것이다.

정치가, 기업가, 실업자 모두 실업문제를 내세우지만, 실업자를 제외한 정치가와 기업가는 다른 속셈을 갖고 있다. 정치가는 자신들의 잘못을 덮고 기업가는 더 많은 상품을 파는 것이다. 위안화를 절상해도 미국의 실업문제를 해결할 수 없다는 것을 모두 잘 알고 있다. 또한 위안화 절상은 사실 실업자들에게 이익은 없고 해로움만 안겨줄 뿐이다. 위안화 절상으로 중국산 제품의 가격이 상승한다면 그렇지 않아도 취약해진 구매력은 더욱 떨어질 것이다.

위안화 절상이 미국 정부의 재정적자를 해결해 줄 수 있는가?

미국 정부가 위안화 절상을 요구하는 또 다른 이유는 만성적인 적자로 미국 국고가 텅텅 비었기 때문이다. 2007년 미국은 8,000억 달러의 외채로 간신히 한 해를 버틸 수 있었는데, 이때 중국은 2,620억 달러의 흑자를 기록했다. 그래서 많은 미국인은 미국이 돈을 벌고 적자문제를 해결하려면 반드시 위안화를 절상해야 한다고 생각한다.

그러나 미국 정부의 만성적 적자 배경에는 두 가지 원인이 작용하고 있다. 첫 번째 원인은 절약 정신이 부족하여 예산 낭비가 극심하기 때문이다. 미국의 독보적인 국방예산과 아울러 두 가지 전쟁을 수행함에도 증세를 하지 않는 것은 무슨 배짱일까? 심지어 수백억 달러에 달하는 농업보조금은 어떤가? 지엽적인 문제만 살펴봐도 왜 미국의 적자가 심각한지 알 수 있다. 미국 공화당 내에 '적자매파'*로 불리는 그룹이 있는데, 이들은 정부가 돈을 마구 낭비해 재정적자를 불러일으키는 것을 가장 경멸한다. 그래서 이들은 종종 미국의 예산 속에 나눠먹기식의 특별예산 항목이 너무 많다고 질책한다. 다시 말해, 정부가 제멋대로 돈을 사용해 돈으로 유권자의 표를 산다는 것이다. 하지만 이들 적자매파도 자신들의 지역구 예산 확보에서는 절대 물러서지 않는다. 이와 관

* 재정적자 확대에 강력히 반대 의사를 표현하는 부류.

련된 가장 유명한 사례로는 알래스카주(Alaska state)의 '어디에도 도달하지 않는 다리(bridge to nowhere)'가 있다. 알래스카에는 그라비나(Gravina)로 불리는 외딴 섬이 있는데, 이 섬에는 50명 미만의 주민이 거주하고 있다. 알래스카 하원은 연방정부에 50명 정도밖에 거주하지 않는 이 섬을 위해 4억 달러를 들여 다리를 건설할 것을 요구했다. 미국인 50명당 4억 달러를 사용한다고 가정하면 미국이 예산적자를 기록하는 것도 이상한 일은 아니다.

물론 다른 부문에 4억 달러를 낭비하기도 한다. 미국은 이라크 전쟁에 막대한 돈을 퍼부었는데, 전비의 낭비도 매년 집행되는 예산 낭비에 뒤지지 않는다. 일례로 이라크 전쟁 이후 미국은 현실적 적합성 여부를 떠나 이라크인들이 각 방면에서 미국 문화를 받아들이길 원했다. 전쟁이 발발하기 이전부터 이라크에는 낙후된 증권거래소가 있었는데, 트레이더들이 큰 소리로 고함을 지르고 칠판에 기록하는 것으로 증권매매가 이루어졌다. 이라크를 점령한 이후 미국은 4억 달러를 들여 뉴욕증권거래소의 모든 시설을 그대로 옮겨 놓은 증권거래소를 만들었다. 중동에서 가장 선진적이고 현대화된 증권거래소를 만들려는 의도에서였다. 하지만 미국이 이라크에서 철수하자 그들이 남기고 간 컴퓨터는 그대로 폐기물이 되고 말았다. 대다수 이라크인이 컴퓨터를 사용할 줄 몰라서 컴퓨터를 이용한 증권매매를 거부했기 때문이다. 이라크인들은 조금씩 갹출하여 칠판을 매입한 후 이전처럼 고함을 지르고 칠판에 기록을 하면서 증권거래를 했다. 결국 증권거래소 현대화에 투입된 4억 달러는 그대로 날아가 버린 셈이다.

또 다른 원인은 미국이 국가보모화를 추구한다고 자신들이 비난했던 중남미를 점점 닮아간다는 데 있다. 하지만 미국의 보모제는 중남미의 것과는 다소 차이가 있다. 중남미는 국민에게 각종 복지를 제공했지만 미국은 감세정책을 취했다. 레이건 정부 이래로 미국의 세율은 점차 감소세를 보였다. 결국 레이건의 공급경제학은 허튼소리에 불과하다는 사실을 알 수 있다. 감세로 미국 정부의 세수는 감소하기만 했지 레이건의 주장처럼 증가하지 않았다. 이론과 달리 미국의 세원은 점점 감소한 것이다.

경제가 고성장을 기록할 때는 감세가 문제 되지 않는다. 국민의 소득이 늘어남에 따라 정부의 세수도 확대되기 때문이다. 그래서 인터넷 시대로 접어들던 시기의 클린턴 정부는 흑자재정을 실현할 수 있었다. 하지만 경제 불황이 오면 세수가 지출보다 적으므로 정부는 다시 적자를 기록하게 된다. 조지 허버트 워커 부시(George Herbert Walker Bush)가 걸프전쟁에서의 인기를 발판으로 삼아 증세에 나섰다가 연임에 실패한 전례를 보고 이후의 대통령들은 증세가 정치적 자살행위와 같다는 점을 분명히 인식했다. 그래서 조지 워커 부시(George Walker Bush)는 차라리 채무로 전쟁을 치를지라도 미국 납세자들의 돈으로 전쟁비용을 감당하길 원하지 않았다. 이에 그치지 않고 조지 워커 부시는 유권자의 환심을 사기 위해 전쟁비용이 긴급히 요구되는 상황에서도 대규모 감세를 시행했다. 그 결과 적자문제는 매우 심각한 상태로 발

전했다. 더욱이 임기 말년에는 파산에 직면한 월 스트리트 투자
은행을 구제하기 위해 수천억 달러를 투입했다. 그의 묘비에 '부
채가 많아도 아무 근심이 없었다'라는 문구를 새겨 넣지 않는다
면, 후세에게 정말 미안한 일이 될 것이다. 오바마가 집권한 이
후에도 조지 워커 부시의 차입정책은 지속되었다. 월 스트리트
투자은행뿐만 아니라 GM(General Motors) 자동차와 크라이슬러
를 구제하는 데도 자금을 투입했다. 게다가 증세도 없이 전국민
의료보험 개혁을 통과시켰다. 이렇듯 불투명한 장기채무들은 결
국 차입으로만 해결될 수 있음이 분명하다.

　미국 정부의 적자는 순전히 자업자득의 결과로, 위안화 절상
으로 해결될 수 있는 문제가 아니다. 오히려 중국 정부가 현재의
위안화 환율을 유지하길 원해 대량의 자금을 투입해 미국자산
을 매입해 준 것이다. 중국이 매입하는 미국자산의 대다수는 수
익률이 극히 낮은 국채로 미국 정부가 거리낌 없이 돈을 뿌릴 수
있는 것도 상당 부분 중국의 환율정책 덕분이다. 일단 위안화 가
치가 절상되면 중국은 이전처럼 미국 국채를 대량 매입하지 않
을 것이며, 그 대가는 미국 정부 자신이 짊어져야 할 것이다. 미
국 국민은 소비에 열중하고 있기 때문에 미국의 저축률은 극히
낮다. 그래서 미국 정부는 근본적으로 국민으로부터 돈을 조달
할 수 없는 상태다. 이런 상황이니 미국 정부는 중국에서 돈을 조
달하지 않는다면 다른 나라에서라도 외채를 빌려야 할 처지다.
중국이 미국을 지원하지 않는다면 미국은 더 높은 금리를 지불

해야만 정부 지출을 만족시킬 만한 돈을 차입할 수 있을 것이다.

현재 미국 정치가들은 미국의 재정적자를 중국 환율문제와 연결하지만 진정으로 적자문제를 해결하길 원한다면 미국 정부가 지출을 축소하고 세금부과를 늘리면 가능하다.

미국의 서브프라임 모기지 사태는 왜 발생했는가?

미국이 제기하는 세 번째 문제는 다음과 같다. 중국이 자신들에게 빌려준 돈이 서브프라임 모기지 사태를 조장했다는 것이다. 이런 주장의 이유로는 중국이 위안화 가치를 저평가 상태로 두기 위해 대량의 달러를 매입했고, 그 자금이 미국으로 유입되었다는 점을 들고 있다. 미국에 유동성 과잉이 초래되자 아시아 금융위기 당시 태국처럼 마구잡이 투자가 일어났다. 미국의 '판스이' 같은 이들이 주택 건설에 열을 올렸고, 심지어 최저임금을 받는 이조차 호화주택을 매입했다. 당장은 원금과 이자를 지불할 필요가 없어 만일 주택가격이 오른다면 투자수익을 실현할 수 있었다. 유동성 과잉으로 서브프라임 모기지는 광범위하게 확대되었고 일본식 버블이 조성되었다. 호화주택을 매입한 저임금 근로자가 더 이상 할부금을 감당할 수 없음이 폭로되었을 때는 사태는 이미 돌이킬 수 없는 상황에 이르렀다. 미국이 붕괴되기 시작했으며, 월 스트리트 은행들도 차례로 파산했다. 미국인들은 이 모든 죄악과 재난의 근원을 전적으로 중국이 위안화 저평가를 위해 달러를 대량 매입했기 때문이라고 생각한다.

이런 논리는 그럴듯하게 들린다. 혹자는 이렇게 말할지도 모른다. "많은 환율전쟁이 이런 식으로 조성되었는데, 설마 중국이라고 환율을 상승시킴으로써 환율전쟁을 벌여 미국을 무너뜨리고 세계 최대 강국이 될 욕심이 없을까요?" 하지만 좀 더 자세히 분석해 보면, 이런 논리는 음모론처럼 믿을 만한 것이 못 된다는 사실을 발견할 수 있다. 중국이 미국으로 자금을 유입시키는 목적은 중국 경제를 촉진하는 데 있을 뿐이다. 서브프라임 모기지 사태는 일본이 붕괴되었을 때처럼 미 연방준비제도이사회와 월스트리트 투자은행이 스스로 자기 무덤을 판 것이다.

우선 미 연방준비제도이사회의 책임은 무엇인지 살펴보자. 앨런 그린스펀 미 연방준비제도이사회 의장은 1990년대 미국의 투자시장에 거품현상이 발생한 것으로 의심하고 '이상과열(Irrational Exuberance)'이라는 용어로 당시 IT주가 야기한 미국의 투자 열기를 묘사했다. 그러나 앨런 그린스펀은 급속한 경제발전을 긍정적 현상으로 보고 금리를 인상해 버블을 터뜨리려 하지 않았다. 어떤 거품경제든 영원히 존속될 수는 없으며 IT버블도 예외 없이 21세기 초에 파멸의 길로 접어들었다. 당시 앨런 그린스펀은 대응조치로 금리인하를 채택했다. 금리인하로 IT버블의 피해를 막았지만, 이것이 도리어 미국 부동산 버블을 조성했다. 이는 위험성이 더 큰 버블로 위험성이 작은 버블을 막은 것이나 마찬가지로, 근본적 문제를 치유하지 않고 단순히 버블 붕괴의 시간만 늦춘 것에 불과했다.

그러나 앨런 그린스펀은 그렇게 생각하지 않았다. 그는 미국인들 모두가 주택을 매입하는 것은 좋은 일이라고 보았으며, 심지어 그 자신이 이것을 더욱 부추겨 미국인은 부동산을 담보로 은행에서 더 많은 돈을 차입해 소비와 투자를 해야 한다고 말했다. 중국으로부터 유입된 자금이 미국의 유동성 과잉에 미친 영향은 이런 행위에 비한다면 미약한 수준이다. 하지만 앨런 그린스펀은 오늘날까지도 자신의 공과가 공적은 7 과실은 3이라고 여긴다.

그의 뒤를 이어 미 연방준비제도이사회 의장이 된 벤 버냉키는 기본적으로 앨런 그린스펀의 화폐정책을 그대로 계승했다. 많은 경제학자와 기업경영인들이 미국의 유동성 과잉을 경고하기 시작했음에도 벤 버냉키는 의연히 저금리 정책을 유지했다.

미국은 본래 서브프라임 모기지 사태와 경제쇠퇴를 피할 수 있었다. 비록 유동성 과잉이 조만간 거품붕괴를 일으킬 것이지만, 차입으로 주택을 구매한 빈곤층의 파괴력은 그리 엄청나지 않았으며 1980년대의 주택대부조합 사태와 비슷한 수준에 불과했다. 미국에 치명적 일격을 가한 것은 이들 빈곤층이 아니라 미국의 대형 투자은행들이었다. 이들 투자은행이 조성한 금융위기 규모는 빈곤층의 채무총액을 훨씬 초과하고 있다.

투자은행들은 '합성 CDO(Synthetic Collateralized debt Obligations)'로 불리는 일종의 파생금융상품을 이용해 월 스트리트를 라스베이거스로 만들었다. 합성 CDO는 롱텀캐피털이 만든 파생금융상품과 비슷한 일종의 보험상품으로, 그 보험대상물은 빈곤층이 매입한 호화주택이었다. 보험을 사는 사람은 빈곤층이 반드시 돈을 상환하지 못할 것이라는 데, 보험을 판 사람은 반대로 빈곤층이 돈을 상환할 것이라는 데 베팅한 것과 같다. 최종적으로는 베팅한 금액이 이미 빈곤층이 차입한 실제금액을 훨씬 넘어서게 되었다.

더욱이 이런 도박은 신뢰할 수 없는 부분이 있었다. 우리는 생명보험에 가입할 때 다른 사람을 보험대상으로, 자신을 수익자로 삼아 임의로 보험계약을 체결할 수 없다. 왜냐하면 이는 보험대상물이 된 사람이 빠른 시일에 사망하도록 바라는 것과 같기 때문이다. 만일 보험금이 매우 크다면 보험대상을 죽이도록 살인청부업자를 고용하거나 자신이 직접 나설지도 모른다. 합성 CDO는 본질적으로 이를 매매하는 사람이 빈곤층에게 직접 모기지 대출을 한 것이 아니기 때문에 마치 다른 사람을 대상으로 생명보험을 매입하는 것과 다를 바 없었다. 따라서 빈곤층이 채무를 상환하지 못해도 그들은 전혀 손해를 보지 않는다. 그러나 빈곤층이 대출을 상환하지 못할 것이라는 쪽에 베팅한 사람들은 판돈 때문에 나쁜 생각을 품기 시작했다. 빈곤층이 예정보다 앞당겨 대출을 상환하지 못하도록 작업을 한 것이다. 이들은 투자자들이 점점 더 신뢰성이 떨어져 가는 빈곤층에게 돈을 빌려주도록 유도했는데, 그들의 이런 행위는 빈곤층이 돈을 상환할 수 없도록 만드는 직접적인 원인이었다.

빈곤층이 빚을 지자 미국경제에 문제가 드러나기 시작했다. 그러나 실물경제에 미치는 영향은 그다지 크지 않았다. 정말 큰 문제는 투자은행과 금융세력이 투입한 수조 달러의 판돈이었다. 빈곤층이 상환할 것이라는 쪽에 베팅한 투자은행과 금융세력들은 본전을 모두 날렸으며 많은 펀드와 은행이 파산했다. 다른 사람이 도대체 어떤 식으로 베팅했는지, 각자 얼마의 빚을 졌는지를 누구도 알지 못해 거래에 나서는 사람도 그리고 자금을 빌리는 사람도 모두 사라져 버렸다. 그 결과 미국의 신용은 제자리걸음을 걸었고, 미국 경제는 붕괴 직전까지 이르렀다. 그러므로 위안화 환율이 원인을 제공한 하나의 요소이기는 하지만 결코 결정적 원인은 아니라고 말할 수 있다. 이는 엔화 절상이 일본 버블을 조성한 하나의 요소이기는 하지만 결정적 원인은 아닌 것과 일맥상통한다. 진정으로 책임을 져야 할 주체는 미 연방준비제도이사회와 도박을 즐긴 미국 각 대형 투자은행과 금융세력인 것이다. 심지어 미국인들조차 골드만삭스를 '인류의 얼굴에 붙어 있는 거대한 흡혈문어'와 같다고 말했다. 이렇게 위안화가 하나의 요인이기는 했지만 주범은 아니며, 그 영향도 미국의 각 대부회사, 신용평가기관, 은행 등의 기관이 한 행위가 미친 영향에 비하면 한참 미치지 못한다.

이후 미국이 취한 다양한 조치는 미국이 중국을 환율조작국으로 질책하기 어렵게 만들고 있다. 경제붕괴를 막기 위해 미 연방준비제도이사회는 적자에 직면한 은행과 투자은행들에 담보를 제공했으며, 미국 정부는 7,000억 달러 규모의 불량자산구제 계획을 내놓아 이 기관들의 빚을 메워 주었다. 미 연방준비제도 이사회는 인쇄기를 돌려서 거의 공짜로 각 대형은행과 투자은행에 자금을 제공했는데, 이것은 곧 은행들이 이자로 국민을 착취해 수익을 회복하라는 의미다. 이러한 화폐정책의 결과로 미국 내에서 유통되는 화폐량이 큰 폭으로 증가했으며, 달러는 최소 25% 절하되었다.

이 모든 것이 예상 밖의 일은 아니다. 이제까지의 역사가 말해 주듯, 자국의 이익에 부합한다면 모든 국가가 자국 화폐를 절상 또는 절하하는 데 조금도 주저하지 않는다. 달러만 놓고 보아도 1970년대 브레턴우즈체제 해체 이후 절하, 인플레이션 해결을 위한 절상, 플라자 합의 때의 절하, 루브르 합의 때의 절상 등을 겪었다. 그래서 미국이 위기에 직면한 현재 또다시 고전적인 방법을 들고 나오는 것이 특별한 일은 아니다.

위안화 절상을 둘러싼 미국과 중국의 견해

이상에 서술한 내용을 종합하면, 위안화 환율이 실질적으로 미국에 큰 해를 끼친 것은 아니며 오히려 여러 가지 면에서 도움을 주었다고 할 수 있다. 또한 한 나라가 어떤 환율제도를 채택하느냐는 그 나라의 주권으로, 각국은 자신의 필요에 따라 자본의 자유로운 이동과 독립적인 화폐정책이라는 두 목표 가운데 가장 중요한 목표를 하나 선택하고 나머지 하나는 포기하게 되는 것이다. 그러므로 달러의 자유변동환율제가 위안화의 연계관리제도보다 더 도덕적이라고 볼 수는 없다.

그러나 실업자들에게 이런 도리를 설명해도 그들이 이를 받아들일 마음의 자세가 되어 있지 않다면 아무런 소용이 없다. 현실적으로는 실업자들의 상처받은 영혼을 치유하고 미국인의 조급함을 안정시킬 방법이 필요하다. 중국이 비록 위안화 환율의 통제권을 가지고 있지만 수출국이라는 처지에 있기 때문에 협상에서는 불리한 상황에 놓여 있다. 만일 미국이 중국상품에 보복관세를 부과하고 중국이 이에 대응해 보복한다고 해도 중국은 심각한 타격을 받을 수밖에 없다. 현재 중국의 대미 수출액은 미국의 대중 수출액보다 4배 많은데, 이 상황에서 상호 보복관세를 부과한다면 중국의 손실이 미국의 4배에 이르게 된다. 또한 미국은 내수를 확대해 부족분을 보충할 수 있지만, 중국은 현실적으로 이것이 어려운 상황이다. 그래서 미국과 서로 강경책을 구사하는 것은 절대로 상책(上策)이 아니다.

그 밖에 중국의 현재 환율정책이 도리에 맞지 않는 것은 아니지만, 이것이 중국과 미국의 현 관계에 아무 문제가 없다는 의미는 아니다. 미국이 중국이 제공하는 공짜 상품과 공짜 돈을 즐기고 있지만 장기 무역불균형은 결코 해결책이 아니며, 지폐 남발도 영원히 지속될 수 없다.

미국은 소비자이면서 동시에 제조업자다. 소비자로서의 미국은 중국이 그들을 위해 제공하는 노동과 상품을 즐기고 한 뭉치의 차용증(달러와 미국 국채)만 남겨 놓지만, 제조업자로서 미국은 중국이 만든 제품이 그들을 실업으로 몰고 갈 것을 걱정한다. 한편 소비자로서 미국은 돈을 사용할 줄만 알고 수입품이 많으면 많을수록 좋다고 생각하지만, 제조업자로서 미국은 아르바이트생에 불과한 처지로 이 많은 차용증서를 어떻게 갚을지를 고민한다.

그러나 이러한 빚은 신용과 연결되어 있기 때문에 미국은 반드시 갚아야 한다. 미국이 도처에서 돈을 빌리고 충분한 자금을 확보할 수 있는 것도 미국이 머지않아 상품을 만들어 부채를 갚을 것이라고 전 세계 사람들이 믿기 때문이다. 그래서 각국은 미국의 차용증을 받고 그것을 이용해 거래하며 이를 외환보유고로 삼는다. 서브프라임 모기지 사태로 미국의 경제가 무너지고 그 여파로 세계 각국의 경제가 따라서 붕괴해도 세계 사람들은 여전히 달러가 세계에서 가장 안전한 화폐이고 미국 국채는 세계에서 가장 안전한 투자대상이라고 여긴다.

미국이 채무확대를 우려한다는 것은 근거가 있는 얘기다. 만약 언젠가 미국의 차용증이 한갓 폐지에 불과하다고 사람들이 인식할 정도로 채무가 확대되면, 미국인의 과도한 소비를 문제 삼지 않더라도 미국 경제는 신뢰를 상실함에 따라 붕괴되고 말 것이다. 미국의 붕괴는 다른 나라들에게는 더욱 끔찍한 소식이다. 왜냐하면 미국의 붕괴는 시장과 자금의 상실 이외에 그들 자신도 함께 늪 속으로 빠져들어 세계가 석기시대로 회귀한다는 것을 의미하기 때문이다. 그렇게 문제가 심각한 상태가 아닐지라도 적자상태에 빠진 미국은 차용증 가치, 즉 달러가치를 떨어뜨려 자신의 채무문제를 해결할 것이다. 이런 상황은 중국에도 결코 이롭지 못하다. 여러 해에 걸쳐 벌어들인 달러가 일순간 가치를 상실한다면 중국은 다년간 헛고생한 것과 다름없다.

달러 절하 이외에 장기 무역불균형은 또 다른 문제를 야기한다. 중국이 미국으로부터 돈을 벌어 그 돈을 다시 미국에 빌려주는 행위는 미국의 자본과잉을 초래할 뿐만 아니라 중국의 자본과잉도 조장한다. 그래서 과거 일본만큼 뚜렷하지는 않지만 중국과 미국 두 나라 모두 투자과잉 현상이 나타나고 있다. 거품은 반드시 꺼지게 되어 있는데, 그때 레버리지(자기자본에 차입자본을 이용하여 자기지분에 대한 수익을 증대시키는 것)로 빚을 갚는 일은 고통스러운 과정이 될 것이다. 그리고 이러한 상황은 기회를 노리는 금융세력들에 의해 더욱 악화될 것이다.

그러므로 미국의 문제는 대부분 자업자득적인 측면이 있지만, 중국도 자신의 이익을 위해 현 상황이 가져다주는 이익에 너무 현혹되어서는 안 된다. 그럴 경우 상황은 점점 더 악화되고 미래에 직면할 문제는 더욱 심각해질 것이다. 머지않아 중국은 '차이메리카'로부터 벗어나 자신의 길을 가야 한다. 그때가 되면, 위안화는 반드시 절상될 것이고 중미 무역은 균형화 추세를 보일 것이다. 그날이 중국의 종말인 것은 아니다. 플라자 합의로 엔화가 절상되었지만 일본 붕괴의 최종 책임은 일본이 거시경제 조절에서 실책을 범했다는 데 있다. 일본과 비교해 독일은 유로화 환율 강세 속에서도 지속적으로 대미 무역흑자를 기록하고 있다. 이 사실은 위안화가 절상되어도 중국 또한 미국인이 구매를 희망하는 상품을 만들어 판매할 수 있다는 것을 의미한다. 위안화 절상은 인플레이션을 통제하고 핫머니 유입을 막는 데 유리할 뿐만 아니라, 국민이 더 많은 수입품의 혜택을 누릴 수 있게 한다.

그러므로 중국은 자신의 이익에 부합한 상황을 인식한 가운데 위안화의 일회성 절상을 선택할 수도 있고 변동범위를 한층 확대할 수도 있다. 중국의 이익에 부합된다면 중국은 최대한 미국의 실직 노동자를 돕겠지만, 절대 미국의 압력에 굴복해 국가이익을 포기하지는 않을 것이다. 위안화 절상은 결코 미국 경제 회복을 위한 만병통치약이 아니다. 미국 정부는 반드시 자신과 자신의 국민을 책임져야 한다.

현재 중미 간의 힘겨루기가 치열하게 전개되고 있지만, 그래도 이것은 암중에서 이루어지는 이익분쟁이 아닌 표면화된 마찰이다. 경제학을 배운 사람이라면 누구나 양국의 목표와 전략적 선택 수단을 대략적으로 파악할 것이다. 그러나 양국만이 중미의 환율에 영향을 미치는 것은 아니며 그 사이에는 보이지 않는 검은손이 존재한다. 이들 검은손은 바로 도처를 돌아다니면서 혼란을 일으키는 금융세력들이다. 그럼, 금융세력들이 환율전쟁에 미치는 영향을 살펴보자.

2. 투기꾼, 보이지 않는 검은손

애덤 스미스는 일찍이 시장은 마치 '보이지 않는 손'과 같아서 사적 이익을 추구하는 사람들이 사회의 이익을 촉진하도록 이끈다고 말했다. 이 문구를 적을 때 그는 근본적으로 이후 세계경제가 어느 수준까지 발전할지 몰랐을 것이며, 환율이 오늘날과 같은 글로벌 시대에 이처럼 큰 영향력을 미칠지도 알 수 없었을 것이다. 더욱이 그는 외환시장에서 보이지 않는 검은손, 즉 금융세력이 나타날지는 상상조차 하지 못했을 것이다.

환율이 세계경제에서 수행하는 역할

환율전쟁사에서 우리는 한 국가에 견줄 만한 또는 그 이상의 부를 보유한 많은 가문을 목격했고, 그들이 제국의 번영과 한 나라 경제의 몰락을 좌우할 수도 있다는 점을 알았다. 그러나 근대 이전에는 세계가 아직 오늘날과 같이 밀접하게 연결되어 있는 지구촌 사회는 아니었다. 20세기 이전에도 무역은 존재했지만 대부분 사치품을 교환하려는 것이었다. 가령 세계대전 이전 제1차 글로벌화 시기에 무역은 여전히 모두의 관심 주제였고 자본의 이동도 늘어났지만, 아직 세계 전체에 영향을 미칠 정도로 중요한 위치를 차지하지는 않았다.

그러나 제2차 세계대전 이후 상황은 바뀌기 시작했다. 브레턴우즈체제는 서구세계에 자유무역의 물결을 불러왔을 뿐만 아니라 자본의 자유로운 이동을 촉진했다. 브레턴우즈체제 해체 이후 각국 중앙은행의 조절 개입이 감소한 새로운 세계경제 시스템이 등장하자 자본의 이동은 나날이 활발해졌다. 더 많은 국가가 국제시장에 참여함에 따라 유동자본이 넘쳐 각지로 흘러들어가 세계는 하나로 연결되었다. 다양한 경제체제와 과학기술의 발전으로 제2차 글로벌화는 제1차 글로벌화보다 훨씬 광범위하게 진행되었다. 그리고 이제 글로벌화는 선택이 아닌 필수가 되었다.

환율은 자금이동의 윤활유로서 세계경제체제에서 상당히 중요한 역할을 수행한다. 국제결제은행 통계에 따르면, 국제 외환시장의 일일 거래규모는 2조 달러를 넘는 것으로 나타났다. 이와 비교해 뉴욕증권거래소 일일 거래규모는 400억~500억 달러로, 외환시장 거래규모의 1/40 정도에 이른다.

현대에는 국가의 중요성이 퇴색됨에 따라 환율의 전통적 역할이 나날이 부차적인 지위로 밀려나고 있다. 얼마 전까지 외환거래의 주원인은 국가 간의 무역, 투자, 소비에 있었다. 오늘날에도 이러한 이유들은 여전히 중요하지만 금융시스템이 발달함에 따라 더 이상 결정적인 요소는 아니다. 비록 다국적기업들이 헤지를 이용해 환율 변동에 따른 리스크를 낮추지만, 헤지는 더 많은 경우 리스크 회피가 아니라 이익을 취하는 수단으로 사용된다. 관련 데이터에 따르면, 국제무역 수요의 40배에 달하는 금액이 매일 외환시장에서 거래되고 있다. 이 결과는 오늘날 대부분의 외환거래가 실질적인 목적에 의해 이루어지는 것이 아니라 대량의 자금이 환율 변동에 따른 차익을 노리고 달려든다는 점을 말해준다. 이런 외환시장에서 현대 금융세력들은 당연히 주인공 역할을 담당한다.

다양한 투기 수단

외환거래 참여자를 살펴보면, 무역회사와 다국적기업, 각종 은행(투자은행, 상업은행, 중앙은행), 각종 기관투자자(헤지펀드, 외환기금, 퇴직기금, 기부기금 등) 등이 뒤죽박죽 섞여 있다. 그 결과 외환시장의 거래량은 막대한 규모에 이르렀다. 물론 해외여행을 위해 외화를 매수하는 개미들도 있다. 무역, 투자, 소비 등 전통적인 목적으로 외환거래에 참여하는 사람들도 있지만, 대다수는 투기를 목적으로 외환거래에 참여한다. 투기꾼 가운데 가장 주목을 끄는 세력은 바로 헤지펀드다.

통계자료에 따르면, 전 세계에는 총 7,000개 이상의 헤지펀드가 존재한다. 이런 헤지펀드들의 자금원은 다양한데, 투자은행, 퇴직기금, 개인투자자 모두 헤지펀드에 자금을 제공하고 있다. 전체 헤지펀드의 운용자본 총액은 1조 9,000억 달러에 달하는 것으로 알려져 있는데, 여기에 그들이 다른 금융기관과 은행으로부터 동원할 수 있는 자금과 신용을 더한다면 헤지펀드의 역량은 예측할 수 없을 정도다. 그들의 수입만 살펴봐도 이들 금융세력이 통제하는 자금총액이 얼마나 막대한지 알 수 있다. 최고 수입을 기록한 폴슨(Paulson) 같은 헤지펀드 매니저는 혼자서 1년에 37억 달러를 벌어들인다.

이런 펀드들은 대다수 투자자처럼 자신의 판단에 근거하여 최대 이익을 추구한다. 다만 헤지펀드 영역이 그리 크지 않아서 대부분의 경우 많은 펀드 매니저가 서로 영향을 주고받는다. 게다가 때로는 모두들 같은 판단을 내려 단독적으로 매매행위를 했음에도 마치 집단행동을 하는 것처럼 보일 때도 있다. 또한 판단의 차이로 이들은 개개의 금융세력을 형성하며 부단히 세계경제 곳곳에서 헤시를 이용해 이익을 추구한다.

금융세력이 사용하는 수단은 매우 다양하지만 그 이론은 의외로 간단하다. 그들은 경제학 원리와 데이터를 토대로 한 나라의 화폐가 합리적으로 평가되었는지를 분석한 후 각각 롱포지션(long Position, 매수 포지션) 혹은 숏포지션(short position, 매도 포지션)을 취하게 된다. 조지 소로스와 같은 용장의 수단도 알고 보면 이와 같다. 또한 금융세력은 각국의 경제를 이해하고 있지만 거래를 할 때는 매매로 초래되는 환율 변화가 실물경제에 미치는 영향을 거의 고려하지 않는다. 단지 매수한 화폐가 어떻게 하면 계속 상승세를 이어가게 할 수 있을지 혹은 매도한 화폐가 어떻게 하면 수습할 수 없을 만큼 떨어지게 할 수 있을지를 고민한다. 그래서 우리가 외환시장에서 목격하는 환율등락은 대다수가 실은 실물경제와 전혀 관계가 없으며, 단지 금융세력들의 게임에 따른 결과물일 뿐이다.

롱포지션 사례는 스탠리 드러큰밀러의 성공사례를 들 수 있다. 3장에서 파운드 사태에 대해 이야기할 때 이미 스탠리 드러큰밀러를 언급한 적이 있는데, 당시 그는 파운드가 공격에 의해 무너질 수 있다는 것을 발견했다. 스탠리 드러큰밀러는 퀀텀펀드의 매너저였지만, 현재는 독립해 자신의 펀드를 운영하고 있다. 그는 포브스 잡지가 선정한 미국 최고 부호 100인 중 한 명으로 이름이 올라 있고, 재산 중 상당 부분을 외환시장에서 벌어들였다. 스탠리 드러큰밀러는 1989년 베를린 장벽이 무너질 때 독일이 반드시 합병할 것이라 굳게 믿었다. 그는 대량의 데이터

를 분석한 후 독일 마르크가 반드시 절상될 것으로 판단했다. 그
래서 그는 수십억 마르크를 매입했고, 결국 막대한 이익을 실현
했다.

롱포지션(long position)을 일종의 통찰력이자 건설적인 행위라
고 한다면, 숏포지션(short position)은 완전히 투기행위에 속하며
유일한 목적은 바로 환율전쟁을 난전 상태로 이끌어 시장을 교
란해 이익을 취하는 것이다. 가치가 떨어질 대상을 매입한 사례
로는 조지 소로스의 파운드 공격 이외에 그의 밑에서 일한 앤디
크리거(Andy Krieger)의 매매행위를 들 수 있다. 1987년 미국 증시
폭락 이후 많은 사람이 달러도 함께 폭락할 것이라는 부정적인
전망을 내놓았다. 그래서 달러에 대한 숏포지션을 취한 투자자
들은 자신의 자금을 다른 안전한 화폐로 분산하기 시작했고, 달
러가 절하되기만을 기다렸다. 사람들이 자금 분산 대상으로 삼
은 화폐 중에 뉴질랜드 달러(NZD)도 포함되었다. 모두가 달러가
치가 계속 하락할 것으로 믿었기 때문에 뉴질랜드 달러를 매수
하는 사람들이 갈수록 늘어났다. 그 결과 뉴질랜드 달러는 강세
를 보였다.

그러나 당시 미국 뱅커스트러스트뉴욕사(Bankers Trust New York
Corporation)에 근무하던 앤디 크리거는 생각이 달랐다. 그는 미국
이 전반적으로 볼 때 큰 문제가 없는 상태로 달러는 곧 안정을
유지할 것이며, 현재 모든 이들이 달러를 매도하는 것은 심리작
용에 따른 반응으로 시간이 조금 지나면 괜찮아질 것이라 판단

했다. 그는 뉴질랜드 달러가 이미 떠들썩하게 오른 상태로 과도하게 고평가되었다고 생각했다. 그래서 그는 대량으로 뉴질랜드 달러를 공매도하여 높은 수익을 실현했다. 심지어 앤디 크리거가 공매도한 뉴질랜드 달러 규모가 당시 뉴질랜드 전체 화폐공급량을 넘어섰다고 말하는 사람도 있었다. 앤디 크리거의 공매도로 뉴질랜드 경제가 흔들려 뉴질랜드 재정부는 뱅커스트러스트뉴욕사에 전보를 보내 앤디 크리거의 공매도 행위를 중지시킬 것을 요구했다. 이러한 사례들에서 금융세력의 역량을 가늠할 수 있다.

앤디 크리거가 뉴질랜드 전체 화폐공급량을 넘어선 물량을 매도할 수 있었던 이유는 '공매도(short selling)' 수단을 이용했기 때문이다. 공매도란 한 화폐가 하락할 것이라 전망했을 때 수중에 화폐가 없더라도 일단 화폐를 매도한 이후에 다시 화폐를 매입해 이를 갚는 기법을 말한다. 그래서 이론적으로 앤디 크리거는 뉴질랜드 달러를 무제한으로 공매도할 수 있으며, 공매도 수량도 뉴질랜드 달러 실질수량의 제한을 받지 않게 되는 것이다. 이로써 무한한 공매도 물량은 뉴질랜드 달러에 압력으로 작용해 최종적으로는 뉴질랜드 달러가 절하되도록 한다. 금융세력은 공매도 이외에 적은 비용으로 다양한 효과를 내는 기타 금융수단을 적극적으로 사용하고 있다.

이렇듯 적나라한 매매거래, 재정투기(arbitrage speculation) 이외에 금융세력은 외환시장에서 투자를 진행하기도 한다. 그런데 투자라 해도 투기의 색채가 강하다. 예를 들면, 서브프라임 모기지 이전에 '캐리 트레이드(carry trade)'가 유행했다. 캐리 드레이드는 저금리 국가로부터 대출을 받아 고금리 국가의 자산을 매입한 후 그 사이의 이자율 차이로 이익을 보는 방법이다. 당시 일본은 장기적인 경기침체로 세계에서 금리가 가장 낮은 수준을 유지했다. 그래서 대량의 투자자가 일본으로부터 엔화를 빌려 다른 통화로 환전한 후 높은 금리 상품에 투자했다. 이때 투자자들은 차입한 엔화를 외환시장에서 대량 매도해 외화로 바꿈으로써 엔화를 약세로, 외화를 강세로 몰고 갔다. 오랫동안 캐리 트레이드는 리스크가 낮고 수익은 높은 투자로 여겨졌으며, 많은 금융세력이 즐겨 이용했다.

금융세력이 시장에서 작전을 성공시키는 전제조건

금융세력들은 뛰어난 역량을 보유하고 있지만, 외환거래를 할 때 그들이 직면하는 리스크는 매우 크다. 먼저 그들은 자신의 판단과 매매가 경제 원리와 추세에 부합하는지 고려해야 한다. 만일 그들이 추세를 역행한다면 치명적인 재난을 당할 가능성이 크다. 앞서 언급한 캐리 트레이드를 예로 들면, 그것은 오랜 시간에 걸쳐 이익을 실현할 수 있는 기법이었다. 그러나 단지 이익에만 집중하고 경제의 흐름을 관찰하지 않았기에 금융세력은 캐리 트레이드가 안고 있는 치명적인 약점을 발견할 수 없었다. 서브프라임 모기지 사태는 캐리 트레이드의 약점이 여지없이 드러난 사건이라 할 수 있다. 캐리 트레이드의 가장 기본적인 가정은 엔화 금리가 계속 낮게 유지되고 다른 나라의 금리는 계속 높게 형성되어 금리 차이를 이용해 이익을 실현한다는 데 있다. 리먼브라더스 파산 이후 엔화의 안정성이 주목받아 엔화가치는 폭등했지만, 개발도상국 화폐는 오히려 리스크가 한층 부각되어 폭락하는 상황이 벌어졌다. 상황이 이렇게 되자 캐리 트레이드를 실시한 이들은 모두 빈털터리가 되었다. 그들이 보유한 외화자산의 가치는 모두 추락한 반면, 상환해야 할 엔화부채의 가치는 상승한 것이다. 이러한 사실은 금융세력의 기법이 아무리 화려하고 약삭빨라도 추세를 역행한다면 실패한다는 사실을 보여준다. 그러므로 금융세력도 반드시 경제 원리를 따라야 하며, 그렇게 할 때만이 비로소 리스크를 피해갈 수 있다.

금융세력이 경제와 데이터를 주목하는 또 다른 이유는 바로 다른 사람이 무엇을 생각하고 있는지 알아야 하기 때문이다. 어느 한 금융세력이 아무리 뛰어난 역량과 막강한 자금력을 갖추고 있다 해도 일일 거래규모가 2조 달러에 달하는 외환시장에서는 미미한 존재에 불과하다. 동시에 금융세력의 대상 역시 무능력자도 아닐 것이고, 한 나라의 정부가 아니라면 다른 금융기관 및 기타 금융세력일 것이다. 그러므로 금융세력이 성공하려면 반드시 연쇄반응 효과를 일으켜야 한다.

환율 난전을 일으킬 때 특히 중요한 한 가지가 있다. 아무리

조지 소로스라도 혼자만의 힘으로 영란은행을 무너뜨리지는 못한다는 점이다. 조지 소로스는 사방에서 돈을 빌리고 자금을 끌어모아 자신의 역량을 영란은행보다 더 크게 만들었다. 그러나 만약 전체 시장이 조지 소로스를 반대했다면 조지 소로스도 투자한 모든 자금을 날리고 말았을 것이다. 또한 금융세력은 단결된 견고한 성이 아니라 흩어진 모래와 같다는 사실을 반드시 기억해야 한다. 금융세력은 다른 금융세력의 판단에 착오가 있다고 판단하면 역량을 총동원해 그 금융세력을 공격할 것이다. 금융세력은 세상에 비즈니스만 있을 뿐 도의는 전혀 필요하지 않다고 생각한다. 그래서 만일 조지 소로스의 판단이 착오가 있고 경제규칙과 맞지 않았다면, 금융세력의 첫 번째 타깃은 다른 사람이 아닌 바로 조지 소로스였을 것이다.

금융세력들은 경제 원리와 데이터 분석을 바탕으로 현실적으로 타당한 공격 대상을 찾는다. 또한 이 공격 대상은 표면적으로도 공격 조건에 부합되어야 한다. 위에서 투자자들은 때때로 우려 때문에 상응하는 조치를 취하고 그 결과 우려한 일이 현실화된다고 서술했다. 이것은 마치 〈쿵푸팬더〉에 나오는 거북이 신선이 팬더가 고수가 될 것이라고 말하고 그의 말이 일련의 사건을 일으켜 마침내 팬더가 고수가 되는 것과 같은 이치다. 중남미와 아시아 위기의 근원은 일부 투자자들이 현지의 경제환경을 부정적으로 보고 자금을 철수했기 때문이다. 그리고 투자자들이 자금을 철수한 결과 정말로 현지 경제는 쇠퇴했다.

그래서 금융세력에게 투자자의 심리가 어떠한 상태인지는 매우 중요하다. 비록 금융세력의 관점이 정확할지라도 투자자의 관점과 완전히 동떨어져 있다면 제대로 시작해 보기 전에 실패로 끝나고 말 것이다. 이에 대해 케인스는 다음과 같이 말했다. '당신의 호주머니 속 돈이 유실되는 속도가 종종 당신으로 하여금 투자자들이 이성을 회복할 때까지 참지 못하게 하는 것이다.' 바로 롱텀캐피털이 그 전형적인 사례다. 러시아에서 촉발된 금융위기가 진정된 이후 그들의 투자가 정확했다는 사실이 판명되었고, 롱텀캐피털에 출자한 월 스트리트 대형 금융기관들은 최종적으로는 수익을 실현했다. 그러나 투자자들이 롱텀캐피털의 관점을 부정했을 때 아무리 그들의 관점이 정확했더라도 롱텀캐피털은 끝까지 밀고 나갈 수 없었을 것이다. 왜냐하면 롱텀캐피털은 자신들이 옳다는 것을 증명할 수 있을 때까지 버틸 만큼의 자금을 갖고 있지 않았기 때문이다.

금융세력이 공격적 매매를 할 때도 같은 문제에 직면하게 된다. 그들은 반드시 극히 짧은 시간 안에 대다수 투자자가 그들의 관점에 동의하도록 흔들어 놓아야 한다. 만일 대다수 투자자의 동의를 이끌어내지 못한다면 금융세력에게는 두 가지 결말만 존재할 것이다. 하나는 대다수 투자자에게 공격을 당해 투자 자금을 몽땅 날리는 것이고, 또 다른 하나는 매수와 매도를 반복하는 과정 속에서 누구도 이익을 얻지 못하고 정부만 어부지리를 획득하는 것이다. 그러므로 환율전쟁에서는 반드시 자체적 결함이 있고 쉽게 선동이 가능한 대상이 타깃이 된다. 유럽, 미국, 일본 등도 약점을 가지고 있고 그 약점으로 투기세력의 공격을 당하기도 했지만, 공격 대상이 되는 곳은 주로 이들보다는 개발도상국이었다. 그 이유는 개발도상국들이 국력이 약하고, 국가 내부에 문제가 산적해 있을 뿐만 아니라, 투자자들의 뇌리 속에 '개발중(開發中)'이라는 글자가 '신뢰할 수 없다'로 인식되었기 때문이다. 그래서 투기세력들이 약간의 위기 신호를 보내도 투자자들은 그것을 민감하게 받아들인다.

적당한 타깃이 선정된 이후에는 조지 소로스와 같은 간판의 중요성이 부각되기 시작한다. 왜냐하면 자본시장에서 자금을 관리하고 있는 펀드 매니저들 중에는 자신의 주관이 없이 남의 장단에 맞춰 춤을 추는 사람들이 상당히 많기 때문이다. 케인스는 일찍이 평범한 방식으로 명성을 실추시키는 것이 특수한 방식으로 성공을 얻는 것보다 살기 편하다고 말한 적이 있다. 당신이 100만 위안의 손실을 기록한 펀드 매니저라고 가정해 보자. 만약 당신이 경영자 또는 고객에게 "100% 워런 버핏을 따라서 투자했는데, 워런 버핏조차 실패할 줄은 생각지도 못했다"라고 말한다면 그들은 당신을 용서할 수도 있을 것이다. 어쩌면 워런 버핏이 이번에 최초로 손실을 본 것인데 마침 당신이 걸려들었다고 동정할지도 모른다. 그러나 그 대신 "워런 버핏이 틀렸다고 생각했기 때문에 독자적인 투자모델을 이용해 그와 정반대로 투자했다"라고 말한다면 펀드 매니저인 당신의 인생은 이쯤에서 끝나게 될 것이다. 게다가 당신을 내쫓은 후 그들은 '감히 워런 버핏과 반대로 매매하다니 저런 멍청이를 보았나!'라고 당신을 비웃을 것이다. 그래서 많은 투자자는 소위 대가로 불리는 사람을 추종함으로써 자신의 밥그릇을 보전한다. 결국 조지 소로스처럼 명성이 높은 사람만이 반향을 불러일으킬 수 있는 셈이다.

금융세력은 작전을 벌일 때 일반적으로 미디어를 비롯한 각종 수단을 이용해 다방면에서 선동에 나선다. 그들의 최종 목적은 모든 금융세력을 불러모아 함께 목표를 공격하는 것 이외에 정상적인 투자자와 상인들을 뒤흔들어 자금을 철수하게 만들고, 재산손실에 대한 두려움으로 일반 시민들이 본국 화폐를 이탈하도록 조장하는 것이다. 이는 시장에서 경제주체의 자금을 동시에 철수시켜 정부에 압력을 가하는 것과 같으며, 불안에 휩싸인 경제주체 모두는 일순간 금융세력의 조력자로 변모하게 된다. 이러한 상황에 이르면 정부가 아무리 막강한 역량을 보유하고 있어도 형세를 만회할 방법이 없다.

지금까지 금융세력이 사용하는 다양한 방법을 살펴보았다. 이로써 시장에 혼란을 일으키고 환율전쟁을 전개하려면 반드시 아래의 조건을 충족해야 한다는 사실을 발견하게 된다. 먼저 금융세력은 충분한 자금을 확보해야 하며, 추가로 후속자금과 신용을 준비해야 한다. 이후 분석을 바탕으로 약점이 있는 화폐를 찾아내고, 공격 타깃인 화폐를 뒤흔들어 놓을 수 있을지를 점검해야 한다. 마지막으로 타깃 화폐를 공격할 때 가능한 한 모든 방법을 동원해 시장을 교란하고 동조자들을 끌어들여야 한다. 그렇게 해야만 해당 국가의 정부를 무너뜨릴 가능성이 있다. 그러나 모든 조건이 구비되어도 서브프라임 모기지 사태와 같은 돌발 사건이 발생한다면 금융세력의 작전은 실패로 끝날 수 있다. 그래서 금융세력이 조장하는 환율전쟁은 모두 난도와 위험 수준이 매우 높다고 할 수 있다.

정부와 금융세력 간의 게임

이상의 위험과 어려운 점 이외에 금융세력이 직면하는 정책 위험 역시 매우 크다. 화폐의 최후 방어선은 각국의 정부다. 한 나라의 화폐를 공격하고 시세를 조작할 때 금융세력은 정부가 어떤 대책으로 자국 화폐를 방어할지를 고려한다. 정부가 보유한 카드는 여러 가지인데, 그 가운데 가장 자주 사용하는 것이 '정상적인 공격과 수비' 전략이다. 예를 들면, 국가는 금리인상, 외환시장 개입 등으로 자국의 금리를 조절할 수 있다. 정상적인 공수전략을 채택하는 국가는 일반적으로 심리가 안정적 상태에 있다고 봐야 한다. 환율조절의 주된 목적은 환율이 정상적인 경제발전에 영향을 미치지 않도록 하는 데 있다. 금융세력이 이런 전략을 만나면 그 위험도는 비교적 낮다. 그 이유는 금융세력이 해당국 거시경제를 조금만 이해해도 정부의 반응을 대강이나마 예측할 수 있기 때문이다. 일례로 아시아 금융위기 당시 금융세력은 태국 바트화를 보호하기 위해 태국 정부가 금리를 인상하지 않을 것이라는 사실을 이미 예견했다. 여기에는 바트화 환율 요동이 태국 경제에 미칠 부정적인 영향을 태국 정부가 좌시하지 않을 것이라는 추측이 바탕에 깔려 있다.

정상적인 공수전략 이외에 정부는 '옥석구분(玉石俱焚, 옥과 돌을 함께 태워버린다)'이라는 두 번째 카드를 사용할 수 있다. 이때는 정부의 심리상태가 불안정한 상황으로, 공멸의 길로 걸어가고 있다고 볼 수 있다. 금융세력에 의해 심한 혼란을 겪은 후 해당 정부는 문제를 해결할 정상적인 방법을 찾을 수 없음을 깨닫고 자신이 어떤 선택을 해도 비참한 결말은 정해져 있다고 판단한다. 이때 일부 국가는 극단적인 수단을 선택한다. 일례로 1993년 아일랜드 중앙은행은 하룻밤 사이에 금리를 100%로 인상하여 아일랜드화폐 가치를 대폭 절상시켰으며, 그 여파로 아일랜드 화폐를 공매도한 투기세력들은 투자자금을 모두 날리는 결과를 맞았다. 이 같은 정책으로 아일랜드는 경기후퇴를 겪었지만 투기세력들 역시 작전의 실패로 함께 절벽으로 떨어졌다. 이렇게 한 번 놀란 이후 투기세력들은 아일랜드에서 감히 시장 교란을 일으킬 생각을 하지 못했다.

세 번째 카드인 '법률 개정'이 아마도 투기세력들을 가장 곤혹스럽게 하는 방법일 것이다. 법률 개정 카드를 내밀기 이전, 해당 정부가 처한 상황도 옥석구분처럼 난국의 상태이겠지만 그 정도는 옥석구분보다 더욱 심각해 함께 죽고 싶어도 죽지 못하는 형국에 빠졌을 것이다. 아시아 금융위기 당시 홍콩이 바로 그 경우인데, 금리인상 여부에 관계없이 최종적으로 홍콩경기는 쇠퇴하고, 금융세력은 돈을 챙겨 철수할 국면이었다. 그 주원인은 홍콩정부는 공적기관이고, 투기세력은 비공식적인 신분이었기 때문이다. 더욱이 투기세력은 헤지를 해서 위험을 회피할 수 있어 어쨌든 홍콩 국민에게서 돈을 뽑아낼 수 있는 상태였다. 홍콩정부는 이때 가장 극단적인 방법, 즉 게임의 규칙을 바꾸는 방법을 채택할 수밖에 없었다.

금융세력이 발견한 각종 경제상의 약점 혹은 환율제도의 근본적 문제들은 법률 개정으로 모두 사라지게 되고 정부는 비시장적인 수단을 동원해 문제를 해결하게 된다. 게다가 이때 금융세력의 투자자금이 모두 현지에 묶여 있어 해당 정부가 어떻게 처리하든지 그들은 해당 정부의 지시를 따를 수밖에 없다. 정부는 게임 참가자이면서 게임 룰 제정자로서 중요한 시점에서 홍콩정부와 같이 시장개입에 나서고, 유럽 및 미국처럼 금본위제와 브레턴우즈체제에서의 탈퇴를 선포할 수 있다. 또한 중남미와 러시아처럼 모라토리엄을 선언할 수도 있다.

물론 금융세력이 반격할 공간이 전혀 없는 것은 아니다. 정부의 법률 개정은 그들이 개입할 수 있는 영역이 아니지만, 장기적인 계획하에서 해당 지역에 대한 투자 및 무역을 단절함으로써 보복을 가할 수 있다. 금융세력들은 만약 정부가 임의로 금융시장의 게임 법칙을 비꾼다면 자신의 투자재산은 보상을 받지 못하고 투자위험은 배로 증가한다는 자신들만의 이론 체계를 가지고 있다. 그래서 금융세력들은 추가 리스크에 대한 대가로 고금리를 제공하지 않으면 다시는 그 지역에 투자하지 않겠다고 생각한다.

금융세력은 실제로 그러한 방법을 쓴다. 화폐정책 붕괴 이후 많은 국가들의 차입금리가 순식간에 몇 배 이상 상승했다. 금융세력은 위와 같은 상황을 본보기로 삼아 정부로 하여금 법률을 바꿔 단기이익을 취할 수는 있지만 장기적으로 보면 손해이니 절대 돌아올 수 없는 강을 건너지 말 것을 인식하게 한다.

그러나 금융세력은 쓰라린 교훈은 잊어버리고 눈앞의 이익을 좇는다는 약점이 있다. 신흥국가들이 부단히 파산하고 있지만 수익을 올릴 수 있다는 말만 들으면 바로 가능성 탐색에 나선다. 해당 정부의 신용이 낮고 위험이 극도로 높다는 것을 알지만 금융세력은 이익 획득을 위해 마치 불속을 뛰어드는 나방처럼 달려든다. 만약 그렇지 않고 투자 기회가 제한된 상황에서 금융세력이 본인의 원칙만을 고수한다면, 사람들은 그 금융세력을 떠나 한층 다양한 옵션을 제공하는 금융세력을 찾아갈 것이기 때문에 결국 너도나도 뛰어들게 되는 것이다. 또한 미국과 같은 강대국은 게임의 법칙을 마음대로 정해도 보복을 당할 걱정은 없다. 미국이 서브프라임 모기지 사태 당시 의도적으로 화폐유통량을 확대해 달러 절하를 유도했어도 금융세력은 마치 시종들처럼 따르지 않을 수 없었고, 미친 듯이 달러를 매입했다. 세상 사람들은 여전히 달러가 세계에서 가장 안전한 화폐라고 생각하고 있으며, 미국은 이 점에 의지해 원하는 대로 행동하는 것이다.

금융세력들은 법률 개정 리스크를 완전히 피하기는 어렵다. 그들은 단지 법률 개정 이후 국채에 대하여 대거 매도포지션을 취해 채권가격을 떨어뜨리고 금리를 상승하게 하는 등의 작전을 펴 정부를 겁줄 수 있을 따름이다. 정부도 금융세력의 보복이 단기적으로는 피해를 양산할 수 있고 장기적으로는 불확실성을 높일 수 있다는 점을 감안해 법률 개정에 깊은 우려를 표한다고 거짓으로 연극을 한다. 그러나 정부는 필요시에는 얼굴색 하나 변하지 않고 법률을 개정한다. 금융세력과 정부는 이렇게 한편의 연극을 펼쳐 쌍방 모두 안심할 수 없는 균형 상태를 유지한다.

금융세력의 행위가 환율이 합리적인 수준으로 형성되도록 하고, 정부가 사실을 은폐하고 임의로 행동할 수 없도록 할 때도 있는 것은 사실이다. 그러나 더 많은 경우 금융세력들은 끝없는 탐욕을 좇고 무익한 일을 벌여 실물경제에 부정적 영향을 미친다. 비록 금융세력이 막대한 리스크를 안고 사업을 하지만 그들의 행위는 본질적으로 무역 및 투자와 같은 현실적인 것은 아니다. 금융세력을 묘사하는 말로 '천하의 이해(利害)는 나를 기준으로 결정되는데, 천하의 이익은 최대한 나에게 몰리게 하고 천하에 해로운 것은 최대한 다른 사람에게 가도록 만든다'는 것보다 더 적당한 문구는 없을 것이다. 금융세력은 이익과 부를 창조할 수 있도록 다른 사람들을 도와주는 보이지 않는 손이 아니라, 남의 피해는 아랑곳하지 않고 슬며시 한몫 챙겨 떠나려는 보이지 않는 검은손에 가깝다. 환율전쟁사를 살펴보면 금융세력이 중남미, 아시아 등 개발도상국을 공격할 뿐만 아니라, 이익이 된다면 모국도 타깃으로 삼는다는 사실을 발견할 수 있다.

이상에서 금융세력은 역량이 막대하고, 오직 극대의 이익만을 목표로 하며, 다양한 수단을 보유했다는 점을 알 수 있다. 하지만 금융세력이 전지전능한 존재는 아니라는 사실도 알게 되었다. 금융세력은 모든 것을 할 수도 그리고 모든 것을 알 수도 없으며, 그들 또한 미래의 불확실성과 위험에 노출되어 있다. 금융세력은 작전을 벌일 때 실물경제의 제약을 받을 뿐만 아니라 다른 투자자의 심리상태, 금융세력 간의 암투, 정부의 대응조치 등을 일일이 살펴야 한다.

금융세력도 국가처럼 환율전쟁에서 상황을 원하는 대로 통제할 수 없으며 대부분 시세의 흐름을 쫓아간다. 그래서 금융세력들은 환율에서 검은돈을 얻으려고 하지만 실제 작전에서는 그들이 환율에 영향을 주는 정도보다 환율에 영향을 받는 정도가 훨씬 크다. 그래서 다음 단락에서는 환율이 우리의 생활에 어떤 잠재적 영향을 주고 어느 부문에서 우리가 미약하나마 환율에 영향을 미치는지 알아보도록 한다.

3. 중국 맥도날드 가격이 더 비싼 이유는 무엇일까? ─ 생활 속의 환율

앞에서 우리는 환율과 관련된 많은 내용을 살펴보았다. 지금까지 다룬 내용 대다수는 거시적인 관점에서 본 것으로 일상생활과는 거리가 있다. 일반인이 환율을 언급할 때 떠올리는 것은 환율제도, 정책조정, 국제무역, 다국적 투자 등이 아니라 은행 전광판에 나오는 환율 수치 혹은 신문에서 보도하는 위안화와 엔화의 환율 등일 것이다. 은행과 공항에서 환전할 때 이용하는 환율은 모두 명목환율이다.

두 나라 사이의 명목환율은 무역정책, 재정정책, 금리, 인플레이션 등 요소에 영향을 받지만 실생활에서 환율을 이용할 때는 굳이 이런 것들을 알 필요 없이 공항에 가서 직접 환전하면 된다. 사람들이 달러 대비 위안화 환율을 1달러에 7위안이라고 말할 때, 그들에게 금리를 분석해야 하는 이유를 말하고 합리적인 환율은 1달러에 4위안이라고 항상 이야기할 수는 없는 일이다.

또한 해외로 나가는 이들 이외에 명목환율을 접할 기회가 있는 사람들은 많지 않다. 자주 환전을 하는 사람들이라도 이들의 환전 행위가 환율에 미치는 영향은 극히 미미하다. 일일거래 규모가 2조 달러인 외환시장을 놓고 보면 이들의 거래금액은 한 방울의 비에도 못 미친다. 외국과의 직접적 접촉이 없다면, 환율이 우리 일상생활에 미치는 영향력은 매우 제한적이고 우리가 환율에 미치는 영향 역시 극히 미미하다.

일물일가의 법칙이 생겨나는 이유

그렇지만 우리가 느끼지 못할 뿐, 환율은 우리 생활 곳곳에 영향을 미치고 있다. 이것은 환율의 영향력이 직접 표면화될 때도 있지만 대개는 깊게 숨어 있기 때문이다. 일생생활에서 환율을 접할 기회가 가장 많은 경우는 해외 여행을 떠날 때다. 해외 출국자가 환율의 존재를 느낄 때는 해외에서 상품 표시가격이 다른 것을 보는 순간이다. 우리가 유럽에서 물건을 구매할 때 10을 곱해야 위안화 가격을 산출할 수 있다(명목환율로 환산).

다음으로 해외 여행객들은 다른 나라에서 값싸고 품질 좋은 상품을 매입할 기회가 있다. 예를 들어 현재 많은 사람이 홍콩을 방문해 화장품을 구매하기를 원한다. 왜냐하면 같은 화장품 브랜드 상품이라도 홍콩의 가격이 싸기 때문이다. 그러나 대체로 같은 물건이 중국보다 외국이 싼 경우는 매우 드문데, 가격 차이가 일반적으로 20~30% 정도다. 상품을 매매하는 과정에서 우리는 한 가지 흥미로운 현상을 발견한다. 파리에서는 모든 결제가 유로화로 이루어지는데, 밥값은 중국보다도 비싼데 일부 빵 및 화장품의 가격은 중국보다 싸다. 한편 멕시코처럼 경제가 발달하지 못한 곳에서는 멕시코 페소의 가치가 위안화보다 낮고(1위안에 2페소로 교환이 가능하다), 밥값도 중국보다 싸다. 다만 가격이 싼 물건은 반출하기가 힘들고, 반출하기 쉬운 것은 중국과 가격이 비슷하다.

왜 들고 갈 수 없는 물건은 비싸기도 하고 싸기도 하지만, 들고 갈 수 있는 물건은 기본적으로 가격이 비슷할까? 이는 전통경제학의 원리에 부합하는 현상이다. 즉, 세계 각지의 상품가격은 모두 비슷해야 정상적이다. 왜 그럴까? 다음과 같은 경우를 생각해보자. 왕 선생이 수박을 팔 때 서문에서 아침에 1근에 2마오(毛)* 하던 것을 저녁에 동문에서 1근에 1위안에 팔 수는 없다. 이런 현상이 발생한다면 사람들은 모두 서문에서 수박을 살 것이다. 그 가운데 똑똑한 사람은 아마 아침에 서문에서 수박을 산 후 서녁에 동문에서 수박을

> * 위안 아래의 화폐단위로 1위안의 1/10에 해당한다.

팔아 이익을 취할 것이다. 현재 유행하는 전문용어로 이와 같은 행위를 '재정거래(arbitrage)'라 한다. 많은 금융세력이 바로 재정거래로 부를 쌓았다. 최종적으로 왕 선생은 동문과 서문에서 파는 가격을 비슷하게 설정할 것이다.

경제학자들은 이런 현상을 '구매력평가(Purchasing Power Parity)'라고 부른다. 구매력평가란 각국의 물가와 화폐 단위가 다르지만, 환산 이후 각지의 가격과 구매력은 모두 비슷해지는 것을 말한다. 들고 갈 수 있는 물건인 경우 장소가 달라도 가격은 비슷하기 때문에 왕 선생은 동문과 서문에서 파는 수박의 가격을 다르게 책정하지 말아야 한다. 이것은 명목환율의 영향과는 전혀 상관이 없다. 한 지방에서 유로화로 결제한다고 가격이 비싸지고 위안화로 결제한다고 가격이 싸지는 것은 아니다. 쉽게 말해, 프랑스에서 1유로에 팔리는 물건은 중국에서도 10위안 전후에 팔린다는 것이다. 만약 너무 비싸거나 너무 싸다면 사람들은 재정거래(매매차익을 얻는 행위)를 추구할 것이고 최종적으로 두 나라 사이의 상품가격은 비슷해진다. 이런 이론을 '일물일가의 법칙(the law of one price)'이라고 부른다. 일물일가의 법칙은 환율을 환산한 이후 각 나라에서 동일 상품은 가격이 거의 비슷하다는 것을 말한다.

일물일가의 법칙 때문에 많은 상품의 가격이 나라별로 큰 차이가 없으며, 명목환율(1유로에 10위안)이 달라도 실질환율(양국 상품의 상대가치, 즉 1유로 상품이 10위안에 팔리는 것)은 비슷하다.

수입 관세와 운송비 등의 요인으로 가격 차이가 약간 나는 것은 피할 수 없다. 일례로 경제학자 폴 새뮤얼슨은 '빙산비용'이라는 개념을 언급한 적이 있다. 빙산비용이란 해상운송을 할 때 운임이 비싸서 운송 도중에 화물 일부분이 '융해'된 것처럼 손실이 발생한다는 의미로, 이때 손실부분이 바로 운임이 된다. 또한 나라별로 관세가 다른데, 중국은 관세가 높고 홍콩과 같은 자유항은 관세가 낮아 홍콩에서 물건을 매입하는 것이 더 유리하다.

일부는 가격 차이가 크지 않아도 투기행위를 한다. 타오바오(taobao)●에서 유행한 서비스로 대리구매가 있다. 운임과 수수료를 계산하고도 종종 현지에서 매입하는 것보다 대리구매로 구입하는 것이 더 쌀 때가 있다. 일례로 샤넬 핸드백은 프랑스에서 1,500유로(15,000위안)이지만 중국에서는 20,000만 위안에 팔린다. 따라서 타오바오에서 대리인을 찾아 물건을 구입한다면 수수료와 운임 3,000위안을 제하고도 2,000위안의 이익을 보게 된다. 약간의 재정이익이 발생하는 것이다. 다만 가격 차이가 나더라도 그 폭이 커서는 안 된다. 만약 샤넬 핸드백이 프랑스에서는 1,500유로, 중국에서는 1,500위안에 팔린다면, 사람들은 중국에서 샤넬 핸드백을 대량으로 구매하여 프랑스에서 팔아 폭리를 취할 것이다.

우리가 자주 접하는 명목 환율은 단지 외환은행들이 외화거래에서 사용하는 환

● 알리바바가 투자해서 설립한 중국 최대 인터넷 쇼핑 사이트.

율로, 이종의 화폐가 실질적으로 나타내는 가치의 비율을 완전히 대표하는 것은 아니다. 명목환율은 두 나라 간의 무역, 다국적 투자 및 각종 금융세력의 투기로 형성된 화폐 가치의 차이로 일상생활에서 우리가 사용하는 화폐의 구매력을 반영하지는 못한다. 실질환율이 얼마인지 알려면 일정한 계산과정을 거쳐야 한다.

왜 중국에서는 1.83달러인 빅맥이 미국에서는 3.57달러에 팔릴까?

실질환율을 계산하는 과정은 매우 복잡하지만 쉽게 이해할 수 있는 간단한 방법도 존재한다. 그 가운데 대표적인 것이 바로 영국의 유명잡지 〈이코노미스트〉에서 발명한 것이다. 〈이코노미스트〉는 경제학 분야의 권위 있는 잡지 중 하나로, 깊이 있는 내용을 알기 쉽게 표현한다. 그 가운데 '빅맥지수(Big Mac Index)'라는 것을 만들어 각국의 환율을 해석하고, 각국의 명목환율로부터 실질환율을 도출했다.

명칭에서 짐작할 수 있듯이, 빅맥지수는 나라별 맥도날드에서 판매하는 빅맥 가격으로 산출한다. 빅맥을 선택한 이유는 그것이 일반 시민들에게 친근한 상품으로, 여러 국가에서 빅맥을 판매하고 있고 농산품(빵, 소고기, 채소), 임금(아르바이트생과 관리층), 임대료 등 현지의 많은 상품 물가를 반영하고 있기 때문이다. 구매력평가의 가정에 따르면, 각 나라의 빅맥 가격은 비슷해야 한다. 만일 가격에 차이가 있다면 이는 화폐의 시장가치가 고평가 혹은 저평가되었다는 의미다. 빅맥지수가 완전하지는 않지만 간단명료하고 실용적이므로 많은 경제학자가 이것을 이용해 한 나라의 실질환율을 대략적으로 추정할 수 있다고 여긴다.

〈이코노미스트〉의 통계자료에 따르면, 빅맥 가격은 미국에서 3.57달러이고 중국에서는 1.83달러로 나타났다. 이 말은 중국의 빅맥 가격이 미국의 절반에 불과하며, 위안화의 구매력과 실질환율이 50% 정도 저평가되었다는 뜻이다. 그래서 빅맥지수를 기초로 할 경우, 1달러당 위안화 환율은 6.8위안이 아니라 3.4위안으로 떨어져야 하는 것이다.

많은 사람이 이 수치를 근거로 현재 위안화 가치가 저평가되어 있어 위안화를 절상해야 된다고 말한다. 하지만 그들은 빅맥지수가 대략적인 수치에 불과하며 신뢰성이 높지 않다는 사실을 망각하고 있다. 신뢰성이 떨어지는 근거는, 빅맥지수가 구매력평가를 기초로 하는데 구매력평가 자체의 신뢰도가 떨어진다는 것이다.

구매력평가는 각 나라의 물가가 같아야 한다고 정의한다. 그런데 1940년대 펜실베이니아대학 연구원들은 구매력평가 이론에 문제가 있다는 것을 발견했다. 그들은 만일 한 나라가 빈곤국(제3세계 개발도상국)이라면, 해당국의 물가는 일반적으로 부국(선진국)의 물가보나 낮나는 사실을 발견했다. 일례로 중국의 이발비는

10위안 정도지만, 미국에서는 10달러로 가격 차이가 몇 배 이상이다. 이러한 현상을 '펜 효과(Penn Effect)'라 한다.

펜 효과가 나타나는 원인은 환율이 양쪽 궤도로 움직이기 때문이다. 한쪽 궤도를 차지하는 것은 화장품, 사치품과 같이 장소에 구애받지 않고 동일한 가격으로 거래되는 제품이다. 이런 제품들은 종종 현지물가의 제약을 받지 않고 전 세계에서 같은 가격으로 팔린다. 샤넬 화장품은 세계적으로 제품의 차이가 전혀 없기 때문에 대리구매를 하거나 홍콩에서 물건을 싹쓸이해 가기도 한다.

샤넬은 중국인의 소득수준이 낮다고 특별히 중국에서만 저가에 판매하지 않는다. 예를 들면, 미국에서 1,000달러에 팔리는 가방을 중국에서 1,000위안에 판다면 중국인은 너도나도 재정거래에 뛰어들 것이고, 샤넬은 막대한 손실을 입을 것이다. 그래서 샤넬은 전 세계 사람들을 차별하지 않고 상품 가격을 일치시킨다. 즉, 실질환율과 명목환율이 비교적 근접하게 되는 것이다.

화장품과 사치품 이외의 상품들은 다른 궤도에서 또 다른 형태로 거래된다. 한 나라의 소득수준이 낮다면 매매가 불가능한 상품과 서비스의 가격도 비교적 낮게 형성된다. 이는 매우 단순한 이치로, 만일 한 달 봉급이 2,000위안인데 한 번 이발비로 10달러(70위안)를 써야 한다면 그는 머리를 깎지 않고 아예 장발로 살아갈 것이다. 그의 소득수준에서는 10위안(약 1.4달러)의 이발비가 적당하기 때문이다. 일부 제품과 서비스 가격의 경우, 전적으로 현지 소득수준에 따라 결정되고 외국인의 영향력은 극히 제한된다. 외국인이 비행기를 타고 중국에 와서 10달러를 주고 이발을 할 일은 없기 때문이다. 설사 외국인이 중국을 방문했더라도 중국의 풍습에 맞게 10위안에 머리를 깎을 것이다.

현지에서 가격이 결정되는 상품과 서비스는 모두 매매로 획득이 불가능하다. 예를 들면, 미국 디트로이트는 경제가 오랫동안 쇠퇴한 탓에 지역의 절반이 텅텅 비었고 조그만 별장도 몇십 달러면 임대할 수 있다. 이 가격은 베이징, 상하이에 있는 주택의 반 개월치 월세에도 미치지 못한다. 그렇다고 해도 우리는 공간을 자유자재로 이동할 수 없어 아침에는 베이징에서 생활하고 저녁에는 디트로이트에서 자는 것이 불가능하다. 주택과 같은 상품들은 지역적 제약으로 현지 판매만 가능하기 때문에 외국과 가격 비교를 하는 것이 전혀 의미가 없다. 여러분이 만약 베이징에서 일을 한다면 디트로이트는 말할 필요도 없고 멀찍이 떨어진 다른 지역에 매우 싼 주택이 있다고 해도 그곳에 거주할 수 없을 것이다. 주택 이외에 이발과 같은 서비스도 현지에서 해결할 수밖에 없다. 이발비가 싸다고 베이징 사람이 기차로 6시간 떨어져 있는 따통까지 가서 머리를 깎을 수는 없다. 심지어 자동차를 몰고 베이징 근교에서 머리를 깎아도 그 행위는 경제적이지 않다.

이상의 내용에서 통해 빅맥지수로 위안화 절상의 타당성을 역설하는 것은 신뢰할 만하지 않다는 점을 알 수 있다. 빅맥이 세계에 널리 퍼져 있는 것은 사실이나 이것은 매매할 수 없는 상품으로 볼 수 있다. 빅맥을 먹으러 비행기를 타고 도쿄에 갈 사람은 없기 때문이다. 빅맥은 단순히 현지에서 생산해서 현지에서 소비하는 상품으로, 빅맥을 기준으로 삼는다면 실질환율과 명목환율 사이에 큰 오차가 발생할 수 있다. 또한 빅맥과 같은 현지 제품의 실질환율을 계산할 때, 우리는 중국과 미국의 1인당 소득 수준 역시 감안해야 한다. 이러한 방식으로 계산한다면, 시카고에 사는 미국인은 평균 15분만 일하면 3.57달러짜리 빅맥 1개(미국가격)를 살 수 있지만, 상하이에 사는 중국인은 30분 정도를 일해야 비로소 1.83달러짜리(중국가격) 빅맥을 사먹을 수 있다. 임금요인을 계산에 반영하면 오히려 중국의 빅맥 가격이 미국보다 배 정도 비싼 셈이다. 이런 이유 때문에 미국에서는 가장 싼 패스트푸드 음식이 중국에서는 간소한 서양식 정찬으로 취급을 받는 것이다.

서양인은 왜 중국인보다 수입이 높은가?

그럼, 왜 서양인은 중국인보다 많은 수입을 올릴까? 경제학에서는 서양인의 수입이 높은 현상을 '발라사-사무엘슨 효과(Balassa-Samuelson effect)'라는 이론으로 설명한다.

이들은 고소득 국가의 직원 임금이 높은 이유는 그들의 생산성이 저소득 국가보다 높기 때문이라고 생각한다. 일례로 로스앤젤레스(LA) 할리우드 영화제작 수준은 매우 높아서 〈아바타〉

후반작업 과정에 투입된 인원은 1년 동안 10명에 불과했다. 반면 중국 영화계는 〈기기협〉과 같은 수준의 영화를 만드는 데도 2년 동안 100여 명의 인력을 투입해 후반작업을 했다. 그런데도 〈아바타〉와 비교했을 때 그 완성도는 확연히 떨어진다. 결국 미국 영화제작자들의 독보적인 능력과 효율성은 당연히 그들에게 더 높은 보수를 안겨주었다.

그들의 소득이 상승함에 따라 수혜를 입는 이들은 이발사들이다. 기술 발전이 이발영역에 본질적인 변화를 가져오지는 않는다. 효율이 약간 상승할 수 있어도 이발은 여전히 이발사의 노동력에 의존한다. 일례로 LA 이발사의 이발 기술이 아무리 뛰어나도 중국 이발사보다 하루 몇십 명 손님의 머리를 더 깎지는 못한다. 그래서 노동력 투입의 결과로만 보면, LA 이발사가 중국 이발사보다 수입이 더 많아서는 안 된다.

그러나 LA 영화제작자가 매달 중국에 와서 이발을 할 수는 없다. 결국 현지에서 해결할 수밖에 없는 것이다. 이때 이발사들은 비싼 이발비를 요구하며 영화제작자들에게 그들이 번 수입의 일부분을 보수로 줄 것을 요구한다. 그렇지 않으면 영화제작자들은 예술가들처럼 장발로 다녀야 할 것이다. 선택할 여지가 없어 영화제작자는 이발사와 이발가격을 합의한다. 만일 영화제작자의 수입이 1,000달러이고 이발 비용을 수입의 1%로 책정한다면 이발사의 수입은 한 사람당 10달러가 된다.

같은 맥락으로 중국 이발사들은 LA 이발사들과 비슷한 기술을 갖췄으나 미국에 건너가 이발을 해 줄 수는 없다. 그래서 중국 이발사들은 부득이하게 중국에 남아 중국 영화제작자를 위해 이발 서비스를 제공한다. 하지만 중국 영화제작자의 낮은 생산력 때문에 그들의 수입은 500위안에 그치고, 이발 비용을 수입의 1%로 책정한다면 이발사의 수입은 한 사람당 5위안이 된다.

LA 일부 사람들이 먼저 부유해진 결과 다른 사람들의 부도 함께 상승하게 되고 사람들의 수입이 확대됨에 따라 현지 물가는 뒤이어 상승한다. 이와 반대로 선도그룹의 생산성이 낮은 곳의 경우, 수입이 동반 하락하게 되고 현지의 각종 물가도 떨어진다. 다만 가격의 등락은 의식주 등의 생필품과 서비스에 국한된다. 부자들이 애용하는 샤넬 핸드백 등과 같은 유통 상품의 가격은 부유층이 이끌고, 일반적으로 소득이 증가할수록 더욱 비싸진다.

국가 간의 차이 이외에 국내에서도 발라사-사무엘슨 효과는 존재한다. 일례로 베이징과 상하이의 소득과 소비는 낙후된 지역보다 몇 배 높다. 위안화를 사용하고 명목환율이 모두 같으며 자금과 물건이 자유로이 이동하는 환경 속에서도 소득에 따라 실질환율과 현지 물가가 결정된다. 베이징과 상하이의 소득이 높은 이유는 선도그룹의 생산성이 높아 현지의 동반 상승을 초래하기 때문이다.

국가와 지역을 막론하고 경제성장은, 과학기술 혁신 및 자본도입 등의 요소에 따라 해당 국가의 생산성이 상승하고 이로써 현지 임금이 함께 상승한 결과다. 일례로 유휴 인력이 10명 있는 한 마을에 투자자가 찾아와 공장을 세웠다. 투자자가 이들 유휴 인력 10명을 고용해 컴퓨터를 만들게 하고 이들에게 임금을 준다. 투자자금에 따라 유휴 인력 10명은 생산력을 확보하게 되고 그들의 임금도 상승하게 된다. 이후 과학기술의 발달 또는 노동 기술의 연마로 생산성이 배로 늘어난다면 컴퓨터 제조공장의 효율과 이익이 상승할 것이고, 따라서 이들 10명의 소득도 증가할 것이다. 소득의 확대는 실질환율과 구매력 상승으로 이어지고, 이 노동자들을 선도그룹으로 탈바꿈시킬 것이다. 선도그룹의 소득이 증가함에 따라 이발사들의 소득도 늘어나게 된다. 선도그룹이 평균화 추세를 이끌고 현지의 물가와 소득도 갈수록 선도그룹의 소득수준과 근접하게 된다.

전체 물가가 상승함에 따라 실질구매력의 성장이 임금의 성장보다 뒤떨어지게 된다. 그래서 한 지역의 실질소득을 따질 때, 단순히 현지 주민의 임금 수준을 볼 것이 아니라 물가 수준도 함께 살펴봐야 한다. 그래서 미국인은 1,000달러를 벌어도 빈곤층에 속하고, 중국인은 7,000위안을 벌면 이미 소자본가 그룹에 속하게 되는 것이다.

저임금 국가로 세계의 공장이 몰리는 이유

구매력이 임금과 동반 성장을 할 수 없어서 많은 사람이 어떻게 하면 전체 물가상승에 따른 영향을 받지 않을 수 있을시 ㄱ

방법을 찾으려 노력한다. LA 영화제작자는 수입이 더 높아져도 영원히 봉으로 남길 원하지 않는다. 이발과 같이 다른 지역으로 이전할 수 없는 업무는 제외하고 기타 외주가 가능한 업무는 임금이 훨씬 낮은 지역을 찾아 아웃소싱을 한다.

예를 들어 재봉도 노동력 중심의 일이다. LA 재봉사와 중국 재봉사의 실력은 큰 차이가 없지만, 양측의 비용은 완전히 다르다. 전체 물가가 높은 수준이고 선도그룹의 소득도 높아 LA 재봉사는 LA 영화제작자 수입의 5%, 즉 50달러를 옷 만드는 비용으로 책정한다.

그러나 그들과 생산성이 비슷한 중국 재봉사의 경우 중국 선도그룹인 중국 영화제작자가 비용을 결정한다. 만일 중국 재봉사가 중국 영화제작자 수입의 5%를 비용으로 책정한다면, 옷 한 벌을 만드는 데 드는 가격은 25위안이 된다. LA 재봉사가 중국 재봉사보다 뛰어난 기술을 갖췄더라도 그 차이가 14배나 벌어질 정도는 아니다. 의복과 같은 상품은 중국에서 완제품을 만들어 LA에서 판매할 수 있다. 그렇다면 LA 영화제작자는 50달러 대신 25위안을 지불하고서 옷 한 벌을 살 수 있다. 그 결과 마침내 LA 영화제작자는 30위안을 내고 중국 재봉사를 중국 영화제작자로부터 빼앗아 온다. 운임을 포함해도 35위안, 즉 5달러면 충분한데, 이는 LA 영화제작자가 원래 지불해야 되는 가격의 10%에 불과한 수준이다. LA 재봉사는 중국 재봉사에 밀려 전부 직장을 잃게 되고 선두산업 또는 아웃소싱이 불가능한 영역으로 전업해야 한다. LA 영화제작자의 공헌으로 중국 재봉사의 소득은 상승하고 중국 경제도 발전하게 된다.

이러한 점 때문에 중국이 국제시장에서 경쟁력을 갖는 것이다. 외국공장이 중국 노동자에게 지불하는 임금은 현지 소비를 기준으로 정해진다. 일반적으로 중국의 소득 수준이 높지 않아서 중국 현지의 생활 비용은 낮은 편이다. 그래서 외국공장이 중국 노동자에게 지불하는 임금도 높지 않은데 이는 중국 현지의 실질환율을 외국공장이 이용하는 것과 같다. 그러나 외국공장이 상품을 해외로 반출한 뒤에는 그 지역의 거래에 따라 판매가 되므로 상품가격은 비교적 높은 해외의 실질환율에 의거해 결정된다. 그러므로 외국공장의 상품 판매가격은 중국과 같은 저소득 국가에서 제조했을 때의 제조 원가를 훨씬 상회한다. 또한 그들이 제조에 사용한 원재료는 현지의 낮은 가격에 입각해 지불되었지만, 국제시장에서는 비교적 높은 가격으로 상품이 판매된다. 그래서 최종적으로 외국공장은 두 지역의 실질환율 차이로 돈을 벌게 된다.

이상의 내용을 종합해 보면 다음과 같다. 실질환율은 주로 국민의 일상생활과 관련이 있고, 명목환율은 외국과의 교류와 관련이 있다. 그런데 실질환율과 명목환율은 서로 영향을 주고받는다. 일례로 미국 영화제작자는 기술 진보로 소득이 늘어나고 그에 따라 현지의 소비금액도 동반 상승한다. 그러나 그의 실실 소득은 증가한다. 이때 미국 영화제작자는 추가 소득으로 프랑스 샤넬을 매입할 수 있다. 그렇다면 그는 달러를 유로화로 환전해야 하며 영화제작자의 이런 행위는 유로의 명목환율을 강세로 몰고 간다. 또한 샤넬백의 판매가 늘어나 프랑스 현지 실질환율 역시 따라서 강세를 나타낸다.

실질환율과 명목환율은 이런 거래들로 움직인다. 노동을 하든 소비를 하든 매 순간 우리가 내리는 결정은 실제로 실질환율과 명목환율에 영향을 준다. 4대 환율제도, 조절정책, 금융세력의 결정들도 사실은 모두 최종적으로 우리 각각의 결정을 기초로 하고 있다. 그들은 대세에 순응해야 비로소 자신의 목적을 이룰 수 있기 때문이다.

4. 새로운 화폐 시대는
누가 주도할까?

　수많은 환율전쟁을 겪은 이후 많은 이들이 잇따른 경제붕괴와 이에 수반된 고통스러운 현실에 불만을 품고 새로운 개혁을 바라고 있다. 현재의 시스템을 어떻게 보완할지에 관해서는 두 가지 의견이 대립하고 있다. 한쪽은 지난날을 회상하면서 금본위제, 특별인출권 등의 체제를 채택하여 4가지 환율제도로 나뉜 현재의 혼란한 국면을 수습할 것을 주장한다. 또 다른 한쪽은 유로화처럼 새롭고 완전무결한 화폐체제를 창조할 것을 요구한다. 그러나 눈앞에 놓인 국면을 고려하면 두 가지 주장 모두 심각한 결함을 갖고 있으며, 많은 부분에서 현재의 제제보다 오히려 못한 것이 사실이다.

금본위제 회귀가 세계경제의 혼란을 종결하는 길인가?

세계는 현재 혼란한 국면에 놓여 있으며, 경제붕괴로 엉망진창이 되었다. 미국의 주류 경제계는 미국이 대공황 이래로 최대의 경제위기에 봉착했다는 견해를 피력했다. 이런 사회적 분위기에서 일부 사람들은 과거를 뒤돌아보며 귀금속을 화폐로 삼을 것을 주장하고 있다.

금본위제, 특별인출권 등에 강한 매력을 느끼는 사람들은 인플레이션으로 다른 나라의 부를 착취하기 위해서 미국이 경제위기를 일으켰다고 생각한다. 케인스는 "연속된 인플레이션 과정에서 정부는 아무도 모르게 국민 재산의 일부분을 몰수한다. 이 방법으로 정부는 마음대로 국민의 부를 빼앗고, 대다수 국민이 빈곤화되는 과정 속에서 소수는 벼락부자가 된다"라고 말했다. 그래서 이들은 세계의 화폐가 계속해서 지폐인 이상 한 나라가 인플레이션을 일으켜 부를 빼앗는 행위를 결코 막을 수 없다고 여긴다. 그들은 음모세력과 사악한 정부가 우리의 부를 탈취하는 것을 막는 유일한 방법은 가능한 한 빨리 금본위제를 회복하는 것이라 말한다. 그렇게 되면 모든 화폐가 단지 신용에 근거하는 지폐가 아닌 그 자체로 가치를 지니고 있는 금은으로 제작되어 정부는 임의로 인플레이션을 일으키지 못할 것이라는 논리다.

그러나 황금 도매는 거의 경제원리를 벗어난 영역에서 이루어
지고 있으며, 황금을 화폐로 삼는 행위도 역사적으로 갖가지 폐
단을 불러일으켰다. 경제학 원리에 따르면, 경제는 총수요와 총
공급이 동시에 증가할 때에만 발전할 수 있다. 그러나 금본위제
는 총수요와 총공급 사이의 관계를 조화롭게 조절하지 못한다.

근로자 10명이 있는 공장에서 1년에 컴퓨터를 10대 생산한다
고 가정해 보자. 이 마을에 유통되는 화폐는 모두 10위안인데,
마침 마을 사람들은 10위안을 주고 컴퓨터 10대를 구매하길 원
한다. 그래서 1대에 1위안의 가격이 책정되고, 수요와 공급은 정
확하게 균형을 이룬다. 한편 공장의 제조기술이 향상되어 1년에
10대가 아닌 20대를 생산하는 경우를 생각해 보자. 때마침 마을
에 사람들이 이사를 와 주민수가 늘어 컴퓨터를 20대 구매하길
원한다. 그러나 마을에 유통되는 화폐가 여전히 10위안이라면,
컴퓨터 한 대의 가격은 50% 떨어진 5마오(毛)가 된다. 공장은 이
러한 상황이 적합하지 않다고 보고 근로자 5명을 감원한 뒤 20
대가 아닌 10대의 컴퓨터를 생산할 것이다. 최종적으로는 5명의
실직 노동자와 마을 사람들 중 구매능력이 떨어지는 사람들이
독배를 마시는 셈이다.

여기서 마을위원회가 10위안을 추가로 인쇄하면 문제는 해
결되고 수요와 공급은 균형을 이루게 된다. 하지만 마을위원회
가 금본위제를 채택하고 있다면 황금보유고가 부족하기 때문에
임의로 지폐를 발행할 수 없다. 금본위제하에서 생산력 향상은

'독배'라는 결과를 피할 수 없게 한다. 거의 대부분 인플레이션은 바람직한 현상이 아니고, 금본위제는 인플레이션을 억제하는 양약이다. 하지만 현대 사회에서는 인플레이션보다 디플레이션과 경직된 화폐정책이 더 문제시되는데, 이들 두 가지는 금본위제의 치명적인 약점이기도 하다. 때때로 약간의 인플레이션은 경제촉진 효과가 있어 경제에 도움이 되기도 한다. 그러나 금본위제에서는 이런 효과를 기대할 수 없고 정부는 단지 완만한 경제 쇠퇴를 지켜봐야 할 뿐이다. 그러므로 금본위제를 채택한 국가는 최종적으로 유럽 및 미국처럼 황금을 포기하든지 아니면 자승자박하여 경제를 붕괴시키는 것 이외에는 다른 선택이 없다.

만약 금본위제를 부활시키면 환율도 문제가 된다. 경제가 침체기일 때 환율을 상승시켜 수출을 촉진하고 적자문제를 해결하는 것이 바람직하다. 그러나 금본위제를 채택한다는 것은 고정환율제도를 택한 것과 같아 인위적인 화폐 절하가 허용되지 않는다. 경기침체가 심각한 국면에서 환율정책을 이용한 조정을 포기한다면, 이는 제 무덤을 파는 것이나 마찬가지다.

황금만이 진정한 가치를 가지고 있다는 이론도 헛소리에 불과하다. 황금의 가치는 귀금속으로서 가치이지 화폐로서 가치는 아니다. 거석이든 또는 황금이든 화폐로 사용되는 대용물의 화폐 가치는 모두 똑같다. 즉, 화폐를 발행하는 국가의 역량과 그것을 바탕에 둔 신뢰에 따라 가치가 결정되는 것이다. 그래서 황금이든 또는 지폐이든 그것의 화폐 가치는 반드시 신뢰로부터 생성된다.

황금은 재생이 불가능하며 운송과 보관이 어려운 등의 많은 약점을 가지고 있다. 경제가 아직 발달되지 못하고 생산력이 크지 않았던 시기에는 한정된 황금이 화폐의 기능을 수행할 수 있었으며, 그것의 가치 보전이라는 장점이 기타 단점들을 덮을 수 있었다. 하지만 현대 사회에 이르러 황금은 지폐와 전자화폐에 완전히 패배했다고 할 수 있다. 이것은 마치 1950년대에는 체구가 왜소하고 빠르지 않은 백인이 미국 NBA에서 뛸 수 있었지만, 현재는 흑인선수들의 연습상대도 되지 못하는 것과 같다. 당시에는 신체능력이 떨어져도 백인 농구선수들이 가진 지도자적 풍모 등 다양한 강점이 인정을 받을 수 있었을 것이다. 그러나 지금처럼 신체 조건과 능력이 우수한 선수들이 넘쳐나는 시대에는 신체능력이 떨어진다면 이런 강점들은 전혀 의미가 없다.

그러므로 세계경제가 석기시대로 돌아가지 않는 한, 세계는 지폐와 전자화폐로 움직일 것이 확실하며 황금은 단지 귀금속으로 존재할 것이다. 다만 가치 보전의 기능 때문에 황금은 높은 인플레이션에 대응하는 좋은 투자대상으로 인식되고 있다. 쉽게 말해, 인플레이션이 찾아올 때 황금은 가장 믿을 만한 투자대상으로 인플레이션과 함께 황금 가격도 상승세를 보인다는 뜻이다. 그 밖에 황금의 장점으로는 세상이 혼란할 때 자산을 보전할 수 있는 수단이라는 점이다.

여기서 말하는 황금은 순수한 황금 덩어리를 말하지 황납으로 만든 장신구를 의미하지는 않는다. 금으로 만든 장신구 가격에는 상인의 이윤과 수공비가 포함되어 있는데, 이는 가치 보전과 거리가 멀다. 금 장신구는 사치품에 해당하는데 매도할 때 가격이 떨어진다. 그래서 많은 사람이 황금에 투자할 때 금괴, 금화 또는 금 증서를 매입한다. 금 증서에는 다양한 종류가 있지만 매매방식은 대체로 비슷하다. 황금을 보관하고 금 증서상에 지정가격을 표시한 후 금 증서로 얼마의 황금을 교환할 수 있는지 알려주는 것이다. 황금을 보관하고 운송하는 비용이 매우 높아 많은 사람이 황금에 투자할 때 실물보다는 금 증서를 선택한다. 하지만 자세히 분석해 보면, 금 증서가 금본위제 시대의 화폐와 같다는 사실을 발견할 수 있다. 그러므로 과거 정부가 임의로 금본위제를 철폐했던 것처럼 금 증서라고 폐기하지 못할 이유는 없다. 그래서 금 증서에 투자할 때도 마지막에는 신뢰밖에 남지 않는다. 황금을 보관한 회사 또는 금고가 도망가지 않는다는 신뢰 말이다.

또 다른 측면에서 황금은 귀금속, 상품으로서 투자 위험이 매우 크다. 경제쇠퇴, 인플레이션 또는 전란 시기가 아니라면 일반적으로 황금의 가치는 점점 하락한다. 왜냐하면 황금은 가치보전의 기능만 있을 뿐 추가 가치를 생산할 수 없기 때문이다. 이와 비교해 주식, 채권, 부동산 등은 추가 이익을 창출할 수 있다. 최근 몇십 년간의 시장 상황을 살펴보면, 이들 자산의 가치상승률이 황금의 가치상승률보다 높다는 것을 알 수 있다. 주식과 채권 등 자산의 또 다른 장점으로는 다원화 투자로 위험을 분산할 수 있다는 것이다.

그러므로 세계가 장기간 혼란에 빠지지 않고 전반적으로 안정적 발전을 구가할 것으로 믿는다면 황금만을 선호할 필요는 없다. 미국에서 황금을 신봉하는 사람들은 대체로 극우파와 폭스뉴스 채널의 글렌 백과 같은 인사들이다. 그들은 오바마가 히틀러처럼 사악하다고 믿고 결국에는 미국을 석기시대로 되돌릴 것이라 생각한다. 그래서 이들은 고대로 돌아갔을 때를 대비해 황금을 매입해야 한다고 여긴다. 글렌 백과 같이 극단적인 수준은 아니더라도 황금을 투자 다원화의 한 부분으로 삼는 것은 매우 바람직한 선택이다. 그렇게 함으로써 여러분은 경제쇠퇴 기간에 자신의 부를 보전할 수 있기 때문이다.

세계화폐 유통은 세계 경제위기의 대안이 될 수 있는가?

그렇다면 특별인출권은 해결책일까? 특별인출권을 설명하기에 앞서 새로운 화폐체제를 창조할 것을 주장하는 측의 생각을 들어보자. 이들 세력은 단일화폐 사용을 목표로 하는데, 이것은 금본위제 등을 주장하는 측과 방법은 다르지만 그 목적은 동일하다. 단지 후자는 복고적이고, 전자는 세계화폐를 창조함으로써 현 화폐체제의 모든 문제를 해소하고자 하는 것이다. 두 세력의 차이는 마치 캉유웨이(康有爲)가 입헌군주제를, 쑨원(손문, 孫文)이 공화제를 옹호한 것과 같다. 그들은 모두 당시의 상황에 불만을 가졌지만 서로 다른 해결 방법을 제시한 것이다.

새로운 화폐체제를 창조하자는 측은 현재 환율로 갖가지 문제가 발생하는 원인은 나라마다 다른 화폐체제를 채택했기 때문이라고 여긴다. 외환거래가 있기 때문에 그 이후 일련의 문제와 재난이 야기된다고 보는 것이다. 그들은 만일 화폐시장이 긴 세월 통일된 체제를 유지한다면 이런 문제들은 자연히 사라질 것이라고 판단한다.

그래서 이들은 고정환율제도에는 금본위제만 있는 것이 아니라, 미국이 달러를 50개 주에 모두 유통시켜 고정환율제도로 묶어두고 달러를 유일한 화폐로 만들어 강제적으로 체제를 유지하는 것과 같은 방법도 포함된다고 생각한다. 바로 이러한 단일통화 체제 속에서 미국과 같은 세계 최강국이 출현했다고 본다. 그래서 가장 효율적인 방법은 세계의 모든 화폐를 없애고 세계화폐 하나만 유통시키는 것이라고 믿는다.

그들은 유로화를 최초의 모델로 삼는다. 앞에서 언급했듯이, 유럽은 경제적 협력을 바탕으로 정치적 협력을 실현하길 희망해 단일화폐를 받아들였다. 유럽은 미국 50개 주와 같이 큰 지역도 단일화폐를 사용하는데 자신들도 못할 이유가 없다고 생각했다. 유럽인들은 미국처럼 단일화폐를 사용하면 이로운 점이 많다고 여겼다. 첫째, 단일화폐를 사용하면 유럽의 역량을 하나로 모으고 내부적인 모순을 줄일 수 있어 금융세력이 쉽게 공격하지 못한다. 둘째, 강대한 통일화폐로 유럽에 대한 신뢰도가 상승하고 더 많은 무역과 투자를 끌어들일 수 있다. 만약 다른 나라가 유로화를 외환보유고로 삼는다면 더욱 좋을 것이다. 이것은 다른 나라가 유럽에 쓸 돈을 공짜로 주는 것과 같기 때문이다. 셋째, 유럽 내에서 무역과 투자를 할 때 단일화폐는 유통절차를 간소화하고 거래비용을 낮추는 역할을 한다. 넷째, 단일화폐는 화폐의 유통을 자극해 소비를 확대하고 더 많은 투자를 유인할 수 있다.

부단한 노력 과정을 거쳐 유럽은 마침내 유로화를 출범시켰다. 유로존에 속한 각국은 독일 프랑크푸르트에 위치한 유럽중앙은행에서 구성국들이 함께 계획한 통일된 화폐정책을 집행할 것을 동의했다. 파운드 위기에서 이미 소개했듯이, 통일된 화폐정책이 가져다주는 리스크는 매우 크다. 대다수 시기 두 지역에서 필요한 화폐정책은 각기 다르지만 통일된 화폐정책은 지역별로 필요한 처방을 내리지 못하게 가로막기 때문이다. 그러나 유럽 각국은 유로화의 이점이 그에 따른 위험을 훨씬 넘어선다고 판단해 주저하지 않고 유로존에 가입했다. 유로화 출범 이후 몇 년간 유로화는 정말 순조롭게 나아갔으며 조금씩 달러를 대체하기 시작했다. 새로운 화폐체제를 창조하자는 측은 유럽에서 단일화폐 체제가 성공한다면 범위를 더 확대해 세계화폐를 만들 수 있다고 생각했으며, 설사 그것이 실현되지 못할지라도 최소한 달러의 패권을 무너뜨리고 환율시스템에서 트리핀의 딜레마를 수정할 수 있다고 믿었다. 그러나 서브프라임 사태로 유로화의 문제점이 여실히 드러났다.

유로화의 위기

유로화가 제공하는 다양한 장점 가운데 자금의 자유로운 이동은 중요한 항목이다. 포르투갈, 그리스 등 소국들이 유로존에 가입한 이유도 유로화를 이용해 낮은 금리로 대량의 자금을 확보할 수 있기 때문이다. 이론적으로 보면, 자금의 자유로운 이동은 유익한 일로 효율과 수익성을 높인다. 그러나 만약 고삐가 풀린다면 그로 인한 위해도 매우 크다. 태국의 사례를 보더라도 이같은 사실을 알 수 있다. 자금이 대량으로 유입되어 태국 '판스이' 및 '왕스'와 같은 이들이 투자를 남발했고, 해외자금이 철수하자 곧 경제가 붕괴되었다. 더구나 유로화위기는 유동성 과잉이 초래했다는 점에서 과거 태국의 위기와 별다른 차이가 없다.

그리스 등 국가들은 시작단계에서는 유로존 구성원으로서 이점을 충분히 누렸다. 유럽 최강국인 독일, 프랑스 등이 유로화에 가입해 유로화의 신용은 매우 높았고, 대중은 유럽이 절대로 파산할 리가 없어 빌린 돈을 떼먹을 일도 없을 것으로 믿었다. 또한 사람들은 유로화가 달러처럼 안전하다고 느꼈기에 유로존 가입국들은 미국이 줄곧 누리던 수많은 특권을 일정 부분 향유했다. 즉, 유럽은 낮은 금리를 주고 대량의 자금을 흡수하여 유럽으로의 투자가 활발해졌다.

하지만 그리스 등 국가들의 경제발전에 도움을 준 것 이외에 해외자금들은 태국의 사례를 유럽에 재현하기 시작했다. 아일랜드, 스페인 등지의 '판스이'가 주택건축 붐을 일으켰고, 현지의 부동산 투기꾼들이 각지의 부동산에 거품을 불어넣어 주택가격이 치솟았다. 주택구매자는 자신의 재정능력을 고려하지 않고 낮은 금리를 이용해 주택을 구입했으며, 그 결과 건축자, 부동산 투기꾼, 부동산 매수자 모두 떼돈을 벌었다. 이는 다시 소비로 연결되었다. 원래는 빈국의 시민이었다가 벼락부자가 된 이들이 돈을 마구 뿌리기 시작했다. 본래 유로화의 출현으로 각 지역의 물가는 점차 통일되는 추세를 보였는데, 그리스 등지의 물가도 1인당 국민소득이 높은 독일과 프랑스 등의 물가와 비슷해지기 시작했다. 소비와 자금 생성 속도가 생산력 증가 속도를 훨씬 초과함에 따라 이들 국가에 인플레이션이 나타나기 시작했다.

인플레이션은 원래 각국 중앙은행의 금리조절로 통제가 가능했지만, 이 권한이 유럽중앙은행에 귀속됨에 따라 각국은 기본적으로 유럽중앙은행의 구령만 기다리게 되었다. 게다가 이 국가들도 해외자금 유입을 특별히 통제할 의지가 없었다. 이들 국가는 태국뿐만 아니라 중남미와도 비슷한 성향을 갖고 있다. 그들 정부도 자못 보모의 기질을 가지고 있어 국민에게 대량으로 각종 복지를 제공했다. 또한 중남미처럼 국가의 경제정책에 문제가 산적해 있었다. 그리스, 포르투갈 등의 국가는 근본적으로 외화를 벌어들일 주력 수출품목이 없었다. 그래서 이들 유럽국가는 만성적인 적자를 기록하고 있었다. 만약 이들이 중남미였나넌 내부적 상황은 금리가 치솟아 경세가 혼란에 빠셨을 것이다. 하지만 이런 국가들은 유로존에 속한 덕분에 국내문제가 산적해 있음에도 외자를 도입할 때 낮은 금리의 혜택을 누릴 수 있었다.

그런데 서브프라임 모기지 사태는 이런 국면을 완전히 바꾸어 놓았다. 자본의 범람, 금융시스템의 무능, 금융세력의 기회주의적 태도로 미국은 붕괴를 바로 코앞에 두었다. 미국의 위기를 지켜보며 세계 각국의 자금들은 매우 긴장했다. 모두들 위기가 다가옴을 느끼고 수중에 있는 리스크 자산들을 신속히 매도해 안전자산으로 갈아탔다. 유럽 소국들이 그동안 누려온 자산버블도 여기서 종말을 고했다. 해외자금이 철수함에 따라 이들 국가에 디플레이션이 찾아왔으며 경기는 쇠퇴하기 시작했다. 이런 국면은 국민의 취업과 소득에 심각한 영향을 미쳤으며, 동시에 정부는 세수의 감소에 직면했다.

디플레이션에 따른 고금리는 이들 국가의 수출에 영향을 미쳤다. 이들이 생산하는 상품들은 원래 경쟁력이 약했는데, 유로화 가입으로 가격이 더욱 비싸졌다. 그중에서 가장 크게 타격을 입은 나라는 포르투갈로, 2000년 유로존 가입 이후 수출이 곧 하락세를 보였다. 소득 감소 역시 이들이 차입을 하는 주원인 중 하나였다.

워런 버핏은 조수가 물러간 이후에야 누가 옷을 벗고 수영하는지 알 수 있다고 말했다. 그리스, 포르투갈, 스페인, 아일랜드 등 국가는 곧 옷을 벗고 수영하는 주체가 바로 자신들이라는 사실을 발견했다.[*] 아일랜드와 스페인 등은 상당수의 주택을 건설했지만, 유입된 자금은 실물경제를 크게 발전시키지는 못했다. 포르투갈은 더욱 참담해서 심지어 부동산 버블도 따라잡지 못했다. 다시 말해, 이들은 실질적인 소득 성장은 거의 없는 상태에서 물가만 독일과 프랑스 수준으로 상승한 것이다. 핫머니들이 철수하자 국민의 소득과 자산도 함께 줄었으며, 많은 사람이 실직을 하고 국민의 생활수준은 상당히 추락했다.

이때 이들 국가의 채무는 이미 매우 높은 수준이었는데, 그리스의 경우 정부채무가 GDP 대비 113%를 기록했다. 이 수치는 1년 동안 그리스 국민 전체가 먹고 마시지도 않고 빚을 갚는 데 모든 생산물을 다 사용해도 전부를 갚을 수 없다는 의미다. 그리스의 채무부담은 제2차 세계대전이 끝난 뒤의 미국과 비슷한 수준이다. 이러한 사실에서 그리스 정부가 보모제로 얼마나 돈을 낭비했는지 알 수 있다. 그리스만큼 심각하지는 않지만 포르투갈의 정부채무도 이미 GDP 대비 90% 수준에 도달했다. 이전에 재정수입이 많았을 때에도 이 국가들은 지속적으로 외채를 빌렸으며 적자재정을 실시했다. 지금 경제가 쇠퇴를 보이자 이들 국가의 수입은 한층 줄어들었으며 외채상환은 더욱 어려워졌다. 2001년 아르헨티나가 파산상태에 빠졌을 때 정부채무는 GDP 대비 64%에 불과했다.

이 문제를 해결하는 가장 간단한 방법은 더 많은 화

[*] 이들 유럽 재정위기 국가를 속칭 'PIGS', 즉 돼지라는 말로 부른다.

폐를 발행하는 것이다. 더 많은 화폐로 경제를 촉진한다면 실업과 소득문제를 해결할 수 있고, 정부는 그 속에서 세수를 확대할 수 있다. 동시에 화폐 발행으로 화폐의 가치가 하락해 국내채무 문제의 일부분을 해결할 수 있다. 그렇다면 국가의 외채 의존도도 줄어들 것이다. 또한 화폐 가치 절하로 수출경쟁력을 상승시켜 수출확대로 확보한 외환을 이용해 시급한 문제를 해소할 수도 있다.

그러나 유럽소국들은 유로화 사용이라는 제약 때문에 화폐 발행으로 문제를 해결할 수 없었다. 동시에 이들은 유로화가 매우 안전하고 안정적이어서 화폐 절하에 따른 이점을 누릴 수 없었다. 그래서 이들 국가가 가장 바라는 것은 글로벌 경제가 회복될 때까지 위태로운 목숨을 부지해 나가는 것이었다. 그때쯤이면 이들 국가로 또다시 돈이 유입되어 버블이 형성되고 이전과 같은 생활을 영위할 수 있기 때문이다.

그러나 그 시기까지 버티려면 그리스 등 국가들은 대량의 국채를 발행할 필요가 있다. 그렇지 않으면 매년 적자에 허덕이는 이들은 반드시 파산상태에 이를 것이다. 만일 이와 같은 상황이 일본과 중국에서 벌어졌다면 국내자금으로 일부 문제를 해결할 수 있다. 그러나 그리스 등 국가들의 저축률은 미국처럼 세계에서 가장 낮은 수준에 속한다. 그래서 문제가 발생했지만 국민의 수중에도 정부를 도와줄 돈은 한 푼도 없었다.

그래서 어쩔 수 없이 이 국가들도 미국처럼 외채를 조달하는 길을 택했다. 호황기에는 이들 국가의 외채조달 비용은 낮았으며 조건도 매우 좋았다. 그래서 당시 그리스와 포르투갈은 이자와 원금을 갚지 않고 새로운 외채를 발행해 이전의 외채를 상환했다. 일종의 돌려막기를 한 것이다.

그러나 현재는 이런 형태의 돌려막기가 불가능해졌다. 미국이 돈을 뿌리면서도 버틸 수 있는 이유는 미국이 세계 최대 강국으로 세계경제의 기초가 되기 때문이다. 그래서 사람들은 여전히 달러를 안전자산으로 인식하는 것이다. 하지만 그리스 등 국가는 이미 투자자들에게 믿을 수 없는 국가로 낙인이 찍혔기에 멍청한 이가 아니면 이들의 국채를 사지 않는다. 그래서 그리스 등의 국가는 채권자들에게 무엇으로 돈을 갚을지 채권상환 계획을 상세히 알려줄 필요가 있다. 매년 외채를 빌리는 국가라면 당연히 원금과 이자를 갚을 수 없을 것이므로 이들 국가는 우선 적자를 감축하고 약간의 흑자를 실현시켜 자신의 신용에 문제가 없음을 증명해야 한다. 일례로 포르투갈이 5% 수준의 저금리로 돈을 빌린다고 가정해 보자. 현재의 포르투갈 GDP로 계산해 보면, GDP 대비 5% 전후를 외채상환에 이용해야 한다는 결론에 이른다. 그러나 포르투갈은 매년 적자 상태를 기록하고 있으며, GDP 대비 5% 전후의 외채도 추가로 빚지고 있다. 그러므로 포르투갈이 상환 능력을 증명하려면 GDP 대비 10% 정도의 지출을 줄여야 한다.

이 방법 이외에 고성장으로 부채를 상환하는 방식도 있다. 제

2차 세계대전 이후 미국은 많은 빚을 졌지만 당시 미국 경제는 높은 성장률을 기록하고 있었다. 경제규모가 팽창함에 따라 채무도 과거에는 막대한 규모로 보이던 것이 상대적으로 점점 작아졌다. 하지만 그리스가 미국과 같은 성공 경험을 따라 하기는 어려울 듯싶다. 세계적인 경기침체와 그들 국가의 구조적 문제를 제쳐 놓더라도, 국내경제를 발전시키려면 우선 더 많은 화폐를 발행해야 한다. 그러나 유로화 체제에서 화폐 발행은 그들 권한 밖의 일이다.

그래서 그들이 상환 능력을 증명하려면 정부지출 감소와 세율 인상으로 적자를 해소하는 방법밖에 없다. 이러한 조치는 이들 국가의 총수요를 줄인다는 의미로, 국내경제와 실업 문제를 심화할 것이 분명하다. 스페인 등 지역의 실업률이 이미 20%에 달할 만큼 이들 국가의 실업문제는 상당히 심각한 수준이다. 만일 재정지출을 더욱 줄여 실업을 조장한다면, 국민의 시위가 늘어날 것이고 정부 전복 사태가 일어날 가능성을 배제할 수 없다.

바꾸어 말하면, 그리스 등 국가는 기본적으로 돌파구가 없다는 것이다. 재정지출을 줄이지 않으면 외자 조달이 힘들어 국가는 파산과 붕괴에 내몰리고, 재정지출을 줄이면 많은 사람이 실업상태에 놓여 경기쇠퇴는 한층 심각해지고, 최악의 경우 혁명이 일어날 수도 있다. 만일 배수진을 치고 유로존에서 탈퇴한다면, 자유롭게 화폐 발행을 통제할 수 있겠지만 모든 투자자의 신뢰를 상실하고 말 것이다. 그 결과 사람들은 은행으로 몰려가 돈을 찾고 대량의 부가 해외로 유출되어 경제는 결국 붕괴될 것이다.

경제 상황이 악화되고 화폐 가치 절하로 악화된 경제를 타개할 수 없는 상황에 놓였으며, 그리스의 외자조달 비용은 이미 상당히 높은 상태다. 그리스의 재무장관이 전 세계에서 돈을 빌리려 했지만 어떤 투자자도 원래의 낮은 금리로 그리스에 돈을 빌려주려 하지 않았다. 아무도 돈을 빌려주려 하지 않자 채권시장에서는 그리스가 자금을 모두 소모한 이후에 빚을 상환할 수 없을 것이라 생각해 높아질 대로 높아진 금리가 더욱 상승하는 결과가 빚어졌다. 그리스는 약간 높은 금리도 감당할 수 없는 상태였는데, 한층 높아진 금리로는 더욱 상황에 대처하기 어려워졌다. 그리스 경제는 이미 매우 위태로운 상태로, 많은 사람과 기업들이 자산을 그리스에서 다른 곳으로 옮겨 놓기 시작했다.

위급한 상황임에도 그리스와 포르투갈 등 국가들은 개선할 의지를 보이지 않는다. 비록 정부지출을 줄이기 시작했지만, 극히 일부에 불과하고 문제 해결에 도움이 되는 수준은 아니다. 표면적 문제도 치유하지 못하는데 근본은 더욱 말할 필요가 없을 것이다. 그렇다면 이들은 글로벌 경제가 빠르게 성장하고 그들의 경제가 곧 회복되어 향후 금리가 떨어질 것으로 예상하는 것일까? 아마 그렇지는 않을 것이다. 그들은 어떠한 전망도 내놓지 못하고 있다. 그들이 믿는 것은 오직 나른 유로존 국가들이 사신들이 파산하도록 내버려두지 않을 것이라는 점이다. 만약 그들이 아르헨티나처럼 디폴트를 선언하면 그들뿐만 아니라 유로존 전체의 신용이 땅에 떨어지게 된다. 그리고 그들이 빚을 갚지 못한다면 전체 유로존에 전과기록이 남게 되고, 이후 투자자들은 유로화로 무역 또는 투자를 진행할 때 이 전과기록을 기억하고 추가 리스크에 대한 보상으로 더 높은 금리를 요구할 것이다.

그러므로 그들이 앉아서 기다리고 있는 것은 경제회복이 아니라 독일과 프랑스 등의 대국이 내미는 구원의 손길이다. 전체 유로존이 영향을 받을 것이라는 사실을 감안하면, 그리스 등의 국가를 구제하지 않을 수 없다는 것은 분명하다. 그런데 여기서 문제가 또 하나 생기게 된다. 도대체 누가 그리스 등 국가를 구제하는 데 앞장설 것인가? 국제통화기금이 개입할 가능성이 있다. 그러나 이렇게 되면 국제통화기금 스케줄에 따라 그리스 등 국가들은 강제적인 재정지출 축소를 단행해야 하며, 이 조치는 국내문제와 정치국면을 극도로 악화시킬 것이다. 동시에 국제통화기금이 앞장서는 것을 보고 투자자들은 유로존 국가들이 자구책 마련에 인색하다는 인상을 받을 것이다. 그렇게 되면 누구도 원하지 않는 유로존을 대중은 더는 신뢰하지 않을 것이다.

유럽의 다른 국가들이 돈을 갹출한다고 해도 또 다른 문제가 불거진다. 사실 독일과 프랑스 등과 같은 대국의 상황에서 보면, 그리스 등을 구제하지 않았다고 유로존 전체의 신용이 무너질 것이라는 말은 논리적으로 맞지 않고 그에 따른 위해도 한계가 있다. 예를 들면, 유로존 경제에서 그리스의 비중은 겨우 3%에 불과하다. 만약 그들이 가장 위급한 상황에 놓여 있는 그리스를 구제한다면 이후 골칫거리가 더욱 늘어나는 결과를 불러온다. 우선 이들에 대한 구제는 비채무국이 채무국의 부담을 대신짊어지는 것으로, 비채무국 납세자들의 분노를 살 수 있다. 또한 이후 포르투갈이 파산하면 어떻게 해야 할까? 구제할 것인가, 말 것인가? 만약 포르투갈이 파산하도록 내버려 둘 경우, 그리스에 대한 구제 노력은 수포로 돌아가고 유로화는 계속 공격을 받게 될 것이다. 만일 포르투갈을 구제한다면 더 많은 자금을 투입해야 하는데, 이는 이후로도 더 많은 국가를 구제해야 한다는 사실을 의미한다. 그렇지 않으면 손실로 잠긴 비용이 더욱 커질 것이다.

또한 이들 국가들을 구제할 경우 모럴해저드(도덕적 해이) 리스크가 더욱 확대된다. 예를 들면, 포르투갈은 문제가 그리 심각한 수준은 아니고 재정개혁으로 스스로 문제를 해결할 수 있다. 그런데 만약 그리스 문제가 악화된 이후 다른 나라들이 구제하는 것을 본다면 그들도 개혁을 포기하고 흘러가는 대로 두어 상황을 악화시킬지도 모른다. 그들은 유럽의 다른 나라들이 대신 모든 책임을 지는데 스스로를 괴롭힐 필요가 있을까 생각할 수도 있다. 이렇게 상황이 흘러갈 경우, 아일랜드, 이탈리아 등과 같이 자구책을 마련해 시행하고 있는 국가들은 이에 대해 불공정한 처사라고 목소리를 높일 것이고, 다음에 또다시 문제가 발생할 경우 어떤 대책도 내놓지 않고 앉아서 독일과 프랑스가 구제자금을 내놓기만을 기다릴 것이다. 이런 일들이 반복적으로 벌어진다면, 다른 유럽국가들도 결국은 두 손을 들고 말 것이다. 만약 유로존의 여러 국가들이 계속해서 돈을 낭비한다면 조만간 구제자금을 내놓을 국가들은 사라질 것이고 그들은 단지 자기 나라와 유로화가 함께 붕괴되기를 기다려야 할 것이다.

손익을 따져본 결과, 프랑스와 독일은 유로존 국가의 파산에 따른 후유증이 매우 커 모든 수단을 동원해 그러한 파국은 피해야 한다고 결정했다. 그리스는 원하는 대로 낮은 금리로 450억 유로의 긴급 자금을 대출받았다. 그리스인 한 사람당 4,000유로의 부채를 짊어진 셈이다. 금번 구제금융에서 가장 기분이 상한 나라는 바로 독일이다. 독일인은 평소에 근검절약하는 민족으로 유명한데, 이렇듯 책임감 없는 국가를 위해서 돈을 퍼주니 불만이 많을 수밖에 없다. 그러나 독일은 자신이 유럽경제의 기관차이고, 유럽중앙은행의 결정도 기본적으로 독일에 좌우되는 현실을 감안해 구제금융자금 지원에 대한 불만을 삭혔다. 하지만 이런 일이 반복적으로 벌어진다면, 독일인은 자신들이 피땀 흘려서 번 돈으로 다른 국가를 도와주기를 거부하고 아마 다시는 돈을 내놓지 않을 것이다.

구제금융 이외에 유럽중앙은행은 그리스 등 국가에 채권을 발행해 현금을 확보하는 방안을 허가했다. 다른 유럽국가들은 그 대가로 그리스에 재정지출 삭감을 반드시 시행할 것을 요구했다. 그렇지만 그리스 등 국가들에 대한 구제 및 상환은 길고 긴 여정이 될 것이다. 이후 수년간 그들은 고정환율, 대규모 적자, 완만한 성장, 높은 실업률 등을 겪을 것이다. 그리고 전례로 인한 모럴해저드 리스크가 더해져 유로화의 위기는 계속해서 이어질 것으로 전망된다.

달러를 대체할 세계화폐는 탄생할 것인가?

하나의 화폐가 탄생하기 위해서는 한 가지 전제 조건이 있다. 그것은 정부가 반드시 화폐 유통과 관련된 각종 정책의 결정권을 쥐고 있어야 한다는 것이다. 이번 금융위기에서 유로화가 매우 위험한 상황까지 이른 점은 이러한 사실을 보여준다. 유로화로 단일화되어 있지만 유럽의 정치체제는 아직 그것을 따라가지 못하고 있는 실정이다. 유로화 배후에 강력한 집행력을 가진 정치체제가 뒷받침되어 있지 않으며, 더욱이 유로존 각 정부는 서로 다른 속셈을 갖고 있다. 결국 이들은 자국 국민에 대한 책임을 완수하는 것이지 '유럽국'에 속한 사람들을 책임지는 것은 아니다. 이러한 치명적 약점 때문에 유로화는 근본적으로 달러와 힘겨루기를 할 수 없었고, 이번 위기에서 그 결함이 노출된 것이다.

유로존의 단일화된 환율의 문제점을 보면서 우리는 '세계화폐'가 얼마나 신뢰할 수 없는 것인지를 짐작할 수 있다. 독일도 그리스를 대신해 부채를 떠안기를 달가워하지 않는데 경제발전을 위해 한창 달려가고 있는 중국에게 아르헨티나를 대신해 부채를 책임지라고 요구한다면 그들이 이것을 받아들이겠는가? 달러가 성공할 수 있었던 이유는 비록 중앙정부의 화폐정책이 50개 주 모두를 만족시키지는 못할지라도, 같은 뿌리에서 나온 관계로 캘리포니아인은 알래스카인을 위하여 부채를 떠안기를 원하기 때문이다. 그 밖에 미국정부는 연방지출, 보조금 등으로 각 주의 재정문제를 해결할 수 있지만, 유럽은 미국처럼 전체의 국면을 통합적으로 관리할 수 있는 중앙정부가 없다.

단일한 세계정부가 없다면, 글로벌 범위에서 유통되는 진정한 세계화폐를 설립할 수 없음은 물론 특별인출권에 대한 모두의 인정도 이끌어내기 어려울 것이다. 앞 장에서 브레턴우즈체제를 언급할 때, 1960년대 달러에 가해지는 절하압력을 완화하기 위해 유럽 및 미국에서 국제통화기금을 통해 특별인출권과 같은 '황금지폐'를 발행하는 방안을 생각했다고 밝혔다. 그러나 당시 특별인출권은 정권의 보증이 없었기 때문에 기대하는 효과를 발휘할 수 없었다. 오히려 미국이 마피아처럼 상납금을 거두어들이는 도구로 특별인출권이 이용되었다.

브레턴우즈체제가 붕괴된 이후 특별인출권은 대중들에게 거의 잊혔다. 하지만 저우샤오촨 중국인민은행장이 과거에 한 발언을 다시 제기하며 특별인출권을 각국의 외환보유고로 삼을 가능성을 언급하고 있다. 이는 금본위제 등을 제기한 세력과 새로운 화폐체제의 창조를 주장한 세력의 결합체라고 볼 수 있다. 그러나 당시 특별인출권으로 달러 절하를 막지 못했는데, 지금은 그때와 비교해 겉모습만 바뀌고 근본은 그대로인 상황인 것을 감안하면 달러에 구속력을 발휘하기는 어려울 것으로 보인다. 다시 말해, 국제화폐기금은 유럽과 미국의 지배하에 있으며 최종적으로는 미국의 패권을 벗어날 수 없다. 특별인출권 사용은 자신이 고생해서 번 돈을 미국에 넘겨주는 것과 같다. 그래서 오히려 상대적으로 배분의 자유가 있는 외환보유고보다 못하다고 할 수 있다. 아마 이런 밑지는 장사를 할 사람은 아무도 없을 것이다.

최근 국제 정세를 분석해 보면, 아직은 미국의 세계 최대 강국의 자리를 대체할 수 있는 세력은 없는 듯하다. 금본위제를 주장하는 세력이든 아니면 새로운 화폐체제를 모색하는 세력이든 이들이 주장하는 체제는 아직 달러체제에 미치지 못한다. 두 주장 모두 단점이 매우 크고 아직 명확한 체계가 갖추어진 것도 아니다. 이런 상황에서 그것의 달러체제에 대한 대체는 더욱 말할 필요도 없을 것이다.

현행 환율제도의 단점은 매우 명확하다. 그렇지 않았다면 환율제도가 차례차례 붕괴되지 않았을 것이고, 금융세력들이 이 기회를 틈타 돈을 벌 수도 없었을 것이다. 그러나 사실 앞에서 언급한 누 수상은 모두 탁상공론에 지나지 않는다. 일련의 환율제도 개혁이 실패를 거듭한 사례 속에서 사람들은 항상 자신들의 능력을 과대평가하고 미래의 위험을 낮게 평가한다는 사실을 알 수 있다. 우리 모두는 '화가 복이 될 수도 있고 복이 화가 될 수도 있다'는 도리를 망각해서는 안 된다. 어떠한 체제도 그 우위성은 상황이 변함에 따라 치명적인 약점이 될 수 있다.

윈스턴 처칠의 말을 응용해 현재의 환율체제를 표현한다면, 이 체제에 문제가 많은 것은 사실이지만 현 상황에서는 그래도 가장 합리적이다. 그러나 이것이 개선을 포기해야 한다는 의미는 아니며, 우리는 반드시 어떠한 혁신과 발전일지라도 그 길에는 우여곡절이 있게 마련이라는 사실을 기억할 필요가 있다.

말할 수 있는 도는 일반적인 도가 아니다

　오스카 최고 각본상을 수상한 윌리엄 골드먼(William Goldman)은 "할리우드에 있는 모든 사람은 멍청이다. 누구도 좋은 영화를 어떻게 만드는지 모른다. 그저 되든 안 되든 운에 내맡기고 일단 부딪쳐 본다"라고 말했다. 이 말은 환율을 묘사하는 데도 매우 적절하다. 사람들은 모두 환율이 어떤 영향을 미치고 어떤 결과를 초래할지 잘 안다고 생각한다. 그러나 역사를 훑어보면, 잘못 짚은 확률이 정확하게 맞힌 확률보다 훨씬 높다는 사실을 알 수 있다.

　아마 환율의 '도(道)'는 풀릴 수 없도록 정해져 있으며, 단지 부딪치고 배회하는 가운데 앞으로 나아갈 따름인 듯싶다. 다양한 세력이 환율게임에 참가하지만 언제나 난전을 피할 수 없다. 그렇지만 환율이 전혀 풀 수 없는 난제는 아니다. 우리가 마음을 비우고 차분히 환율을 관찰하고 총괄한다면 언젠가는 환율을 이해하게 될 것이다. 또한 이로써 우리에게 이익만을 안겨주고 손실을 피하게 할 수 있는 그런 날을 맞이할 수 있을 것이다.

[1] Bernstein, Peter L. 1965. A Primer on Money, Banking, and Gold. New York: Random House.

[2] Bernstein, Peter L. 1996. Against The Gods: The Remarkable Story of Risk. New York: John Wiley & Sons.

[3] Ferguson, Niall. 2008. Ascent of Money: A Financial History of the World. New York: The Penguin Press.

[4] Harford, Time. 2006. The Undercover Economist: Exposing Why the Rich are Rich, Why the Poor Are Poor-And Why You Can never Buy A Decent Used Car! Oxford: Oxford University Press.

[5] Krugman, Paul. 2009. The Return of Depression Economics and the Crisis of 2008. New York: W. W. Norton & Company, Inc.

[6] Lowenstein, Roger. 2000. When Genius Failed: The Rise and Fall of Long-Term Capital Management. New York: Random House.

[7] Mankiw, N. Gregory. 2006. Macroeconomics(6th Edition). New York: Worth Publishers.

[8] Russell, Bertrand. 1935. In Praise of Idleness. London: George Allen & Unwin.

[9] Weithers, Time. 2006. Foreign Exchange: A Practical Guide to the FX Markets. Hoboken: John Wiley & Sons, Inc.

[10] 彭信威. 1958.《中國貨幣史》. 上海: 上海人民出版社.

최신 개정판

세계 경제 패권을 향한

환율전쟁

초   판 22쇄 발행 2024년 04월 09일
개정판   1쇄 발행 2024년 09월 20일

지은이   왕양
옮긴이   김태일
펴낸이   최석두

펴낸곳   도서출판 평단
출판등록   제2015-000132호(1988년 7월 6일)
주소   (10594) 경기도 고양시 덕양구 통일로 140 삼송테크노밸리 A동 351호
전화   (02) 325-8144
팩스   (02) 325-8143
이메일   pyongdan@daum.net

ISBN   978-89-7343-578-4 (03320)